“十三五”国家重点出版物出版规划项目

总主编 檀传宝

公民教育研究

ZHILI LINIAN YU GONGMIN JIAOYU
XUEXIAO GONGMIN JIAOYU DE SHIJIAN YANJIU

治理理念与公民教育

学校公民教育的实践研究

◎叶飞 著

浙江教育出版社·杭州

基金资助

1. 教育部人文社会科学研究青年基金项目"'治理'视域下的公民教育建构研究"(项目批准号：13YJC880097)的研究成果

2. 江苏高校"青蓝工程"资助项目

3. 教育部人文社科重点研究基地南京师范大学道德教育研究所课题研究成果

4. 江苏高校优势学科建设工程资助项目

5. 江苏"2011计划"：基础教育人才培养模式协同创新中心研究成果。

总　序

今天，我们为什么亟须开展公民教育？

最主要的，有积极与消极两个方面的理由。

必须大力开展公民教育的积极理由，在于个人生活幸福和法治社会建设的建构。前者是个体的视角，后者是社会的视角。

从个人生活角度看，“人民对美好生活的向往，就是我们的奋斗目标”①。我国每一个国民幸福生活的需要，乃是开展公民教育的一个最重要的理由。一个人生活是否幸福，当然取决于能否获得更好的教育、更高的收入、更可靠的社会保障等。而一个更重要的指标还在于：作为个体存在，他是否拥有尊严，是否得到善意与平等的对待，是否能够以社会主体的身份拥有参与公共生活的权利与机会，等等。今天的中国已经成为总量意义上的世界经济大国，有条件让每一个中国人都获得更多的自由、平等与尊严。但是，自由、平等、尊严这类被称为“天赋人权”的东西，却非仅仅依靠制度建设而未经教育即可安享。如何让自由不成为对自由的伤害，让平等不成为平等的障碍，让尊严不成为社会参与的割裂与破坏性力量……这些是任何一个社会都应该通过公民教育去完成的历史课题。

---

① 习近平.习近平谈治国理政[M].北京：外文出版社，2014：4.

从社会发展的角度看，法治社会建设的重要基础在于公民教育的开展。中国正走在一条伟大的道路上——一个重要的象征就是政府和多数民众都已经形成了建设法治国家、实现国家治理现代化的政治共识。唯有实现真正的法治，中国社会才能彻底摆脱权大于法的人治思维及其导致的权力寻租、贪污腐败等泥淖，真正实现中华民族的伟大复兴。法治社会乃至整个国家治理的现代化都并非只是一个简单的制度架构，没有现代意义上的公民作为法治社会的主体，则无论是法治的建设还是法治的实施都可能成为无源之水、无本之木。因此认真研究、实践公民教育，乃是当前中国社会主义法治建设和整体文明进步的迫切需要和基础工程。

换言之，要建设法治中国、要让人民生活幸福，高品质公民教育建构与实践势在必行。

至于公民教育的消极理由，下面从国家认同、权利认同两个维度予以简要说明。

当代社会，在全世界范围之内，国家认同都是一个十分重要又充满挑战的课题。这是因为，一旦国家认同出现问题、国家动荡乃至分崩离析，则不仅“国家”而且普通民众都会付出极其沉痛的代价。近年东欧、中东一些国家的动荡与苦难正可谓殷鉴不远。但是国家认同既牵涉文化认同、政治认同等复杂的理论争议，更涉及国家与社群、民族，国家与超国家，国家与世界等等现实政治关系，稍有不慎，就会导致剧烈的社会冲突。英国就是一个国家认同面临挑战的典型案例——它既有内部认同问题（苏格兰问题），又有外部认同问题（脱离欧盟后，如何处理与欧洲大陆的关系）。两大问题没有一个是好处理的。当今中国正处在“鸦片战争以来发展最好的历史时期”，甚至有人预言，21世纪将是“中国世纪”。但是就在这个“最好的历史时期”，仍然存在国家认同问题。如何处理文化认同与政治认同的关系，如何处理中国公民身份与全球公民、族群成员、社区公民身份之间的关系，已经成为全社会最迫切的现实问题之一，教育当然也无法置身事外。建构理性、和谐的中国公民身份，既是中国公民教育最重要的任务之一，也是中国公民教育存在价值的重要确证。

权利认同则是基于个体维度的另外一大挑战。一方面，中国长期封建专制的历史造成了许多漠视公民基本权利的观念、制度与社会生活的惯性，制度与观念的现代化任务远未完成。在公民权利意识的唤醒与教育养成方面，公民教育的任务仍然十分艰巨。另外一个方面，在今天的中国，自由、人权等美好的词汇又常常成为某些极端个人主义或者赤裸裸的利己主义的遮羞布。比如：某些年轻人理直气壮地享受着在现代社会任何意义上都并不存在的“啃老”的“权利”的同时，却不愿意承担最基本的赡养父母、抚育子女等法定与道德义务。又比如，灾难发生时，弃学生不顾而率先逃命的教师，竟然试图用所谓的生命权、个人自由等漂亮的“权利”辞藻将自己打扮成个人主义的道德英雄……按照康德所说的“绝对命令”，一个伦理概念只有经过普遍化才能成为一个理性的概念。换言之，任何只有自己单方面才有的所谓“权利”，其实都是特权、非理性的诉求。没有相应义务的权利，向来都是无法成立的观念上的空想。因此，如何让儿童和成人将自己的权利与他人的权利看成是同等重要的诉求，将自己的权利主张与对他人、家庭、社会与国家的必要义务建立正常、内在的连接，如何让每一个公民都因全面深入地理解不同公民身份的权利与义务的意涵而高贵地生活于当代世界，从而获得世人对中国国民人格发自内心的尊重，同样是中国社会面临的迫切任务。

简言之，建立理性和牢靠的国家认同、权利认同，更需要高品质公民教育的建构与实践。

认可公民教育对于当代中国发展与进步极其重要的意义，是这套“公民教育研究”丛书以及本世纪初以来慢慢勃兴的中国公民教育研究共同的逻辑前提。而富有个性与创造性的选题与内容、年轻而富有活力的作者群体，以及出版社富有远见的大力支持，已经让本套丛书独具特色。衷心希望本套丛书的出版，能够成为中国公民教育理论建设与实践推进道路上一个崭新而重要的里程碑！

檀传宝

2016年8月22日

于京师园三乐居

目录

CONTENTS

第一章　治理兴起的社会背景及学术基础 …………………………………… 1

第一节　治理的概念与内涵………………………………………………… 2

第二节　治理兴起的社会背景 …………………………………………… 18

第三节　治理兴起的学术基础 …………………………………………… 29

第四节　治理作为公民教育的基础 ……………………………………… 54

第二章　当代公民教育：走向治理机制 ……………………………………… 63

第一节　当代公民教育的困境：公民教育与治理行动的分离 …… 63

第二节　当代公民教育的重建：走向治理的机制 ……………………… 74

第三节　治理的愿景：培育负责任的积极公民 ………………………… 85

第三章　治理理念与学校制度的公共性建构 ………………………………… 95

第一节　制度生活与公民教育 …………………………………………… 95

第二节　学校制度的治理危机与公民教育的困境………………………… 113

第三节　学校制度生活与公民品质的培育………………………………… 126

第四节　治理理念下学校管理制度及权力导向的公共性建构…… 137

第四章　治理与学校公民共同体的建构 ……………………………………… 145

第一节　共同体与学校公民共同体………………………………………… 145

第二节　学校公民共同体与公民教育的构建……………………………… 158

第三节　学校公民共同体的协商机制与师生关系的重构…………172
第五章　治理理念与公民教学 ……………………………………182
第一节　治理视角下公民教学的重构………………………………182
第二节　学校治理与公民教学………………………………………188
第三节　社区治理与公民教学………………………………………204
主要参考文献 ………………………………………………………219
后　记 ………………………………………………………………234

第一章　治理兴起的社会背景及学术基础

自从20世纪八九十年代以来,“治理”(governance)理论在全球范围内逐渐成为了一股非常重要的思潮,人们开始在全新的意义上来理解“治理”和“统治”(government)的差异,同时把“治理”视为未来社会的一种新型的管理模式和生活方式。到了20世纪90年代以后,“治理”已经成为政治学、社会学、哲学、经济学等学科领域的流行概念,西方学者不断反思传统管理模式的僵化和非人性化,倡导平等的公民关系,强调要赋予公民以治理的主体权利,从而促进组织管理和政府管理的再造。这场组织管理和政府管理的再造运动在整个西方社会引起了巨大的反响,这也使得“治理”几乎成了学者和大众都熟稔的概念。正如治理研究者鲍勃·杰索普所说的那样:“过去15年来,治理在许多语境中大行其道,以至于成为一个可以指涉任何事物或毫无意义的‘时髦词语’。”[①]事实上,“治理”不仅仅是一个“时髦”的概念,同时它还是当代社会对于新型的政府模式和管理模式的一种召唤。无论是公民社会理论(Civil Society)、强势民主理论(Strong Democracy),还是协商民主理论(Deliberative Democracy)以及新公共管理理论(New Public Management),这些理论思潮的产生都为新型的公共治理模式奠定了更坚实的基础。而在社会背景方面,随着公民主体意识和权利意识的觉醒,以及愈来愈多的非营利组织、非政府组织(NGO)、第三部门(The Third Sector)等的建立,政府、市场和公民之间的关系正在发生着急剧的变化。政府不再是“全能政府”“万能政府”“强势政府”,而公民以及公民组织也并非一无是处;政府必须关注到自身的有限性,公民也应当积极承

---

① 鲍勃·杰索普.漆芜,编译.治理的兴起及其失败的风险:以经济发展为例的论述[A].俞可平.治理与善治[C].北京:社会科学文献出版社,2000:55.

担起参与社会治理的重任。而作为介于政府和市场之间的一种特殊组织，学校组织也有变革自身的组织结构、资源配置模式的需要。同时，学校作为培育公民品格的主要场所，它还承担着把年轻一代培养成为合格的社会公民的使命。这就更需要学校成为一个公共治理的空间，通过引导学生积极参与学校治理、社区治理乃至更大范围的社会治理等活动，在打破传统学校教育模式的同时，完成学校组织结构的革新，最终实现公民教育的使命。

第一节　治理的概念与内涵

"治理"在内涵上与"统治"和"管理"有着很大的差异。如果说古代社会的"统治"体现出的是一种专制权力关系，而"管理"所体现的是近现代的科层制的话，那么"治理"则是一种试图完全展示人性、追求民主共治的新型管理模式。"治理"意味着一种多元的、民主的、合作的管理逻辑，它打破了管理者与管理对象的二元对立机制，试图建构一种共同管理、协商合作的共治机制。因此，治理意味的是政府、社会和公民之间的一种新型协作关系，它为三者开辟了一个多元的、开放的、民主的共治空间。当然，治理作为一个崭新的学术概念，它的内涵和意义还处于不断发掘和变化当中。它还缺乏一个相对稳固的概念界定，不同的学者提出了既有共性又有差异的思想观点，值得我们进一步思索和斟酌。那么，治理究竟有着什么样的内涵呢？关于治理，究竟有哪些不同的学术观点呢？我们可以根据这些疑问来展开探索，以便更好地认识治理的内涵，并理解治理的学术意义。

一、关于"治理"的不同观点

在传统意义上，"治理"与"统治"的内涵非常接近。"治理"一词作为"统治"一词的变体，两者的意义相近，甚至在很长一段时期内两者是被交叉使用的。据考证，早在 14 世纪末叶，英格兰国王亨利四世就使用"治理"这个概念以表明"上帝"授予国王对国家的统治之权，因而在当时，"治理"与"统治"具有大致相同的含义,都表明了君主或国家对臣民的统治、管辖、支配和控制。① 但是,从 20 世纪 70 年代开始,伴随着经济全球化浪潮和后现代社会哲学的"出场","治理"这一历史范畴的内涵、功能、特征等都发生了深刻的变化,具有了完全崭新的内涵。② 这种崭新的内涵使得"治理"与"统治"产生了根本的区别。1989 年,世界银行在描述非洲国家的可持续发展危机时使用了"治理的危机"(crisis in governance)这一概念,这可以看作是治理的新内涵的一种运用。此后,"治理"这一概念逐渐被运用到新的公共行政理论和社会学研究当中,用于描述国家或者管理部门的不同于传统的行政模式和公共管理行为。③ 至此,西方政治学者、经济学者、管理学者等开始赋予"治理"与"统治"完全不同的意义。"统治"意味着以操纵、控制、强迫等方式来实施管理,把管理对象当作客体或者"物"来对待,在管理过程中渗透着权力的等级性与资源的非均衡配置。而"治理"则是一种民主的、温和的管理方式,它是对"统治"的一种"反叛",它寻找更加多元、透明、开放的管理路径,以实现由强制性的控制逻辑向公共性的民主逻辑的转变。

关于"治理"的概念界定,治理理论的创始人之一罗西瑙(J. N. Rosenau)曾在其著作《没有政府统治的治理》和《21 世纪的治理》中把"治理"定义为一系列活动领域中的管理机制,是一种由共同的目标支持的活动,这些管理活动的主体未必是政府,也无须依靠国家的强制力来实现。④ 根据罗西瑙的定义,我们可以从以下三个方面来理解"治理"这一概念的内涵。第一个方面,治理活动是一种具有公共目标的活动,而不是一种基于私人目标的活动;治理主体自觉而主动地参与管理活动,自主地展开公民行动,以实现组织管理的公共目标。第二个方面,治理活动并不遵循垂直型的

---

① 孙柏瑛. 当代地方治理:面向 21 世纪的挑战[M].北京:中国人民大学出版社,2004:19.

② 孔繁斌. 公共性的再生产——多中心治理的合作机制建构[M].南京:江苏人民出版社,2012:17.

③ 俞可平. 中国公民社会的兴起与治理的变迁[M].北京:社会科学文献出版社 2002:191.

④ 俞可平. 引论:治理与善治[A].俞可平.治理与善治[C].北京:社会科学文献出版社,2000:2.

权力结构，治理活动的主体也不再只是政府组织或上级部门，各种公民组织、第三部门以及公民个体都可以成为治理的主体。因而，治理的权力是分散的，它不是源自外部的、上级的权力控制，而是一种来自内部的、多元的权力共享。第三个方面，治理活动中各方主体共同享有管理的权利，同时也承担管理的责任，管理活动成为一种多元主体的共同治理的活动，而不是单一主体的统治或控制活动。在治理的过程中，管理的权力实现了多元化而不是集中化，它意味着脱离公民生活的统治型的权威已经不复存在，管理是所有治理主体所共同享有的公民权利，同时也是公民责任。这也正是治理与统治这两种组织管理模式的根本区别之所在。

治理理论研究者格里·斯托克(Gerry Stoker)曾对当代流行的各种"治理"概念作了一番梳理。他认为，到目前为止，学者们对作为一种理论概念的"治理"已经提出了五种主要的观点。这五种观点分别是：(1)"治理"意味着有一系列来自政府但又不限于政府的社会公共机构和行为者，它对传统的国家和政府权威提出了挑战，它认为政府并不是"孤独的"唯一掌握权力的机构，不是权力的中心，各种公共的和私人的机构，只要其行使的权力得到了公众的认可，就都可能成为各个不同层面上的权力中心。(2)"治理"意味着在为社会和经济问题寻求解决方案的过程中存在着界限和责任方面的模糊性。它表明，国家与社会之间、公共部门与私人部门之间的泾渭分明的界限日益消除，不仅国家担负着整个社会发展的责任，公民个体、公民志愿团体甚至私人部门也承担着部分原先由国家所承担的责任。(3)"治理"明确肯定了在涉及集体行为的各个社会公共机构之间存在着权力依赖。这里所谓的"权力依赖"指的是致力于集体行动的组织必须依靠其他组织。为达到目的，各个组织必须交换资源、谈判达成共同的目标，交换的结果不仅取决于各个参与者的资源，也取决于游戏规则以及进行交换的环境。(4)"治理"意味着行为者成为自治的主体，并且行为主体之间最终将形成一个自主的网络。这个自主的网络拥有某个发号施令的权威，但是体系本身是作为一种非正式的基础，是为了进行相互之间的协商、对话而形成的，它并不具备如国家、政府一样的包容一切的权威机构。但是，自治的网络能够形成自主的管理，并且弥补政府的不足。(5)"治理"意味着办好事情的能力并不仅限于政府的权力,不限于政府的发号施令或运用权威,而在于政府运用新的公共管理的技术方法("治理"的技术方法)来对公共事务进行指引,树立正确的领导方式,建立伙伴关系,形成多层次的治理结构。①

英国地方治理指导委员会发起人之一罗伯特·罗茨(Robert Rhodes)指出,"治理"标志着政府管理含义的变化,"它指的是一种新的管理过程,或者一种改变了的有序统治状态,或者一种新的管理社会的方式"②。罗茨认为,要给"治理"(这种新过程、新状态和新方式)来一个清晰、明确的界定是很难的,因为我们至少可以从六个不同的视角来理解"治理"这一概念:(1) 作为国家最小管理活动的治理,它指的是国家削减公共开支,以最小的成本获得最大的效益。(2) 作为公司管理的治理,它指的是指导、控制和监督企业运作的组织体制。(3) 作为新公共管理的治理,它指的是将市场的激励机制和私人部门的管理手段引入政府的公共服务。(4) 作为善治的治理,它指的是强调效率、法治、责任的公共服务体系。(5) 作为社会控制体系的治理,它指的是政府与民间、公共部门与私人部门之间的合作与互动。(6) 作为自组织网络的治理,它指的是建立在信任与互利基础上的社会协调网络。③

同时,全球治理委员会(Commission On Global Governance)也曾对"治理"的概念与内涵展开解读,形成了比较权威的定义。全球治理委员会于1995年发表了一份研究报告《我们的全球伙伴关系》(*Our Global Neighbourhood*),对"治理"概念作出了如下基本界定:治理是各种公共或私人的机构以及个人管理其共同事务的诸多方式的总和。它是使相互冲突的或不同的利益得以调和并且采取联合行动的持续的过程。它既包括有权迫使人们服从的正式制度和规则,也包括各种人们同意或以为符合其利益的非正式的制度安排。因此,治理有四个基本特征:(1) 治理不是一整套规

① 格里·斯托克.华夏风,编译.作为理论的治理:五个论点[A].俞可平.治理与善治[C].北京:社会科学文献出版社,2000:35,46.

② 罗伯特·罗茨.木易,编译.新的治理[A].俞可平.治理与善治[C].北京:社会科学文献出版社,2000:86.

③ 俞可平.引论:治理与善治[A].俞可平.治理与善治[C].北京:社会科学文献出版社,2000:2-3.

则，也不是一种活动，而是一个过程；(2) 治理过程的基础不是控制，而是协调；(3) 治理既涉及公共部门，也包括私人部门；(4) 治理不是一种正式的制度，也包括非正式的制度，它是一种持续的互动。① 根据“全球治理委员会”关于“治理”内涵的界定，我们不难发现“治理”是一种公共机构、私人机构以及个人参与管理公共事务的基本方式，治理的目标是追求公共利益，满足公共生活的需要；治理过程中所采用的主要方法是持续的交往、协商和互动，以此来取得交往主体的公共认同，从而来共同管理公共事务、妥善处理公共问题。因此，与“统治”或者“控制”相比，“治理”是一种更具有民主性、公共性和开放性的新型管理方式，它倡导管理主体的多元化，鼓励通过公民之间的平等而自由的交往协商来解决公共问题，最终实现公共利益。

以上是国外研究的基本情况。事实上，国内学者对于治理理论也有不少研究。国内比较早开始研究治理理论的学者有俞可平等。俞可平对“治理”的概念内涵进行了详细的解析。他认为，“治理”作为一种政治管理过程，也像政府统治一样需要权威和权力，最终目的也是为维持正常的社会秩序，这是两者的共同之处。但是，“治理”与“统治”至少存在着两方面的本质区别②：(1) “治理”虽然需要权威，但这个权威并非一定是政府机关或上级部门；而统治的权威则必定是政府机关或上级部门。统治的主体一定是社会的公共机构，而治理的主体既可以是公共机构，也可以是私人机构，还可以是公共机构和私人机构的合作。治理是政治国家与公民社会的合作、政府与非政府的合作、公共机构与私人机构的合作。所以，治理是一个比统治更宽泛的概念，从现代的公司到大学再到基层的社区，如果要高效而有序地运行，可以没有政府的统治，但是不能没有治理。(2) 治理与统治在管理过程中权力运行的向度是不一样的。统治的权力运行方向总是自上而下的，它通过发号施令、制定政策和实施政策来对社会公共事务实行单一向度的管理。与此不同，治理则是一个上下互动的管理过程，它主要通过合作、协

---

① 全球治理委员会.我们的全球伙伴关系[A].俞可平.治理与善治[C].北京：社会科学文献出版社，2000：4－5.

② 俞可平.引论：治理与善治[A].俞可平. 治理与善治[C].北京：社会科学文献出版社，2000：5－6.

商、伙伴关系等方式实施对公共事务的管理；治理的实质在于建立在市场原则、公共利益和公共认同之上的公民合作。治理所拥有的管理机制主要依靠的不是政府的权威，而是合作网络的权威；其权力向度是多元的、共享型的权力结构，而不是单一的、自上而下的垂直型权力结构。

学者麻宝斌认为，"治理"就是一定范围内的多元主体基于多元目标，运用多样化手段对公共事务进行协同管理的过程和活动。因此，可以从主体、对象、手段、目标等五个层面来理解"治理"的内涵与基本特征：(1) 治理的主体是多元的，包括政府、公共部门、第三部门或非政府组织、企业和社会志愿者；政府不再是社会公共事务管理的唯一或者当然主体。(2) 治理主体之间结成了相互依赖的网络关系，也由此造成了权责的模糊化，这种模糊化主要体现为政策制定者与政策执行者、公共部门与私人部门或非营利部门、管理者与工作人员、政府与公民等六个方面的边界的模糊化；(3) 治理的目标函数是多元的，治理的目标体系中包含着积极的可持续增长、稳定的社会秩序、广泛的公民参与、常态的社会正义与福利等多项要素，最终是为了社会的协调发展和全面进步；(4) 治理的手段是多样化的，并且不再以强制和压迫为主，而是演变为主要依靠民主协商、合作互助以及网络化管理等管理手段；(5) 治理的对象或内容是公共事务或者公共问题，即"公共治理"意味着对公共事务或公共问题的治理，在这个意义上，"公共治理"可简称为"治理"。①

孔繁斌认为，在当代"治理"理论语境下，社会治理主要是采取"多中心治理"模式，采用多中心性结构，而不是"中心—边缘"结构。而所谓的"多中心治理"模式，其基本框架大致是：(1) 多中心治理结构意味着在地方的社会生活中，存在着民间的和公民的自治、自主管理的秩序与力量，这些力量分别作为独立的政策主体围绕着特定的公共问题，按照一定的规则，采取弹性的、灵活的、多样性的集体行动组合，寻求高绩效的公共问题的解决途径。(2) 它强烈要求公民的参与和社群的自治，将公民参与和自治作为基本的策略。因为只有这样，才能保证他们具备积极介入多中心治理的条件以及

① 麻宝斌.公共治理理论与实践[M].北京：社会科学文献出版社，2013：9－10.

产生的作用，才能使多中心治理运转起来，并持续发展下去。(3) 多元独立决策主体的利益同样是多元的。多元利益在治理行动中经过冲突、对话、协商、妥协，达成平衡和整合。(4) 多中心还表现为不同性质的公共物品和公共服务可以通过多种制度选择来提供，而政府的治理策略和工具向适应治理模式要求的方向转变。①

根据以上关于"治理"的内涵阐释，我们可以看到，国内外学者对于治理概念的理解是多元的，他们提出了关于治理概念的不同观点和见解，为我们更好地把握治理的内涵提供了更坚实的基础。这些不同的观点和见解，不仅体现出学者的学术观点和学术个性，同时也在很大程度上表明了治理概念本身的复杂性和多样性。但是，在这种复杂性和多样性之下，我们也可以看到治理概念的一些共通的特征，它在以上学者的观点中或多或少有所体现。

我们可以把治理的这些共通特征简要归纳为以下几个方面：首先，治理意味着一种去中心化的倾向，它并不特别强调国家和政府在公共管理、公共服务中的中心地位，而是主张在政府、市场、社会组织以及公民之间展开合理的分权，改变原先的"中心—边缘"的管理结构体系，形成"多中心"的治理结构体系。其次，治理意味着一种更加民主的共治和自治，它不是自上而下的垂直型的管理，而是自下而上或者平行网络的自主管理，鼓励公民、社群、政府等主体共同参与公共事务，形成自治和共治。最后，治理的方式和手段是民主的、温和的，它倡导的是协商、对话和共识的生产，而不是权力的压迫、控制和支配，因此它符合当代社会的发展趋势，可以推动社会管理模式的民主化与多元化的变革。

二、治理与其他相关概念的区别

为了更好地理解"治理"这一概念，我们有必要把治理与其他相关、相近的概念区分开来。这些概念与治理之间有着模糊的边界，如果我们不加以谨慎的区别和辨析，极容易把它们混淆在一起。我们看到，不论是在学术话

---

① 孔繁斌.公共性的再生产——多中心治理的合作机制建构[M].南京：江苏人民出版社，2012：33.

语体系或者日常话语交流当中，有两个概念经常会与“治理”相混淆，那就是“统治”和“管理”。那么，“治理”与“统治”、“治理”与“管理”之间究竟有着怎样的区别呢？一些学者认为，可以从主体、范围、手段、结构、权威基础、权力关系目标等八个方面展开分析，以此来甄别治理与统治、治理与管理在内涵和特征上的根本区别。① 笔者认为，这种分析固然有一定的道理，但是从逻辑的角度而言显得过于纷繁复杂，无法清晰而简明地区分治理与相关概念。因此，笔者认为，不妨在逻辑上进行适当的简化，以抓住不同概念之间的本质区别，从而更好地辨明治理概念的特殊性。为此，笔者主张如表 1－1 所示，从组织机制、权威来源、依赖关系、运作逻辑和目标取向这五个维度，来把握“治理”与“统治”“管理”的根本差异，更好地理解治理这一概念的特殊内涵。

表 1－1 “治理”与“统治”“管理”的差异

	统治	管理	治理
组织机制	专制型组织	科层组织	合作网络组织
权威来源	专制的权威	科层管理的权威	共识的权威
依赖关系	人身依附	有限的独立性	自主与自治
运作逻辑	权力控制的逻辑	利益的逻辑	公民协商的逻辑
目标取向	统治者的利益	私人利益或部门利益	公共利益

如表 1-1 所示，组织机制、权威来源、依赖关系、运作逻辑、目标取向这五个方面正好体现了管理活动（不论是统治还是治理）的核心内容，不论何种管理活动或模式，都依托于一定的组织机构，都需要权威的合法性来源，都体现着人与人之间的关系，都具有自身的运作逻辑，最后都有属于自己的目标追求。

（一）“治理”与“统治”

“统治”主要是指建立于外在强制力基础上的控制方式，当社会秩序的

① 关于这一点，可参考：麻宝斌.公共治理理论与实践[M].北京：社会科学文献出版社，2013：10－11.

维护者运用强制性的手段或者权力的压迫来促使人们去遵守既定规范时，这就表现为统治。根据《辞海》的解释，“统治”是指“依靠权势来控制、支配和管理”。因此，统治的基本特征在于它是通过权力关系来实现对被统治者的一种人身控制，以更好地支配和管理被统治者，从而保持统治秩序的稳固。在阶级社会中，统治是以普遍的政治压迫为基础的；统治阶级为了维护自己的利益，以维护社会利益的名义制定了许多法律和规则，用以规范被统治者的行为。在近现代社会，虽然阶级对立不再那么明显，但是依然存在着“统治”与“被统治”，任何权力的强制性的施加都可以视为“统治”行为。因此，统治作为一种社会控制和管理模式在近现代社会也是非常普遍的。显然，与“统治”不同，“治理”并不是一种依靠外在的权势或者强制力量来迫使人们遵守既定的社会规范，从而达到控制、支配和管理目的的社会管理活动。事实上，治理是一种以公民的自觉意识、自由意愿和自治行为为基础，鼓励公民参与社会公共事务管理，实现共同治理的管理模式。具体而言，“治理”和“统治”在以下五个基本维度上存在着根本的差异。

第一，从组织机制的角度而言，“统治”所依托的是一种专制型组织，通过专制型组织的权威作用和强制力的推进来维护管理秩序，实现对被统治者的支配、控制和管理。因此，统治的主体一定是掌握公共权力的公共组织机构（比如君主专制下的君主和整个专制官僚机构）。在这种组织机构中，少数人或者某个人站在了权力的塔尖，俯视众生，实现着对“众生”的支配、控制和管理。但是，“治理”则不同，它所依托的是一种可以称之为“合作网络”的组织机制，这个合作网络的组织机制既有政府、公共部门，也有私人部门、第三部门、志愿者组织以及公民个人等，他们共同构成了治理的主体，通过合作网络的紧密联系共同实现着管理与被管理。他们的管理与被管理的行为都是自主自愿的，并没有受到外在的强制力量或者权势的威胁和压迫。因此，也可以说，治理立足于一种民主的、多元的组织机构，治理的权利以及权力都掌握在多数人的手中，它通过平行的、合作的方式来促进组织的管理与发展。

第二，从权威的合法性来源的角度而言，“统治”的权威来源于专制权力或者领导者的个人魅力。社会学家马克斯·韦伯（Max Weber）在《经济与社会》一书中曾区分了三种权威及其合法性的不同来源：一是传统型的权威，其合法性来源于对传统的神圣性的确信；二是魅力型权威，其合法性来源于个人在知识、能力、人格等方面所具有的令人折服的影响力；三是法理型权威，其合法性来源于公众所认可的法律及规章制度。[①] 显然，“统治者”的权威主要是一种传统型权威或者魅力型权威，其来源要么是对传统的神圣性或专制权力（比如君权神授思想）的尊崇，要么就是对某种个人的人格、能力的尊崇（比如对领袖的个人崇拜）。因此，统治往往意味着一种非理性的、对权威的奴性服从，它在无形中剥夺了公民的品格和精神。相反，“治理”是以法律规范和公民共识作为权威的合法性来源的，治理行动遵循公民之间的协商共识，同时也遵循法律规范的基本要求。治理并非不需要权威，只不过其所需要的权威是以法律规范为基础的，经由公民协商共识而产生的权威，它是一种法理权威（法理本身也是公民协商共识的产物）。因此，治理的“权威”是在公民共识基础上产生的权威，它体现着民主生活和民主管理的特征。在这一点上，“治理”和“统治”形成了巨大的差异。

第三，从依赖关系的角度而言，“统治”所形成的往往是统治者与被统治者的高度依赖关系，这种依赖关系使得双方都失去了主体性。统治者成了被统治者的主人，而被统治者仅仅是统治者的奴仆或者工具而已；同时，统治者由于要依赖于被统治者的劳作来获得生存的基础，来获得自身的身份认同，因而统治者虽然是主人，但其主体性也被剥夺了。在这种情况下，两者之间所形成的是相互依赖的统治者与被统治者的关系，而不是相互独立的主体与主体的关系。与此相反，“治理”所形成的则是独立自主的公民关系，公民之间虽然也会相互依赖，但是这种相互依赖是以承认彼此的独立自主的公民身份为前提的。这是一种基于独立自主而形成的合作网络关系。在合作网络的机制中，公民个体作为治理者与其他公民发生着各种各样的交往，但是这些交往关系都是以独立自主的公民人格为基础的，彼此之间相互尊重对方的人格尊严和公民权利，承认对方的公民主体性，从而形成良性的公民互动。因此，也可以说，“统治”所形成的是缺乏主体性的依赖关系，

① 马克斯·韦伯.经济与社会（上卷）[M].林荣远，译.北京：商务印书馆，1997：241.

而"治理"所形成的是独立自主的公民交往关系。

第四,从运作逻辑的角度而言,"统治"是自上而下的垂直型的权力运作机制,"它运用政府的政治权威,通过发号施令、制定政策和实施政策,对社会公共事务实行单一向度的管理"①。因此,在统治的过程当中总是渗透着各种各样的权力压迫,而被统治者对于统治者的权力压迫总是在进行着有形的或者无形的反抗,这种反抗又总是夹杂着对统治权力的恐惧,因为统治者可以在任何时候剥夺他们的一切。"治理"显然不是凭借这样一种自上而下的权力运作来实现对他人的控制和支配,更多的是一种自下而上的管理过程,它通过公民之间的协商、对话、合作和伙伴关系来实现对社会公共事务的民主治理。因此,治理所倡导的是公民之间的平等和合作,而非权力的压迫和强制。因而,"治理"与"统治"之间的运作逻辑的根本差异在于,前者是一种自上而下的垂直权力运作,而后者是一种自下而上或者平行网络的公民协商合作;前者遵循专制权力和压迫控制的逻辑,而后者遵循公民协商和共同合作的逻辑。

第五,从目标取向的角度而言,"统治"的目标是为了维护既定的统治秩序的稳固,保障统治者或者统治集团的利益。很多时候,统治者或者统治集团会为了一己之私利,不惜损害被统治者的利益,甚至不惜损害国家的、社会的公共利益。统治者或者统治集团极易被私人利益和私人欲望遮蔽视野,从而轻而易举地抛弃对公共利益的追求。相反,"治理"的目标是"善治",它为公民提供了一个交换意见、形成舆论的公共平台,引导公民积极参与公共行动,最终实现公共利益的最大化。治理活动为公民或者公民组织(各个利益主体)提供了协商、对话、交往的平台,人们可以在这个平台上相互交流各自的利益诉求,并且寻求个人利益之上的公共利益。因此,治理的过程往往是一个既合理地表达个人诉求又有序地增进公共利益的过程,它使得国家的、社会的以及个人的利益都能得到比较好的实现。

(二)"治理"与"管理"

我们这里所指称的"管理",主要是指以科层机制为基础的现代管理活

---

① 麻宝斌.公共治理理论与实践[M].北京:社会科学文献出版社,2013:11.

动。现代管理活动一般可以分为以政府为主体的行政管理和以企事业单位为主体的工商管理。不论是政府的行政管理还是企事业单位的工商管理，它们都属于现代管理的范畴。而现代管理所遵循的往往是科层机制，试图以机械化、精细化的分工和控制来提升生产活动的效率和效果，从而实现利益的最大化。因此，现代管理活动仍然倾向于遵循单一的中心秩序和权威体制，采取自上而下的管理权力运作，从而实现对被管理者的管理。这就使得“管理”与“治理”之间产生了重大的分歧，因为“治理”所强调的是多中心的、合作网络的管理秩序，它反对自上而下的权力运作，反对对被管理者的强制和压迫。因此，“治理”与“管理”也存在着巨大的差异。

第一，从组织机制的角度而言，正如前面所论述的，治理所依托的主要是一种合作网络的机制，治理型的组织所遵循的是民主的、合作的、协商的组织规则，在各个治理主体之间形成平等的协作关系。但是，管理的组织机制往往更接近于马克斯·韦伯所提出的“科层体制”。这种“科层体制”体现出了技术化、理性化和“非人格化”的特征。正如韦伯所言：“现在这个秩序与机器生产的各种技术、经济条件结合在一起，以其不可抗拒的经济力量决定着今天所有生而处于这种机制之中的个人的生活，而不仅仅是那些直接参加经济获取活动的人的生活。”[①]科层机制使得一切管理活动都以理性的、技术的方式来展开，通过技术来达到控制人的目的，甚至在很多时候没有把管理对象当作人来看待（非人化）。它仅仅是通过技术控制来提高生产效率，最终获取更高的经济回报。科层机制使得管理活动服从于这些技术的、理性的、经济的规则，从而使得管理越来越外在于人，管理活动也就失去了本应当具有的民主的、合作的、协商的、人性的精神内核。而事实上，治理从来都不是以技术的、控制的、非人化的规则和手段为基础的，它强调的是人与人之间的相互尊重、相互合作，以此来促进社会生活和生产活动的高效运转。这是“治理”与“管理”的重要差异。

第二，从权威的合法性来源的角度而言，正如前面所述，“治理”是以法律规范和公民共识作为权威的合法性来源的，它尊重公民的共识，并且视法

① 马克斯·韦伯.新教伦理与资本主义精神[M].黄晓京，彭强，译.成都：四川人民出版社，1986：171.

律规范为公民共识的产物。因此，治理以尊重公民的自由和权利为基础，强调公民的协商和共识，把公民的人格尊严视为最为重要的价值。在现代科层制下，“管理”的权威虽然也来源于法律规范，但是它有意地割裂了法律规范与公民共识之间的紧密联系；法律成了一种外在的强制力量，成了控制公民的工具。因此，科层制管理的权威合法性还缺乏一个重要的来源，即它缺乏公民之间的共识生产以及由于共识而形成的合法权威。正因为如此，科层管理活动往往以一种威权的形式来要求管理对象的服从，以惩罚（物质的以及精神的惩罚）来警告管理对象，从而达到提升管理效率的目标。这种管理活动不是公民的自主、自愿的治理活动，而更多的是一种基于外在强制力的控制和支配活动。

第三，从依赖关系的角度而言，“治理”所形成的是一种以独立自主的公民人格为基础的合作关系，公民之间虽然互相依赖，但这种依赖关系是以独立的公民人格为前提的，这是一种“主体—主体”之间相互依赖、相互促进的关系。但是，在“管理”活动当中，管理者与被管理者所形成的是“主体—客体”的依赖关系，相互之间的身份、地位和对资源的获取都是不平等的。管理者把自我的意愿强加于被管理者，甚至不惜用控制、支配和技术的手段来把被管理者“异化”为工具。在这种管理模式下，被管理者仅仅把自己当作是客体，在管理活动中失去了主体性。因此，他们总是被动地接受管理，在控制、支配和技术手段下消极地、被动地完成管理者（主体）交付给自己的工作任务，他们成了需要用“细线”来拉动的“木偶”。主体性的丧失，加重了管理者与被管理者的不平等关系，同时也极大地破坏了独立自主的公民关系的形成。

第四，从运作逻辑的角度而言，“治理”更多的是一种自下而上的管理过程，它通过公民之间的协商、对话、合作和伙伴关系，来实现对社会公共事务的民主治理。因此，治理所倡导的是公民之间的平等和合作，而非压迫和强制。“管理”则不同，它虽然不像“统治”那样充斥着非民主的专制命令和权力压迫，但是也以其技术理性主义和非人格化的控制逻辑，实现着对管理对象的支配和控制。管理所发出的命令虽然不是专制的指令，但是也要求管理对象无条件服从，从而实现生产效率的最大化。因此，从权力运作逻辑的角度来分析，管理具有很强烈的自上而下的权力运作的色彩，它往往遵循着垂直型的权力控制逻辑，主张通过科层制的管理机制以及垂直性的权威体系，来实现对被管理对象的控制。这与“治理”的协商合作关系是相背离的，两者所诉诸的权力机制是完全不同的。

第五，从目标取向的角度而言，“治理”的目标是引导公民开展公共协商，积极参与公共治理行动，最终实现公共利益的最大化。治理活动为公民或者公民组织(各个利益主体)提供了协商、对话、交往的公共平台，公民个体或者公民组织可以在这个平台上相互交流各自的利益诉求，并且寻求个人利益之上的公共利益，从而达成共识，最终实现公共利益的最大化。但是，“管理”的目标往往并非公共利益，而是忠于本单位、本部门以及本部门员工的利益(这仍然是一种私利，即“群体的私利”)，或者管理者自身的私人利益，而对于社会的、整体的公共利益则很少自主、自愿地去追求。之所以如此，最根本的原因在于管理活动聚焦于狭窄的利益范畴，而忽略了更大范围的、社会的、公民的公共利益。科层机制的管理活动在无形之中割裂了管理者与被管理者的主体间关系，它把被管理者仅仅视为客体对象，看作是追求效率或利益的工具，从而摈弃了对作为公民的被管理对象的平等尊重，忽视了对提升公民的公共利益的追求。而治理活动则把管理者和被管理者都视为主体，把被管理者视为具有平等身份的公民，它可以从整个社会的、公民整体的利益范畴来思考问题，因而也就形成了对公共利益目标的追求。显然，当人们意识到自身的平等公民身份，理解了自身的公民权利与责任，他们就能更加自主、自愿地维护公共利益，最终成为公共利益的追求者和守护者。

三、“治理”：内涵的厘定

根据以上对“治理”概念的分析和探究，以及通过对“治理”与“统治”、“治理”与“管理”等相关概念的辨析，我们对治理的内涵已经有了更加清晰的把握。同时，为了更全面地阐释治理的内涵，笔者试图从更加综合的视角对治理进行界定。这个界定一方面吸收了前述的治理研究者所提出的思想观点，另一方面对这些思想观点进行了必要的归纳、综合以及本土化的改造。简要而言,笔者倾向于把“治理”定义为:治理是指公共机构、私人机构或者个人在不依赖于政府权威而主要依赖于合作网络的权威的基础上,通过协商、对话、合作和伙伴关系等方式来妥善地处理公共事务,协调彼此之间的不同甚至冲突的利益关系,以最大限度地提升公共利益的一种新型管理模式。具体而言,“治理”包含着以下几个方面的基本内涵:

第一,从治理的组织机制及权威关系而言,治理所依托的主要是一种合作网络的机制,这种合作网络机制是由政府机构与公民组织、公共机构与私人机构、公共机构与公民个体等共同组建而成的。因此,治理所体现的是国家、社会、公共机构、私人机构与公民个人之间的合作,治理是政治国家与公民社会的合作、政府与非政府的合作、公共机构与私人机构的合作、强制与自愿的合作。正因为治理所建构的是一种合作网络的组织机制,因此在治理过程中权威关系不是来自于某种外在的强制力量和权力压迫,并不存在一种公共的或者个人的权力来控制和支配公民的行动。治理的权威体系是一种基于法律规范的、来自于合作网络和公民共识的权威。治理型的组织所遵循的是民主的、合作的、对话的、协商的组织规则,在各个治理主体之间形成的是平等尊重的协作关系,即公民自主自愿地达成共识,自愿成为合作网络机制的组成部分,同时遵守合作的规则和法律的规范。因而,治理活动中的权威关系既是法理性与制度性的,又是民主性与共识性的。

第二,治理的主体是多元的,并非只有国家权力机关或行政机构才具有治理的权力,才是治理的主体;社会的公共机构、私人机构或者个人都享有治理的权力,都可以成为治理的主体。比如,当前广泛存在于社会中的非政府组织、志愿者团体、公益协会、企业、公司、学校乃至公民个人等等,都具有治理的权利,均可以参与国家、社会或者其他机构的公共事务管理,履行自身的权利与责任。治理之所以如此重要,乃在于它关涉整个社会的所有组织、机构和个人,可以全方位地影响到整个国家和社会的发展。不论政府多么强大,它也无法事无巨细地管理社会生活的每个方面,无法有效地管理所有的公共事务。而治理可以通过形成公民、社会与国家之间的有效互动,实现更高效也更全面的公共管理,从而为政府提供帮助。

第三,治理的对象是公共的事务或者涉及公共利益的其他事务,这些事务中往往夹杂着各种各样的利益冲突关系,需要国家、社会以及各方利益主体来共同协商,从而找到解决公共问题、促进公共事务管理的有效途径。治理不是为了解决私人问题,除非这种私人问题关乎社会、集体的公共利益。治理的主体是公民,而公民对于自身的权利和责任的认同促使他们走进社会的公共领域,参与国家、社会、群体、个人之间的交互生活的建构。而这些都是与公共利益、公共生活有关的。公民的治理活动,更多地是指向这种公共事务,指向公共利益的满足,而非私人利益和私人欲望的满足。也正因为如此,治理活动可以不断地扩大公民的公共视野,培育他们的公共意识,并提升他们的公共参与能力。这可以为解决公共问题、实现公共利益提供良好的基础。

第四,治理的方式不同于统治或控制的方式,它是在尊重公民或者公民组织的主体权利的基础上,以共同认可的正式制度或者非正式制度为规范,引导参与治理的主体各方通过协商、合作和伙伴关系等方式来妥善地处理公共事务。如果说“统治”是把被统治者视作客体对象,视作缺乏主体性与人格尊严的工具或手段,那么“治理”则超越了这种主客体二元对立的思维模式,它把所有公民都视为治理活动的主体,承认他们享有治理的权利。因此,治理的主要方式不是控制、灌输和支配,而是合作、协商和伙伴关系。通过合作而不是控制,治理提升了公民的参与精神和合作精神,推动了公民共同体的形成。通过协商而不是灌输,治理活动使得公民能够有效地相互对话、相互分享,实现思想观念和公民意见的交流和沟通。通过伙伴关系而不是支配关系,治理活动做到了尊重每一个人的公民权利,并且使得他们相互尊重对方的公民身份,基于平等的公民身份认同形成良好的公民协作,最终实现对社会公共事务的治理。

第五,治理的目标是使相互冲突的利益关系得以调和,并且敦促参与公共事务管理的各方采取联合行动,有效地利用和分配公共资源;同时限制国家或者公共机构的权力过度膨胀,形成政府、社会和个人之间的权力共享,最终促进公共利益的达成。治理意味着必须在国家、社会和公民之间形成权力制衡机制,通过治理来制衡公共权力,同时也通过治理来解决国家治理的盲点,完善政府的行为,促进公共事务的有效管理。因此,也可以说,治理可以规范和引导公民的行动，使得公民也参与国家、社会的公共管理活动，这有助于实现公共资源的优化配置，最大限度地增进公共利益，最终促进社会的发展。通过治理活动，各方的利益诉求可以得到更有效的协调，而国家的、社会的以及公民的联合行动也更有利于平衡社会的资源分配，使得大多数人能够平等分享社会资源和发展机会，更好地实现社会的公共利益，最终促进社会的均衡发展。

总之，从组织机制与权威关系、治理主体与治理对象、治理方式与治理目标等方面来分析，“治理”都体现出了与“统治”“管理”的根本差异。“治理”倡导建构一种合作网络的机制，他把政府、社会和公民都纳入这个合作网络当中，通过合作网络中的公民协商、对话、参与和伙伴关系来实现对国家和社会的公共事务的民主管理。因此，治理所倡导的是权力的共享，而非权力的独占。这不仅可以有效地规避过度膨胀的公共权力对公民个体的支配、控制和压迫，还可以更好地实现治理主体的多元化和治理手段的合理化，促进国家、社会和公民之间良好的互动关系的建构，最终促进公共利益的实现。

第二节　治理兴起的社会背景

治理的兴起有其深刻的社会背景，也对当代社会的发展产生了重要的影响。正如法国学者让-皮埃尔·戈丹(Jean-Pierre Gaudin)所指出的：“治理并非是由某一个人提出的理念，也不是某个专门学科的理念，而是一种集体的产物，或多或少带有协商和混杂的特征。……在20世纪的最后十年，治理出现于包括经济、公共管理、社会学以及政治学在内的诸多领域。知识界和各个研究流派对其品头论足，就像对大多数新事物一样，治理因而也成了集体‘时尚’的一部分。”[①]治理这样一种新理念能成为“集体时尚”的一部分，成为一种超越单个学者、单个学科的新观念，很大程度上是因为它是社

① 让-皮埃尔·戈丹.何谓治理[M].钟震宇，译.北京：社会科学文献出版社，2010:19.

会、集体的产物,它有着很深的社会背景和社会根源,它响应着社会的号召,它是社会整体变迁的重要产物。显然,在当前这样一个政府职能转变、公民社会兴起、信息技术革命蓬勃发展的时代,不论是市场的失灵、政府的缺陷,还是信息网络社会对人们生活方式的改变,都要求多元化的治理主体和治理机制来维护社会机制的正常运转,保障政府和市场的高效运作。在这种背景下,公共管理由"统治"(或者控制)走向"治理",已经成为当代社会变革的必经途径,而向治理的转型也已经成为变革时期的政府、社会以及公民的共同需要。因而我们也可以说,治理理念的兴起,其最为深刻的社会背景就在于政府管理机制的转型、社会发展模式的变迁以及信息技术革命所带来的个体与社会生活方式的巨变,它们共同推动着"治理"理念成为当代社会的一股重要思潮。

一、政府的转型:从管理型政府走向治理型政府

在近现代发展进程中,西方国家一直面临社会资源有效配置和政府管理机制的选择问题。古典自由主义市场经济把政府管理放在一个比较次要的位置,认为社会资源主要由市场经济体制来加以协调,而政府并不需要对市场和社会进行过多的干预。这正是洛克所说的"最弱意义上的政府",同时也是最好的政府。洛克认为,最好的政府应当是"最弱意义上的政府",政府的职能必须被限制在战争与和平、安全和财产的保护、对外的交往与议和等少数的几个领域,而社会生产和市场运行则主要遵照社会和市场的规律来进行。洛克的这个观点在整个古典自由主义时代被广为传播,它也成为影响西方国家政治建构的核心理念。但是,到了 19 世纪末 20 世纪初,随着工业化进程的不断发展以及垄断的产生,自由主义和自由市场经济在社会资源配置中的有效性遭到了极大的挑战,市场经济导致了贫富的急剧分化、社会资源的不平等分配。同时,资本主义固有矛盾和"市场失灵"频频触发资本主义国家的经济危机,导致人们对自由市场经济理论产生了普遍的怀疑,整个社会开始呼吁政府的经济干预,主张由政府来调节市场经济的运作。于是,以凯恩斯主义为理论基础的政府干预模式应运而生。这种政府干预模式要求政府干预市场经济,管理和控制市场风险,从而避免资本主义

经济危机的产生。但是，在此后的数十年中，随着政府干预模式的不断强化，逐渐导致了政府的行政权力不断扩张，政府权力在“整个经济领域以及社会生活领域的渗透，使政府的权能和规模都进入了一个迅速膨胀的时期，政府膨胀到与国家相重合的地步，这就是学者们所说的‘国家行政化’或‘行政国家化’的状况”[①]。于是，西方资本主义国家开始形成“全能型政府”“管理型政府”的结构，政府无处不在，科层官僚机制的规模和权力不断膨胀，它通过“利维坦式”的单一中心的官僚机构来管理社会公共事务，“在效率崇拜的价值观引导下，整个社会运转在单向度的轨道上”[②]。

但是，正如当代管理学大师彼得·德鲁克(Peter Drucher)在1969年所断言的：“日益明显的是政府庞大而不强大，机构臃肿而不得力，花费过多却无所成就；同样的是老百姓越来越不信任政府，越来越不留恋政府。事实上，政府抱恙在身——而此刻我们正需要一个强壮、健康、精力充沛的政府。”[③]正如德里克所言，我们今天所需要的政府，是一个强壮、健康、精力充沛的政府，但不是“全能的政府”“科层官僚机制的政府”，而是“有限的政府”“治理型的政府”。以管理和控制为目标的“全能政府”，往往受到工具理性主义、功利主义和效率主义的支配，但是这反而使得政府机制出现混乱，使得民主治理走向萎缩，同时使得政府与公众之间的信任关系面临解体的风险。于是，20世纪后半叶以来，学界和公众开始批判政府管理的科层官僚机制，主张增强社会和公众的权能，让社会组织和普通公众都能够以治理主体的身份参与社会的公共管理，从而促进政府管理职能的转变，弥补“市场失灵”的缺陷。

因此，当代政府管理机制开始逐渐向治理型政府转型。对于“政府究竟应该是一个全能政府，还是应该是一个有限政府”“政府究竟应该是唯一的管理主体，还是只是多元管理主体中的一元”等问题，“治理”理论给出了明

---

① 张康之.论伦理精神[M].南京：江苏人民出版社，2010：54.

② 孔繁斌.公共性的再生产：多中心治理的合作机制建构[M].南京：江苏人民出版社，2012：46.

③ 转引自：艾伦·沃尔夫.合法性的限度[M].沈汉，等，译.北京：商务印书馆，2005：257.

确的回答:政府是有限的政府,政府是多元治理主体中的一个构成部分;政府管理所做的主要工作不是单一向度的权力控制和管理约束,而是多元主体机制下的合作网络建构和共同管理。于是,自20世纪八九十年代以来,"治理"理论开始获得愈来愈高的社会呼声,不少西方国家的政府机制也在不断地转型,以适应新的社会管理模式变革的需要,其最深刻的内涵即在于政府职能的变革:政府不再是管理型的政府,而成为治理型的政府;政府不是社会、公众的管理者和控制者,而是社会、公众的服务者和引导者。正因为如此,治理理论的研究者格里·斯托克(Gerry Stoker)把"治理"视为"社会中行为者网络组织的自主、自治管理……治理的观念就是认定提高公共服务的能力并不只在于政府的单一的权力和力量,也不在于政府是否下命令或运用其权威,而在于政府与公民社会之间广泛的公共关系"①。政府需要重塑与社会的关系,政府必须意识到自身并不是社会的全能的管理者和控制者,政府的权威必须以尊重公民组织以及公众的选择为基础和前提。政府职能的运行要引入各类社会主体的力量,引导他们共同参与社会公共事务,从而达到预期的效果。

对于改革开放以来的中国社会而言,随着以市场为导向的经济体制改革的推进,我们整个国家也在经历着从管理型政府向治理型政府的变迁。当然,这个变迁的过程是缓慢的,不可能一蹴而就,但是变迁的进程确实是在逐渐展开的,并且已经展现出了愈来愈显著的进步。正如有学者所指出的,中国的社会结构正在经历着"从农业社会向工业社会、从乡村社会向城镇社会、从封闭半封闭社会向开放社会、从同质的单一性社会向异质的多样性社会、从伦理社会向法理社会的转型"②。所有这些都预示着,当代中国政府的职能也正在经历着深刻的变化,即全能政府正在被有限政府所取代,管理型政府正在被治理型政府所取代。政府机制的变革已经成为整个社会发展进程中的重要环节,它标志着新的社会治理模式的开启。

---

① 格里·斯托克.华夏风,编译.作为理论的治理:五个论点[A].俞可平.治理与善治[C].北京:社会科学文献出版社,2000:35-36.

② 李培林.处在社会转型时期的中国[J].国际社会科学杂志(中文版),1993(3).

二、社会的变迁：公民组织和第三部门的兴起

“治理”理论的兴起，其社会背景还深刻地体现在公民社会的兴起和第三部门的蓬勃发展。在17、18世纪，随着启蒙运动的开展和资产阶级民主革命的相继胜利，资产阶级民主共和国得以建立，这为“工商业活动的自由发展和私人领域的独立存在提供了根本的法律和制度的保障，极大地促进了公民社会与政治国家的分离进程和公民社会的快速发展”①。西方的公民社会倡导自由结社、公共论辩、协商对话以及对政府的公共行为的监督和约束。哈贝马斯笔下的资产阶级公共领域正体现出了国家与公民社会相分离的典型特征，沙龙、咖啡馆、俱乐部以及报纸、杂志、网络等都是公民展开公共交往和理性商谈的空间，它使公民能够自由地组成社会组织，通过个人或者社会组织来发表各种理性的、自由的言论，形成对西方国家公共权力的有效制约。到了19世纪末20世纪初期，随着凯恩斯主义的兴起和国家行政权力对市场经济、公民社会的过渡干预，整个西方的公民社会经历了一个衰落期，政府的权力控制和经济干预在很大程度上削弱了公民社会的民主基础，破坏了社会的自治和公众的参与，这在某种程度上使得政府的权能不断扩张甚至膨胀，最终威胁到了公民社会的发展和壮大。但是，到了20世纪中后期，随着后工业时代的来临和信息社会的发展，以政府为中心的社会管理模式开始越来愈难以适应信息时代多元中心、多元主体的需要，后工业社会的开放性、自主性和多元主体性也使得政府难以成为唯一的权力中心，难以完全控制社会公共事务的管理与运作。正因为如此，有的学者又把这一时期的公民社会复兴称为“新公民社会”的来临。在后工业进程中成长起来的“新公民社会”无疑具有了新的性质，“特别是当它以非政府组织以及社区自治力量出现的时候，具有了更多的理性化色彩，表现为公众参与治理以及社区自治的成熟形态。它是在经历了行政国家的理性治理后的一场新的社会运动，意味着人类更高形态的社会治理形式的出现”②。

因此，到了20世纪80年代，伴随着新公民社会的来临，在西方国家乃

① 何增科.市民社会概念的历史演变[J].北京：中国社会科学，1994(5).

② 张康之.论伦理精神[M].南京：江苏人民出版社，2010:56.

至全球都出现了一股非常重要的浪潮，这股浪潮以大量的非政府组织和第三部门(The Third Sector)的出现为重要标志，这些组织包括大学、医院、环保组织、职业组织、社会俱乐部、人权组织等，这些组织被冠以“非营利组织”“非政府组织”“第三部门”“公民社会组织”“志愿组织”“独立部门”等名称。[①]不论以何种名称来称呼这些组织，这些组织都标志着整个社会的公共事务管理进入了一个新的阶段，即“治理”的阶段。这些组织并不是政府的附庸，不接受政府权力的单向度干预和控制。在社会公共管理中，它们与政府的关系近乎平行，它们与政府一起履行着社会公共管理的职责和权利，代表公民来监督和约束政府的公共行为，从而与政府形成公共治理的关系，成为举足轻重的治理主体。此外，在新公民社会运动中，一场“静悄悄”的“全球结社革命”正在发生，公民社会组织展现出愈来愈显著的“全球化”特征。正如美国学者萨拉蒙所指出的：“的确，我们是置身于异常全球性的‘社团革命’之中，历史将证明这场革命对 20 世纪后期世界的重要性丝毫不亚于民族国家的兴起对于 19 世纪后期的世界的重要性。”[②]全球公民社会的形成和发展，直接受惠于经济的全球化；大型跨国公司的对外直接投资加速了全球社会流动，包括人口的流动、文化的流动、信息的流动等，从而也促进了公民社会组织的全球化。“从全球社会流动的角度来看，不同形式的民族国家由于移民的不断增加而受到了挑战，大量移民降低了种族和文化的同质性以及公民对民族国家的忠诚；同时，全球化所彰显的自由与流动在增加经济和社会事务复杂性的同时也提高了公民的自主性与自治能力，促成了这样一种趋势：公民要求获得自主和自治的权利，他们借助各种各样的社会团体和组织来实现这一愿望，介于政府和市场之间的非政府组织的兴起就成为了普遍现象。”[③]根据《国际组织年鉴》2005—2006 年的统计，国际非政府组织的数量在不断增长。例如“透明国际”在 1995 年只有 5 个国家分部，但在

① 王建华.第三部门视野中的现代大学制度[M].广州：广东高等教育出版社，2008:111.

② 莱斯特·萨拉蒙.何增科，译. 非营利部门的兴起[A].何增科. 公民社会与第三部门[C].北京：社会科学文献出版社，2000:243.

③ 周俊. 全球公民社会引论[M].杭州：浙江大学出版社，2010:3.

2005年已经有90多个国家分部，而国际红十字会组织则几乎在每一个国家都有分部。[①] 在法国，仅仅1990年就建立了6万多个社团；在巴西圣保罗，有近45000个非营利组织在发挥作用，而整个巴西有近20万个非政府组织在发挥作用。[②] “今天，NGO在许多国家为成千上万的公民提供了工作机会，NGO触及或影响每一个公民的生活，其影响力有时超过了市场和政府的作用。”[③]在一些国家和地区，NGO成了公民的代言人，与政府一起来参与社会公共事务的治理，促进了社会的发展。

随着社会的发展以及NGO的全球化拓展，当代中国也迎来了公民组织和第三部门的蓬勃发展，各种类型的公民组织不断衍生和兴起。根据相关资料的统计，20世纪50年代初的中国只有44个全国性社团，60年代还不到100个，地方性社团在此期间只有6000个。但是到了1989年，全国性社团就增加到了1600个，地方性社团则达到了20多万个；1992年，全国性社团有1200个，地方性社团达到18万个；到2009年底，全国各类民间组织已发展到42.4万个，其中社会团体23.5万个，民办非企业单位18.8万个，基金会1780个。[④] 下表是对2001—2009年中国社会组织数量的一个统计：

表1-2　2001—2009年中国社会组织数量[⑤]

年份 类型	2001	2002	2003	2004	2005	2006	2007	2008	2009
社会团体(万)	12.9	13.3	14.2	15.3	17.1	19.2	21.2	23.0	23.5
民办非企业(万)	8.2	11.1	12.4	13.5	14.8	16.1	17.4	18.2	18.8
基金会(个)			954	892	975	1144	1340	1597	1780

① 周俊. 全球公民社会引论[M]. 杭州：浙江大学出版社，2010:6.

② 莱斯特·萨拉蒙，赫尔穆特·安海尔.周红云，译. 公民社会部门[A].何增科. 公民社会与第三部门[C].北京：社会科学文献出版社，2000:261.

③ 朱莉·费希尔. NGO与第三世界的政治发展[M]. 邓国胜，赵秀梅，译.北京：社会科学文献出版社，2002:2.

④ 周俊. 全球公民社会引论[M].杭州：浙江大学出版社，2010:5.

⑤ 周俊. 全球公民社会引论[M]. 杭州：浙江大学出版社，2010:6.

根据表 1-2 所示，从 2001 年到 2009 年这 9 年时间里，我国的社会团体从 12.9 万个增加到了 23.5 万个，民办非企业单位从 8.2 万个增加到了 18.8 万个，基金会数量从 954 个(2003 年)大幅增加至 1780 个。由此可见，我国的各类公民组织在 2001—2009 年这短短 9 年时间里，在数量上以成倍的速度在增长。我国的各类公民组织作为社会治理的主体，通过公民结社的形式积极参与社会治理，弥补国家力量的不足，在公共管理中发挥着愈来愈大的作用。

公民组织的兴起和第三部门的蓬勃发展，一方面得益于全球公民社会的发展。因为，全球公民社会的兴起以及各种跨国 NGO 的发展，影响了中国社会的组织观念和意识结构，最终在无形中推动了中国社会的各种类型的公民组织的兴起。另一方面，公民组织在中国的蓬勃兴起，也得益于不断开放的社会体制和不断觉醒的公民意识。我们的国家、社会均处在转型过程当中，正从封闭、半封闭的社会转向开放、民主的社会，这种开放的社会体制有利于公民观念的成长，有利于公民意识的培育，它使得民众愈来愈认识到自身的公民身份，提升了他们参与国家、社会的公共治理活动的意愿和能力。公民组织和第三部门的兴起，事实上起到了促进公民意识觉醒、推动社会有序发展的重要作用。同时，公民意识的觉醒、公民身份认同的发展，反过来又引导公民积极投身于公民组织、全球结社运动当中，最终推动公民组织和第三部门的发展，促进国家和社会公共事务的有效治理。

三、技术的革命：信息社会与民主参与的发展

无论我们承认与否，信息社会的来临已经成为了我们这个时代的基本事实。丹尼尔·贝尔(Daniel Bell)在半个世纪以前就预言了一个完全不同于“工业社会”的新的社会形态——“后工业社会”——的到来。在丹尼尔·贝尔看来，后工业社会有两个非常重要的特质：一是从产品生产经济向服务经济的转变，即新的社会形态不再依赖于大工业的流水线生产，而是依赖于以高新技术产业为依托的服务业和服务经济；二是随着新通信技术和电脑的广泛使用，人类获得了新的沟通和交流的方式，从而对整个社会产生深

远影响。[①] 因此，丹尼尔·贝尔事实上预测到了“信息社会”的到来，他所谓的“后工业社会”就是以信息技术和信息革命为基础的一种新的社会形态，我们也可以把它叫作“信息社会”。奈斯比特(John Naisbitt)在《大趋势》一书中也对信息社会进行了分析，在他看来，人类必然要经历农业社会、工业社会到信息社会的转变。人类正在进入以创造和分配信息为基础的经济社会，人们的思想观念开始由“短视性”变为“长期性”，在“高科技”和“高情感”两个方向上，人们自下而上地重新发现革新和追求成果的能力，处于多样性选择中的个人由以往的向组织机构求助转为依靠自助并组成一个非正式网络。[②] 因此，在信息社会当中，人们可以有更多的机会选择自己想要过的生活，并且形成更加独立自主的意识和能力，形成自治的非正式网络，实现自我管理和社会治理。

托夫勒也提出了三种技术手段所造成的三种文明社会的本质差异：“我们正快速迈向一个迥然不同的权力结构。它造成的是一个为三种截然对立和竞争的文明所分割的世界——锄头象征着第一种文明，流水线象征着第二种文明，而电脑则象征着第三种文明。”[③]农业文明的标志是刀耕火种的锄头，工业文明的标志是大工业生产的流水线，而信息文明的标志则是电脑和信息技术。同时，我们经常会忽略的是，托夫勒事实上还隐讳地告诉我们，这三种文明有着“迥然不同的权力结构”。农业社会所采用的是一种专制权力的机构，它所形成的是一种反民主的“权治型”社会，以维护君主统治和专制权力为第一追求；工业社会所采用的是一种以近现代法律和科层管理机制为根基的统治结构，它所形成的是一种“刚性的”、自上而下的管理型社会，以效率为第一追求；而信息社会所采用的是一种以法律和自治为共同根基的治理型结构，形成的是一种真正富含民主精神的“治理型”社会，它以建立公共治理、捍卫公民权利、维护公共利益为第一追求。在信息社会当中，

① 丹尼尔·贝尔.高铦，等，译. 后工业社会的来临[M].北京：新华出版社，1997：138-208.

② 奈斯比特.大趋势[M].转引自：张康之.论伦理精神[M].南京：江苏人民出版社，2010:36.

③ 阿尔温·托夫勒，海蒂·托夫勒. 创造一个新的文明[M].上海：上海三联书店，1996:16.

不再有“克里斯玛”式的专制者，同时也不再有专事于工具主义管理和技术控制的科层官僚，它通过信息渠道的开放性和民主性来实现信息的共享，从而实现权利和权力的均衡配置。

在信息社会当中，信息具有平等性、民主性和开放性的显著特征。公众直面来自于各种不同渠道的知识和信息，这些信息对所有人几乎都是开放的，公众可以通过各种信息渠道（包括电脑、网络、电视以及其他大众媒体）获得这些知识和信息。这使得信息和知识避免了传统社会的垄断性，而呈现出开放性和民主性的特征。同时，公众也能够通过信息技术所提供的空间和平台展开公民之间的协商和对话，这也可以增进整个社会的民主性和平等性。信息技术为公民参与社会问题的咨询和讨论提供了有效的信息空间，公民可以在这个信息空间中提出自身的意见，形成公共的舆论，从而促进社会的有效治理。因此，可以说，随着信息技术革命和信息社会的来临，整个社会的民主建构和交流方式在很大程度上出现了本质性的革新，促进了社会治理的深化和拓展。总的来说，信息技术和信息社会至少从以下几个方面推动了社会治理的变革。

首先，信息社会和信息技术为公众提供了更加自由和平等的对话空间，推动了公民之间的民主协商。在信息社会中，以互联网技术为代表的技术革命使得人类的生活发生了前所未有的变化，“它在以技术优势引领人类走出信息匮乏的黑暗时代的同时，也作为自由、平等的话语平台，造就了以前没有的、丰富多样的共同体”[①]。这个平台是由电脑、鼠标、键盘、光纤等共同组成的，随着计算机的普及，这个平台几乎向所有拥有计算机的公众开放。只要有电脑、鼠标、键盘和光纤电缆，每个人都可以在这个平台上发表自己的意见，展示自身的智慧。这个平台有着较低的“准入门槛”，赋予了绝大多数受过普通教育的公众参与社会交流和平等对话的机会，而这是以往任何社会形态都无法提供的。在这个平台里，每个人几乎都是自由而平等的，身份等级和社会地位的限制逐渐淡化，网络平台的“匿名”机制使得公众能够摆脱社会身份的束缚，以更自由的姿态来参与社会问题

① 张康之. 论伦理精神[M].南京：江苏人民出版社，2010：38.

的讨论，形成更加平等而有效的交流机制。当然，这种自由也可能被滥用，从而对社会和舆论产生危害，比如网络上的虚假信息以及匿名的身份机制对个人以及社会可能造成的困扰、危害。但是，只要公民能够基于理性来对公共问题展开讨论和协商，那么信息网络平台确实能够更好地为每个公民提供一个发表自身意见的公共空间。在这个空间中，公民之间可以展开更加便捷、快速的交流和沟通，而话语权利也是更加平等的，因为这个公共空间向所有有意愿参与对话的人开放，话语机会的分配是平等的而非等级性的。

其次，信息社会和信息技术为信息的收集、处理和传播提供了更为便利的途径，这“缩短了政府、组织和公民个人之间的相对距离，密切了管理主体和管理对象之间的沟通、反馈，从而加强了彼此之间的回应性和依赖性”[①]。在传统的政府、组织和公民的关系中，政府往往被视为“高高在上”的权力掌控者，而各种社会组织和公民则是政府管理的客体对象。同时，在政府、社会组织和公民之间，由于信息传播和交流的不顺畅，可能导致相互之间的不理解，甚至是误解。这种误解一方面使得政府对公民产生不信任，对公民的意见、舆论和诉求产生抵触的情绪，认为公民是在“无理取闹”或者“无事生非”。由于沟通渠道的不顺畅，公民会觉得政府有意忽略了自己的诉求，政府有意隐瞒了信息，从而对政府的行为愈来愈不信任。这也正是我们通常所说的公民和政府之间的信任危机。而对于信息网络社会而言，由于政府和公民共享网络信息平台，政府可以将自身的政策、措施、愿景等通过网络平台向公众展示，进行相关信息的公示，接受公众的监督；同时公众也可以通过信息网络平台进行“网络问政”，了解政府的行为，提供自身的意见。这无疑可以在政府和公民之间形成更有效的沟通关系，增进政府与公民之间的相互信任。总之，网络信息技术有利于增进政府、社会组织以及公民个人等治理主体之间的密切联系，加强政府、社会和公民之间的协作，从而使得整个社会的公共管理机制成为一个以合作网络为基础的治理机制，而不是“控制与被控制”的等级体制。

---

① 麻宝斌. 公共治理理论与实践[M].北京：社会科学文献出版社，2013:4.

最后，也是最为重要的一点，信息社会和信息技术极大地增强了公民的信息获取能力、拓宽了公民的信息获取渠道，这也极大地提升了公民监督政府行为、参与社会治理的能力，“从而削弱了传统政府的优势地位，对于传统垂直型单向度的权力运作方式提出了挑战”①。它使得公民个体可以更多地参与国家治理、社会治理，捍卫自身的权利。公民的信息和知识获取能力的增强，促进了公民理性能力和行动能力的提升，而公民对于自己所拥有的权利也就有了愈来愈清晰的意识，以及愈来愈强烈的诉求。因而，传统政府所具有的垄断地位不断遭受挑战，而公民也不再总是处于消极的弱势地位。通过信息网络技术，公民可以监督政府行为，就政府的政策措施建言献策，甚至可以通过网络信息平台直接参与社会的公共治理，比如，当前很多的慈善组织、环保组织等就是通过网络平台来组织、鼓励和引导公众参与社会的公共服务和公益事业，以促进社会公共事务管理的合理化。总之，在信息社会中，公众的公民意识和公民能力不断增强，政府的权能则受到监督和约束。这就使得公民有更多机会参与到国家、社会公共事务的治理过程，民主治理具有了更大的可能性，同时也具有了更坚实的公民基础。

第三节　治理兴起的学术基础

治理理论的兴起不仅有其深刻的社会根源，同时也有其深厚的学术基础。在 20 世纪后半叶，几种主要的理论思潮对治理理论的兴起和发展产生了巨大的推动作用。首当其冲的是公民社会理论。公民社会理论在西方学术史上具有非常深厚的历史积淀和学术底蕴，它为治理理论的兴起提供了广阔的学术背景。公民社会理论(Civil Society)所倡导的 NGO、非营利部门或者第三部门，以及这些社会组织机构所具有的非官方性、独立性、批判性和自治性等特性，在某种意义上推动了人们关于治理的新思考，推动了治理理念的兴起和发展。除了公民社会理论的重大推动作用之外，新公共管理理论(New Public Management)、强势民主理论(Strong Democracy)以及

① 麻宝斌. 公共治理理论与实践[M].北京：社会科学文献出版社，2013:4.

协商民主理论(Deliberative Democracy)也对"治理"理论的发展起到了重要的推动作用。新公共管理理论致力于批判传统管理理论的工具主义、技术理性主义、机械主义等倾向,主张对政府管理进行"再造",强调政府、社会与公民的共同治理。强势民主理论则主张改变自由主义理论对于人、人性以及人的自由的基本看法,倡导公民个体对团体生活、社会生活的参与治理,从而使得公民成为积极的、负责任的公民。协商民主理论则吸收了自由主义、社群主义、共和主义等学术理论中有益的思想成分,倡导通过协商对话和民主共识来解决社会生活中的公共问题,实现对国家和社会的协商式管理。总之,这些盛行于20世纪后半叶的重要理论思潮都从不同的角度强调了政府、社会和公民之间的公共对话以及民主治理,它们为治理理论提供了多维度的理论资源,奠定了治理理论的思想基础,为治理理论的兴起和发展提供了至关重要的学术滋养。

一、公民社会理论

公民社会是西方政治哲学的核心概念之一,在国内的学术文献中它还被翻译为"市民社会""民间社会""文明社会"等。"公民社会"这一概念,辞源上最早可追溯到古希腊先哲亚里士多德的政治哲学理论。亚里士多德在《政治学》一书中多次使用了城邦政治共同体的概念,用以描述城邦公民的政治活动。亚里士多德认为,城邦是公民的共同体,公民是城邦的主人,"城邦的一般含义就是为了要维持自给生活而具有足够人数的一个公民集团"[①]。公民享有城邦的政治权利,有权参与城邦议事和司法审判。同时,公民也有保护城邦的责任和义务,在战争时期必须为城邦而战。因此,亚里士多德意义上的城邦共同体和政治社会,可以看作是公民社会概念的较为古典的理论根源。在亚里士多德的政治理论中,公民社会更多的是一种政治社会或者说政治共同体,"古希腊由城邦的建立而形成的公民社会实质上是一种政治社会,没有了政治,没有了政治生活和政治权利,也就没有了城邦,没有了公民和公民社会"[②]。在亚里士多德之后,西塞罗(Marco Tullio

---

① 亚里士多德. 政治学[M].吴寿彭,译.北京:商务印书馆,1965:113.

② 伍俊斌. 公民社会基础理论研究[M].北京:人民出版社,2010:23.

Cicerone)是最早使用拉丁文 Civilis Societas 的思想家。西塞罗所使用的 Civilis Societas 不仅意指国家,"而且也指业已发达到出现城市的文明政治共同体的生活状况"。这种文明政治共同体是一种具有精致的商业文化和完善的法律体系的政治共同体。它可以视为一种原初的公民社会或文明社会。到 14 世纪以后,西塞罗所使用的拉丁文 Civilis Societas 这一概念被翻译为英文 Civil Society,并且一直沿用至今。① 总的来说,在整个古典时期,对公民社会的理解仍然主要停留于"政治社会"或"文明社会"的维度,而没有把公民社会视为国家领域和私人领域之间的中间领域。哪怕是到了启蒙运动时期,对公民社会的理解仍然大多停留在这一层面上。

在启蒙运动时代,洛克、卢梭等人依然主要是在古典的意义上来理解公民社会这一概念的。在他们看来,公民社会所意指的是人类从自然状态中摆脱出来而建立的文明社会或者政治社会,它的典型体现是国家和政府机构的建立、国家与公民的契约达成以及用以保障公民的自由与权利的法律体系的完善和发展。

在洛克、卢梭之前,托马斯·霍布斯(Thomas Hobbes)曾提出自然状态理论,自然状态是与文明的公民社会相对的社会状态。霍布斯认为,由于人的欲望的无穷无尽以及可供分配资源的有限性,人们不可避免地为了资源而进行残酷斗争,自然状态也就成了"人对人就像狼对狼一样"的生存状态,它是一种"每个人反对每个人的战争状态"。而在战争状态中,人们没法获得他们所希望的和平和安宁,而只有鲜血、暴力和欺诈。因此,为了摆脱这种人人为敌、缺乏最低限度的安全感的生存状态,人们唯有订立契约、建立国家,"把大家所有的权力和力量托付给某一个人或一个能通过多数的意见把大家的意志化为一个意志的多人组成的集体"②。于是,人们就有了一个统一的人格,"承担这一个人格的人就成为主权者,并被说成是具有主权,其余的每一个人都是他的臣民"③。于是,公民和主权者之间就订立了社会契约,公民把自己的自然权利让渡给了主权者,而主权者则成了一个享有至高

① 伍俊斌. 公民社会基础理论研究[M].北京：人民出版社,2010:4.

② 霍布斯.利维坦[M].黎思复,黎廷弼,译.北京：商务印书馆,1985:131-132.

③ 霍布斯.利维坦[M].黎思复,黎廷弼,译.北京：商务印书馆,1985:132.

权力的“利维坦”，实现着对国家和社会的统治。也正因为这种思想，霍布斯往往被视为君主专制和极权统治的倡导者和代表人物。

与霍布斯不同，洛克和卢梭认为自然状态并不是霍布斯所想象的那样一幅悲惨的景象。洛克认为，自然状态是自由、平等的生存状态，“自然状态是一个完备无缺的自由状态”，“这也是一种平等的状态，在这种状态中，一切权力和管辖权都是相互的，没有一个人享有多于别人的权力”①。与洛克一样，卢梭也认为自然状态是和谐完满、自由平等的生存状态，自然状态中的人没有太多的欲望，也没有善恶的观念，他们过着无知但是自由而淳朴的生活。在自然状态中，“人之所以不是恶的，正因为他们不知道什么是善。因为阻止他们作恶的，不是智慧的发展，也不是法律的约束，而是情感的平静和对邪恶的无知”②。可是，既然自然状态是如此和谐、完满的状态，那么人们为何又要建立国家和法律体系，进入文明社会或者政治社会呢？洛克给出的解释是，虽然人们在自然状态中享有自由、平等的权利，“但是这种享有是很不稳定的，有不断受到别人侵犯的威胁”，“这就使他愿意放弃一种尽管自由但却是充满着恐惧和经常危险的状况”③。为了保护自身的生命和财产安全，“人们联合成为国家和置身于政府之下”④。而建立了国家和政治社会以后，人们就有了确定的、众所周知的法律体系，通过共同承认和接受的法律，人们获得裁决纠纷的共同尺度，同时，人们还有了公共的权力部门（国家和政府）来保障法律判决的执行。由此，国家和政治社会保障了公民的生命和财产安全，使得公民免遭不确定因素、各种威胁和恐惧情绪的侵扰。对于人类为何要走出自然状态，卢梭也给出了自己的观点。卢梭认为，随着人类知识的增加和财产意识的形成，自然状态的那种无知和完满已经不可避免地一去不返，而为了更好地生存下去，人类不得不寻求新的生存方式。这种生存方式是以社会契约的方式把人们结合起来，这种结合使人们“能以全部共同的力量卫护和保障每个结合者的人身和财富，并且由于这一结合而

---

① 洛克.政府论（下篇）[M].瞿菊农，叶启芳，译，北京：商务印书馆，1997：5.

② 卢梭.论人类不平等的起源和基础[M].李常山，译.北京：商务印书馆，1962：99.

③ 洛克.政府论（下篇）[M].瞿菊华，叶启芳，译.北京：商务印书馆，1997：5.

④ 洛克.政府论（下篇）[M].瞿菊华，叶启芳，译.北京：商务印书馆，1997：5.

使每个人与全体相联合的个人只不过是在服从自己本人,并且仍然像以往一样地自由”①。于是,通过代表着公众意见的社会契约的达成,人们克服了自然状态的生存困境,放弃了自己自然状态下的一部分自由和权利。通过建立以社会契约为基础的政治社会,人们最终重新获得了属于自己的那部分自由和权利。

显然,洛克和卢梭等早期的启蒙主义者主要还是在古典意义上来使用公民社会这一概念,他们所意指的公民社会是一种与自然状态相对立的文明社会或者政治社会,公民社会不是介于国家和个人之间的中间状态,不具有独立于国家政治领域的特性,不是一个自主的、批判的公共领域。因此,这就与现代意义上的公民社会概念形成了显著的差异。现代意义上的公民社会是在国家和社会二元分化的基础上使用的,它主要是指相对独立于政治国家的社会自主领域。从这个意义上而言,黑格尔才是现代意义上的公民社会理论的奠基者。在《法哲学原理》一书中,黑格尔第一次明确提出了国家与市民社会的分离,并且系统性地阐述了市民社会的理论观点。市民社会在黑格尔的思想体系中是伦理概念客观化过程的中间环节,它处在家庭和国家之间,国家是伦理观念发展的最终结果,而市民社会则是由家庭到国家的过渡阶段。

黑格尔认为,市民社会是由各自独立而又彼此相互共存的个人所组成的,“是各个成员作为独立的单个人的联合,因而也就是在形式普遍性中的联合,这种联合是通过成员的需要,通过保障人身和财产的法律制度,以及通过维护他们特殊利益和公共利益的外部秩序而建立起来的”②。黑格尔的市民社会概念包含了三个方面的基本特性。首先,市民社会是相互独立的个体通过各种形式有机组成的联合生活方式。因为,虽然个体是彼此独立的,以自身为目的,有着不同的需要、欲望和利益诉求,但是这种个体性、特殊性的需要具有“普遍性”的形式,联合的生活方式使得“个体性”获得了“公共性”的特质,个体能够意识到联合生活、公共生活的存在,对市民社会的联合生活方式的认同也就是对市民社会的公共属性的认同。其次,市民社会

① 卢梭.社会契约论[M].何兆武,译.北京:商务印书馆,1980:23.

② 黑格尔.法哲学原理[M].范扬,张企泰,译.北京:商务印书馆,1982:174.

具有显著的法制性、契约性的特征。法律规范和契约可以对个体的需要和行为进行合理的约束,同时法律和契约还可以保障个人的人格、权利和自由;在市民社会中,“所有权和人格都得到法律上的承认,并具有法律上的效力”①。法律属性使得市民社会区别于传统社会,个体在人格、权利和自由上获得了更大程度的尊重和保护。最后,市民社会还具有“自治性”的特征。黑格尔指出,市民社会拥有自己的警察和同业公会组织以及相应的规范体系,其目的是保护市民的合理利益,防止个人的财产和人身安全受到不法侵害。总之,市民社会“是一个不同于国家而又独立于国家的领域,在某种程度上它是一个自足的领域”②。市民社会由个人、各阶层、各团体、各机构有机组成,具有高度的自律性和自治性,它是家庭领域和国家领域之间的中间环节。虽然黑格尔坚持认为国家高于市民社会,市民社会只是家庭和国家之间的过渡阶段,但是他所指出的市民社会的联合性(公共性)、法律规范性以及自治性(自律性)等基本特性,无疑极大地启发了哈贝马斯有关公民社会的理论思考。

哈贝马斯主要是从“公共领域”这个角度来提出公民社会思想的。在哈贝马斯看来,现代社会结构大致可以分为两大领域:其一是以政治国家形式存在的公共权力领域,其二是与公共权力领域相分离的私人自治领域,也就是我们通常所说的“市民社会”或“公民社会”。私人自治领域(公民社会)本身又可以分为两个部分,一部分是以资本主义私人占有制为基础的经济领域,包括劳动市场、资本市场和商品市场及其控制机制;二是由非国家和非经济组织在自愿基础上组成的公共领域,它主要指社会文化生活领域。③因此,在哈贝马斯的公民社会理论当中,“公共领域”是公民社会的主要组成部分,它独立于国家政治权力领域和市场商业领域,集中体现了公民社会的本质特征。

在哈贝马斯看来,“公共领域”具有三个重要的发展形态。第一种形态

---

① 黑格尔. 法哲学原理[M].范扬,张企泰,译.北京:商务印书馆,1982:228.

② 李佃来. 公共领域与生活世界——哈贝马斯市民社会理论研究[M].北京:人民出版社,2006:45.

③ 伍俊斌. 公民社会基础理论研究[M].北京:人民出版社,2010:133.

是古典型的公共领域，它发生于古希腊的城邦政治时期。城邦政治是一种公共对话的政治，它允许城邦公民直接参与城邦政治的公共讨论和政治决策。但是，古典型的公共领域并不能与资产阶级公共领域相等同，因为城邦公民的权利并不是完全自由平等的，城邦中的奴隶、妇女、外邦人等不具有公民身份，从而被排除在公共政治生活之外。第二种形态是代表型的公共领域，它发生于中世纪的欧洲封建时期，它既不是介于国家和家庭之间的中间环节，也不是一个具有公共性的政治生活领域，而是一个展示封建君主和贵族的个人专制特权的领域。“代表型公共领域的出现和发展与个人的一些特殊标志是密切相关的：如权力象征物（徽章、武器）、生活习性（衣着、发型）、行为举止（问候形式、手势）以及修辞方式（称呼形式、正规用语），一言以蔽之，一整套关于‘高贵’行为的繁文缛节。”①因此，与其说“代表型公共领域”是一个“公共领域”，还不如说它是一个借用公共的空间来展示个人权力或威望的场所，它所体现的是封建社会的专制性与等级性，而非现代公共领域的公共性与民主性。“代表型公共领域”事实上完全不具备资产阶级公共领域的特征，它与现代民主生活是完全背离的。第三种形态是资产阶级的公共领域，它形成和发展于 17、18 世纪的启蒙运动时期，并一直延续至今。它主要由文学公共领域（报纸、杂志、文学沙龙、咖啡馆等）和政治公共领域（政治集会、社团组织、政党活动等）构成，它的主要功能是对公民进行理性的、民主的启蒙，对国家或政府的公共权力展开审查、批判和监督，发表公众意见，制造公共舆论，在批判的基础上达成公民之间的共识，通过监督和制衡来推动公共权力运作的合理化。

由此可见，哈贝马斯的“公共领域”概念具有比黑格尔的“市民社会”概念更为深刻的内涵。在哈贝马斯看来，公共领域是一个介于公共权力领域和私人领域之间的中间领域，它不受国家的强力支配，并且可以对国家公共权力进行制衡、监督和批判。哈贝马斯的公共领域还体现出了交往理性和民主商谈的特性，具有显著的批判性和独立性，同时它对所有公民保持开放的姿态，鼓励公民的平等参与，形成公共意见和公共舆论，最终推动社会政

① 哈贝马斯. 公共领域的结构转型[M]. 曹卫东，译. 上海：学林出版社，1999：7.

治生活的民主化与合理化。根据哈贝马斯的公共领域理论，我们可以看到，公共领域虽然在最初是从私人自治领域和家庭生活领域中分离出来的，但是随着现代公共领域的迅速扩展，公共领域已经脱离了私人领域这一母体，“它的母体不仅相形见绌，而且被排挤到了边缘”①。作为政治活动和公共活动的中心，公共领域为公民团体组织和公共政治批判提供了公共生活的空间，它是公民身份得以展示的主要场所，也是监督公共权力、捍卫公民权利的主要空间。

除了哈贝马斯之外，还有不少学者阐述了有关公民社会的思想观点。查尔斯·泰勒(Charles Taylor)认为，公民社会大致有三层含义：(1) 就最低限度的含义而言，只要存在不受限于国家权力的自由社团，公民社会便存在了。(2) 就较为严格的意义而言，只有当整个社会能够通过那些不受国家支配的社团来建构自身并协调其行为时，公民社会才存在。(3) 作为对第二种含义的替代或补充，当这些社团能够相当有效地影响或决定国家政策之方向时，我们便可称之为公民社会。② 托马斯·雅诺斯基(Thomas Janoski)认为，公民社会强调非国家领域中的志愿群体的相互作用，它表示“国家领域、由志愿组织组成的公众领域以及涉及私营企业和工会的市场领域这三者之间一种有活力的和相互做出反应的公开对话领域”③。因此，可以据此将整个社会划分为四个相互作用的组成部分：国家领域、私人领域、市场领域和公众领域。这四个领域之间有相互重叠、相互交叉的关系。④ 在雅诺斯基看来，国家领域包括立法、行政(执法)和司法(依法律和宪法作评定)的组织，私人领域则包括家庭生活、亲友关系及个人财产的处理。私人领域的存在有赖于隐私权利，但如今国家、市场和公众领域都对私人领域产生了侵犯。市场领域包括那些通过商品生产和服务实际创造收入和财富的私营组织及若干公营组织。这一领域包括从事工商活动的企业和公司，还

---

① 廖申白. 交往生活的公共性转变[M].北京：北京师范大学出版社，2007:228.

② 查尔斯·泰勒. 市民社会的模式[A].邓正来，J. C.亚历山大. 国家与市民社会：一种社会理论的研究路径[C].北京：中央编译出版社，2002:6-7.

③ 雅诺斯基.公民与文明社会[M].沈阳：辽宁教育出版社，2000:16.

④ 雅诺斯基.公民与文明社会[M].沈阳：辽宁教育出版社，2000:16.

包括证券市场、雇主联合会、专业联合会、消费者团体及工会等。然而，后两类组织通常位于公众领域和市场领域的重叠区，因为它们也履行群体之间的自我规制或谈判功能。公众领域主要包括五种类型的志愿联合组织活动，即政党、利益集团、福利协会、社会运动及宗教团体；它们在一定程度上监督和影响国家领域的运作，发挥特殊的社会作用。

到20世纪90年代，随着“第三部门理论”在全球范围内的兴起，公民社会理论和第三部门理论有走向重叠的趋势，一方面公民社会理论推动了第三部门理论的勃兴，另一方面第三部门理论也在很大程度上推动了公民社会研究的深化和拓展。俞可平认为，公民社会是国家和市场之外的所有民间组织或民间关系的总和，其组成要素是各种非国家或非政府所属的公民组织，包括非政府组织、公民的志愿性社团、协会、社区组织、利益团体和公民自发组织起来的运动等，它们又被称为“第三部门”。[①] 自20世纪90年代以来，第三部门的研究也成了公民社会研究中的一个重要组成部分，学者们逐渐把公民社会的研究重点“放到了由非营利组织或非政府组织构成的第三部门上”[②]。也就是说，研究者开始通过探讨介于政府和市场之间的这种独特的组织，来分析如何更好地避免政府权力的滥用，从而实现对社会的有效治理。政府无法解决所有问题，而市场调节机制本身也会面临“市场失灵”的弊端，引发社会危机。因此，为了应对这种可能出现的危机，必须充分发挥出社会组织（第三部门）的自主调节和自治作用，实现国家、社会和市场的“共治”。正如管理学大师彼得·德鲁克所指出的，“巨型国家几乎摧毁了公民身份。为了恢复公民身份，后资本主义的政治体制需要一个‘第三领域’，来补充企业的‘私人领域’和政府的‘公共领域’这两个已得到公认的领域，即需要一个自主的社会领域”[③]。在巨型国家或者“强势国家”体制中，公民身份的意义被极大地压缩了，公民的存在感被遮蔽了，因为国家代表了一

---

① 俞可平．引论：治理与善治[A].俞可平．治理与善治[C]．北京：社会科学文献出版社，2000：11.

② 王名．中国社团改革——从政府选择到社会选择[M].北京：社会科学文献出版社，2001：1.

③ 彼得·德鲁克.社会的管理[M].上海：上海财经大学出版社，2003：109.

切，国家管理着社会生活的每一个方面，公民似乎只是个“旁观者”。但是，在后工业时代纷繁复杂的社会公共管理中，仅仅依靠国家的力量是远远不够的。新的社会形态需要更多地发挥出公民的主体性，需要依靠公民个体、公民团体、第三部门等社会力量来共同治理社会，参与社会公共管理，最终实现“善政”与“善治”。

综上所述，“公民社会”是一个具有悠久历史、丰富内涵的概念。从古希腊亚里士多德时代开始，人们就开始谈论公民社会（或者文明社会、政治社会）。到了黑格尔的《法哲学原理》之后，公民社会开始作为一个自主的社会生活领域进入学术话语。公民社会不再从属于国家政治领域，而是成为介于国家领域和私人领域之间的一个中间环节，具有相对的自主性和独立性。而哈贝马斯所提出的“公共领域”，则是私人自治领域中的主体构成部分，它为公民提供了一个对话、协商、反思、批判和监督的公共空间，从而可以形成公共的舆论或意见，监督政府公共权力的运作，促进整个社会的民主运转。正如俞可平在《治理与善治》一书中所归纳的，公民社会是国家和市场之外的所有民间组织和民间关系的总和，公民社会组织有三个显著特点：其一是非官方性，即这些组织是以民间团体的形式出现的，代表着民间的、公众的立场；其二是独立性，即它们拥有自己的组织机制和管理机构，有独立的经济来源，无论在政治上、管理上还是在财政上，它们都在相当程度上独立于政府；其三是自愿性，参加公民社会组织的成员都不是强迫的，而完全是自愿的。① 社会组织将承担愈来愈多的社会管理职责，它们或是独立承担某些社会管理工作，或是与政府机构展开合作，共同行使社会管理职能。无论通过何种形式和途径，社会组织都将在当下以及未来的社会治理中发挥出愈来愈重要的作用，成为实现善治的重要基础。

二、新公共管理理论

新公共管理理论作为近三十年来对西方管理学界影响颇深的一个学术理论思潮，它的产生与 20 世纪 80 年代以来西方社会的整体变迁有紧密的

---

① 俞可平．引论：治理与善治[A]．俞可平．治理与善治[C]．北京：社会科学文献出版社，2000：11-12．

联系。自20世纪80年代以来,新的技术革命对西方社会乃至人类社会的影响愈来愈深远,特别是计算机的普及以及网络信息社会的建立,使得人类的生产方式和生活方式都被彻底改变了,而经济的全球化和信息的网络共享模式也不断地深化发展,改变着社会的知识更新速度和人们获取信息、知识的途径。在整个社会知识化、信息化的变革趋势下,政府的管理模式也面临着变革的要求,“时代的变化对政府提出了新的要求,政府必须更加灵活和高效,具有较强的应变能力和创造力,更多地使公众参与管理”[①]。于是,人们逐渐开始反思主导西方资本主义社会近一个世纪之久的传统行政管理学和公共管理模式。这种管理模式曾经一度被认为是主流的、行之有效的管理模式,但是在技术革命不断展开、信息更新不断加速、公民意识不断觉醒、公民社会组织和第三部门不断壮大的当代社会,“全能政府”“强势政府”的公共管理模式已经愈来愈难以适应社会发展的需要。新的社会发展趋势要求摆脱科层管理体制,放弃刻板的、僵化的管理模式,而采用更加灵活、更有创造力、更能发挥公民和第三部门作用、更能增进政府的行政效果、更能满足公民需要的管理模式,而这种管理模式也被人们称为新公共管理模式(NPM)。新公共管理的“新”正体现为其对传统的公共管理模式和科层体制的批判和挑战,它以新的管理理念来促进管理方式的变革,以适应当代社会的发展趋势。

从20世纪80年代至今,新公共管理理论在西方管理学界形成了一股理论潮流,而它的形成和发展也促进了整个西方学界对于传统行政管理模式的反思。众所周知,19世纪末20世纪初期,随着西方发达国家工业化程度的加深,人们开始探索如何在工业化国家中实现国家、社会、企业的有效管理,由此形成了传统的公共管理模式。传统公共管理以马克斯·韦伯、泰勒(Frederik Winslow Taylor)和法约尔(Henri Fayol)等人的理论为代表。韦伯对于传统公共管理的最大贡献在于他提出了科层管理的理论,这一理论也成为传统公共管理学的重要理论基础。在韦伯看来,公共管理行为必须以法理权威为基础,基于法理权威来建构科层管理体系,才能最大限度地

① 李鹏.新公共管理及应用[M].北京:社会科学文献出版社,2004:8.

提高管理的效率。因此，为了实现高效的科层管理，管理过程必须遵循六大原则：(1) 固定的和法定的管辖范围的原则，即管理的权威来源于法律和规定，根据法律或行政规章来发号施令；(2) 公职等级制和权力等级化的原则，在上级和下级之间形成稳定有序的制度，下级必须接受上级的监督和管理；(3) 现代公职管理建立在保存书面文件(档案)的基础之上；(4) 公职管理的专业化，行政管理人员必须经过专门的、系统的培训；(5) 当公职发展到完善程度时，官方活动要求官员完全发挥工作能力；(6) 公职管理遵循一般性的规定，它们或多或少是稳定的、全面的，并且是可学习的。[①] 通过这六大原则，韦伯为我们勾勒出了科层体系的大致轮廓，告诉我们公共管理应当是一种体现出法理化、权力等级化、专业化等特征的管理模式，通过这种管理模式可以提升公共管理的效率，为行政管理适应工业社会的生产和生活提供基础。此外，"科学管理之父"泰勒也为传统公共管理理论做出了重要贡献。泰勒系统地阐述了科学管理理论，其主要观点为：(1) 科学管理的根本目的是谋求最高的劳动生产率；提高劳动生产率是确定科学管理的原理和方法的基础。(2) 达到最高工作效率的重要手段，是用科学的管理方法代替旧的经验管理。(3) 实施科学管理的核心问题，是要求管理人员和工人双方在精神上和思想上进行彻底变革。[②]基于此，泰勒主张以科学的方式来建立管理制度，这种管理制度不是依靠传统的经验来进行，而是依靠科学的方法来制定作业标准、培训员工的工作技巧、设计奖励惩罚等管理制度，充分发挥管理者的作用，从而实现更加科学、更加高效的公共管理。

显然，以韦伯和泰勒等人的理论为代表的传统公共管理理论，在一定程度上克服了专制特权、世袭权威、私人情感等因素对组织管理的不良影响，在促进管理走向现代化的进程中发挥了积极作用。但是，进入 20 世纪 80 年代以后，随着整个社会信息技术革命和管理思维的转变，传统公共管理理论的弊端日益显露，主要表现为：[③](1) 科层制所体现的工具理性与价值理

---

① 欧文·休斯. 公共管理导论[M].张成福，马子博，等，译.北京：中国人民大学出版社，2002:32-33.

② 周三多. 管理学——原则与方法[M].上海：复旦大学出版社，2001:48.

③ 王义. 西方新公共管理概论[M].青岛：中国海洋大学出版社，2006:14.

性的冲突是其自身无法超越的内在困境。科层制的发展本身就隐藏着一种内在的二律背反。因为,科层制追求的是以手段和程序的可计算性为特征的工具理性,它与强调目的和结果的价值理性不可避免地会产生冲突。(2) 理性和效率常常以损失社会的整体效益为代价,对专门技术的崇拜无休止地扩大和依靠条块分割的“鸽笼式”的专业化单位,会导致得过且过和不负责任。(3) 科层制随着公共事务的增加而变得僵化、无效率,难以迅速适应变化了的环境,缺乏灵活性和创新性,同时,导致机构臃肿、组织庞大,行政管理费用不断增加,甚至造成不必要的资源浪费。(4) 科层制的形式主义、工具主义、理性主义的运作逻辑导致了人性的异化,使人成为“非人”。科层制犹如一架精密的机器,将人固定于其中,人成为庞大机器上的一颗颗小螺丝钉,因此丧失了人性和情感的丰富性。(5) 科层制的组织僵化、等级制和不透明性与民主原则不可避免地会发生冲突。在庞大的官僚行政机器面前,公民在很大程度上成为被控制和被管理的对象。科层制还以专业化、职业化为借口排斥公民的参与权利,这阻碍了公民主体性的发挥以及民主机制的形成。

正因为传统公共管理模式存在种种弊端,自 20 世纪 80 年代以后,欧美发达国家纷纷开展公共管理改革运动,以应对社会的变迁和管理的危机。英国政府从 20 世纪 80 年代开始大力改革政府的管理体制,成立了专门的半自治性的“执行局”来承担一些公共服务的功能,倡导政府部门、第三部门以及企业部门积极参与社会治理,形成政府、社会与公民的良性互动。美国在 20 世纪八九十年代也开展了“政府再造运动”,里根政府着力于改革政府的管理体制,随后的克林顿政府则着重于推动政府职能的市场化改革,将市场的竞争机制引入政府管理过程中,建立“顾客导向”的公共管理机制,使政府机构成为“以绩效为中心”的组织机构。[①] 随后,新西兰、加拿大、澳大利亚和日本等国也相继掀起了公共管理改革运动,主张强化政府的职能和责任,对政府管理进行绩效考评,引入市场的竞争机制来增强政府的管理服务意识,实现公共部门与私人部门、政府部门与非政府部门的有效合作,加强公

---

① 陈庆云.关于公共管理研究的综合述评[J].北京:中国行政管理,2000(7).

民对于政府管理、公共事业管理的参与度，提升公民的效能感，最终实现对传统管理模式的全面超越。

总而言之，20 世纪 80 年代在西方国家兴起的新公共管理理论的核心内涵包括了以下几个主要方面：第一，政府的主要工作不是“划桨”，而是“掌舵”。政府应该将制定政策和执行政策分开，把管理和具体操作分开。这样做的好处是，政府可以从一些琐碎的事务中解放出来，缩小规模，减少开支，可以更好地做好政策的制定工作，做到在不断变化的环境中灵活应对，提高工作效率。也就是说，有效的政府并不是一个只会“执行”的政府，而是一个能够“治理”并且善于“治理”的政府。第二，积极采用企业的科学管理方法和成功的管理经验，来对政府管理进行“再造”。新公共管理理论认为，企业管理的科学性、重视市场需求和顾客的反馈这些方面可以被公共部门所采纳。政府应根据服务内容和性质的不同，采取相应的供给方式，从而满足社会和公民的需求。第三，政府应该以顾客为导向。在传统的政府管理当中，政府官员们根本不知道谁是他们的顾客，他们只知道听从上级的命令，这很容易造成公共物品生产与供给的高成本、低效率和资源浪费。在新公共管理模式中，政府不再是凌驾于社会之上的官僚机构，而是负有责任的“企业家”，公民则是其“顾客”或“客户”。政府通过履行好自身的企业家角色来增强公共服务的质量和效率。第四，将竞争机制引入政府公共管理。新公共管理理论认为，政府管理效率低下的主要原因是缺乏竞争，因而主张消除政府管理的垄断性，在政府管理中引入竞争机制，公共服务的供给不再单靠政府，而是让更多的私营部门参与进来。在公共部门和私营部门之间展开竞争，以缩小政府规模，提高公共服务的质量和效率。这是新公共管理理论的重要特点。①

显然，新公共管理理论对于传统管理模式的官僚主义、工具主义、技术理性主义、权力等级制、政府机构臃肿等的批判和反思，在一定意义上与 20 世纪 90 年代以来的治理理论有异曲同工之妙。治理并非新公共管理，两者不能完全画等号，但是新公共管理的诸多理论确实为“治理”理论提供了学

① 王义. 西方新公共管理概论[M].青岛：中国海洋大学出版社，2006:36-39.

术的基础和资源。因此，我们也可以说，正是对新公共管理理论的吸收和超越，才促成了治理理论在当代社会的勃兴。比如，新公共管理理论主张引入市场竞争机制，促进公共部门与私营部门之间的竞争；促使政府放低姿态，从管理型政府走向服务型政府；增强政府与公民之间的合作，促进合作网络机制的生成等等，这些观点都与“治理”理论所倡导的理论观点不谋而合。正如有的学者所言，“在吸收新公共管理‘掌舵’思想的基础上，治理理论试图超越这一理论，去关注上述问题，尤其是关注政府的基本特质和国家-社会的互动关系”①。正是在新公共管理理论的基础上，治理理论提出了政府职能的重建，提出了公民与政府、公民与国家之间关系的重塑，从而以公正、法治、民主、效率等价值尺度来推动公共事业管理的革新，最终促进公共管理的合理化和民主化。

三、强势民主理论

强势民主理论是 20 世纪 80 年代以来产生的一个非常重要的理论。强势民主理论的最具代表性的学者是本杰明 · 巴伯(Benjamin R. Barber)。自 1984 年，本杰明 · 巴伯的《强势民主》(*Strong Democracy*)一书出版以来，强势民主理论就在西方学术界引起了巨大的反响。强势民主理论主张改变自由主义民主理论对于人、人性以及人的自由的基本看法，从更加积极的角度来看待人、人性以及人的自由，倡导个人对于团体生活、社会生活以及政治生活的参与，增强公民的效能感，从而使得民主不再是一个消极的、虚无的空架子，而真正成为积极的、参与的民主机制。也正因为如此，本杰明 · 巴伯的强势民主理论成为与自由主义的代议制民主具有显著差异的民主理论，它更加注重公民以及公民社会组织对于国家、社会的公共事务的积极参与和共同治理，避免让公民陷于形式主义的代议制民主当中，对政治生活缺乏兴趣，仅仅参与投票，甚至连投票的意愿都不再存在，成为极端消极的公民。

强势民主理论，是基于对自由主义民主理论弊端的洞察和批判而产生

① 麻宝斌. 公共治理理论与实践[M].北京：社会科学文献出版社，2013:6.

的。西方社会的自由主义理念最早可追溯到文艺复兴时期,“自由”作为反对封建专制统治和人身依附关系的口号在这一时期得到广泛的传播,将人视为独立个体的个人主义理念也获得了新市民阶层的认同。[①] 到了17、18世纪,随着工业经济的发展、资产阶级革命的胜利以及现代民主国家的建立,自由主义作为一种思想体系开始在西方社会中盛行起来,逐渐成为西方资产阶级政治体制和文化观念的核心部分。但是,随着当代社会的变迁和民主理念的革新,盛行一时的自由主义民主理论遭受了愈来愈多的批判。自由主义民主理论的弊端日益显现,因为自由主义民主理论往往是把个人的自由放在最高的位置,更加注重个体的自由权利,而不是保障社会的公共的正义,这就使得人们“被安全地隔离了开来,而不是使他们富有成效地聚合在一起”[②]。虽然古典的自由主义传统在其占据主导地位的数百年间,为人民争取自由和权利贡献了巨大的能量,但是当过度的个人自由成为社会和个人的负担之后,自由主义的民主理论也就走到了必须改变的境地。以赛亚·伯林(Isaiah Berlin)和罗伯特·诺奇克(Robert Nozick)的自由主义理论成了本杰明·巴伯批判的典型对象。以赛亚·伯林曾经划分了两种不同的自由观念和公民观念:一是消极的自由与消极的公民,二是积极的自由与积极的公民。前者希望获得“不被别人阻碍地行动”的自由,而后者则试图争取“更高限度的自由生活”。在以赛亚·伯林看来,消极自由可能培育出放任主义、价值相对主义、责任意识淡漠的消极公民,而积极自由则可能导致公民不得不在价值强迫和极权统治的阴霾下成长,并且积极自由本身可能成为极权主义的统治工具,即以自由之名来实现国家对公民的干预、控制,最终导致公民失去基本的自由和权利。[③] 因此,以赛亚·伯林始终对积极自由抱持着担忧甚至恐惧的态度,他认为虽然消极自由可能导致放任,但是积极自由则可能导致极权主义和法西斯主义,因此宁愿要消极自由也不愿意要积极自由。

罗伯特·诺奇克在《无政府、国家和乌托邦》一书中支持了以赛亚·伯

① 蓝维,等.公民教育:理论、历史与实践探索[M].北京:人民出版社,2007:112.

② 本杰明·巴伯.强势民主[M].彭斌,等,译.长春:吉林人民出版社,2006:5.

③ 以赛亚·伯林.自由论[M].胡传胜,译.南京:译林出版社,2003:371.

林的观点，他认为我们必须始终注意不侵犯到他人的自由，“人们必须强调这个事实，即存在着不同的个人，每个人都拥有他自己要过的生活”[①]。他把最好的国家称为“最低限度的国家”(minimal state)，“其功能仅限于保护人们免于暴力、偷窃、欺诈以及强制履行契约等等；任何更多功能的国家都会侵犯人们的权利，都会强迫人们去做某些事情”[②]。因此，只要是在法律的阈限之内，只要不侵犯其他公民的自由和权利，公民可以做任何他想做的事情，也可以不做任何他不想做的事情，包括不参与社区生活、不参与政治生活等等。诺奇克的自由理论在很大程度上是以赛亚・伯林的翻版，他同样把消极自由放在核心位置。

强势民主理论把以赛亚・伯林和罗伯特・诺齐克为代表的自由主义民主理论称为“弱势民主理论”，它服务于排他性的个人主义企图与私人目的。自由主义民主理论(或者弱势民主理论)虽然“可以强有力地抵制针对个人的任何侵犯——对个人的隐私、财产、利益和权利的侵犯——但是，它却无法有效地抵御针对共同体、正义、公民性以及社会合作的侵犯。最终，自由主义民主理论的这种缺陷削弱了它对个人的保护，因为个人自由不是参与政治行动的前提，而是它的后果”[③]。当公民不再积极地参与社会政治活动，公共的利益就无法得到维护，而一旦公共利益遭受了损失，那么不仅个人的自由和权利无法得到保障，整个国家的发展和社会福利的提升也无从实现。因此，在本杰明・巴伯看来，正是自由主义的“弱势民主”导致了民主的衰弱，造成了较低的政治参与度和公民效能感。一些学者比如特伦斯・R.卡森(Terrence R. Carson)的统计数据显示，2000 年加拿大联邦大选期间只有 22%左右的青年选民参加了投票，而到了 2004 年，虽然全社会大张旗鼓地呼吁青年选民行使选举权，但是青年选民的投票率依然在下滑。[④] 而在

---

① 罗伯特・诺奇克.无政府、国家和乌托邦[M].姚大志，译.北京：中国社会科学出版社，2008：41.

② 罗伯特・诺奇克.无政府、国家和乌托邦[M].姚大志，译.北京：中国社会科学出版社，2008：1.

③ 本杰明・巴伯.强势民主[M].彭斌，等，译.长春：吉林人民出版社，2006：5.

④ 特伦斯・R.卡森. 孤独的公民：民主、课程与归属危机[A].乔治・H.理查森，大卫・W.布莱兹，编. 质疑公民教育的准则[C].郭洋生，邓海，译.教育科学出版社，2009：18-19.

2004年的美国总统大选中，青年选民参加投票的比例也在大幅下降，表现出与加拿大极为相似的趋势。① 从强势民主理论的角度来分析，这种政治参与热情的下降，正是"弱势民主"的公民观念所导致的一个后果。而要想增进公民的参与热情，形成公民、公民团体以及国家的共同治理机制，必须重新建立强势民主的观念，倡导积极的公民身份，增进公民的参与意识、参与愿望和参与能力，从而建构一种更加民主的政治生活。

在强势民主理论的影响下，欧美国家的公民观念和民主理念产生了比较大的变化。强势民主理念鼓励公民参与社会治理，治理不再是国家的事情，而应成为公民的共同事务。正如约翰·克莱顿·托马斯(John Clayton Thomas)指出的，"今天，政府作出公共决策的方式发生了重要的变化。人们已经不能再接受这样的观念，即政府的公共决策是由那些掌握权力，声称代表公共利益，但拒绝公民参与政策过程的少数领导人制定的"②。随着公民更有意识和能力来参与社会管理，参与民主决策，一种新的公民参与运动正在兴起。这种新公民参与运动事实上体现出了很强的公民治理的色彩，因为：(1) 新公民参与运动更加强调公民对政策执行的参与，即公民不仅参与政策的制定，而且一旦政策被采纳，公民也参与政策的实际操作，进入公共项目的实际管理过程。(2) 新公民参与运动一反传统公民参与的精英主义倾向，扩展了参与群体的范围，参与过程也包括了那些低收入阶层的公民。③ 理查德·C.博克斯(Richard C. Box)在《公民治理——引领21世纪的美国社区》(*Citizen Governance: Leading American Communities Into the 21st Century*)一书中指出，美国政治应该回归地方治理和公民参与这样一条基本价值原则，它需要"更积极的公民能动主义观念(citizen activism)以及公民在地方公共事务中更广泛的参与"④。因此，为了更好地引导公民

① 本杰明·巴伯.强势民主[M].彭斌，等，译.长春：吉林人民出版社，2006：5.

② 约翰·克莱顿·托马斯.公共决策中的公民参与[M].孙柏瑛，等，译.北京：中国人民大学出版社，2010：1.

③ 约翰·克莱顿·托马斯.公共决策中的公民参与[M].孙柏瑛，等，译.北京：中国人民大学出版社，2010：3.

④ 理查德·C.博克斯.公民治理——引领21世纪的美国社区[M].北京：中国人民大学出版社，2012：4.

积极参与社区治理，需要复归小而富有回应性的政府，因为“公众不愿再被动地接受由政治领导人和公共服务职业者单向作出的有关政府应该做什么以及应该怎么做的决定。相反，未来的现实情况可能是，许多公民要为自己作出选择，即他们要决定，什么样的公共服务应该通过政府集体的服务供给机制来提供”[①]。也就是说，公民应该成为积极参与民主过程的公民，不应该被动等着接受政府的指令或者服务，而应该主动承担治理的责任，为自己作出选择，参与到政府的服务供给机制中来，监督和参与政府的管理进程。

强势民主理论在公民教育领域中也产生了很大的反响。美国学校公民教育自从 20 世纪 80 年代末 90 年代初就开始倡导“服务学习”(service learning，简称 SL)，鼓励青少年学生参与学校公共事务和社区公共事务的治理，在公民治理活动中锻炼和培育公民品质。1990 年，布什政府颁布了《国家和社区服务法案》，在政策层面上明确提出了要通过参与社区治理和社区服务来培育学生的公民责任感。由于美国政府在政策层面上的积极推动，以及社区治理活动对于学校公民教育的促进作用，以“服务学习”为核心的公民教育理念获得了愈来愈多的认同和支持。美国国家统计中心的统计资料显示，1984 年，仅有 9％的美国学校开展了“服务学习”活动；到 1999 年，这一比例提升到了 32％；到了 2007 年，美国青少年学生参加社区治理和社区服务的比例大幅上升到了 60％。[②] 2002 年，小布什政府还签署了《不让一个孩子掉队法案》(*The No Child Left Behind Act*)。法案强调要将公民教育与社区服务相结合，鼓励各级各类学校广泛开展服务学习活动。[③] 英国的情况也同样如此。社区治理和社区服务的理念也在英国的学校公民教育中广泛传播开来。1998 年，英国教育部门所颁布的《科瑞克报告》中就指出：“社区是公民教育的重要基地，鼓励儿童参加社区活动，本身就是公民社会的建构。”[④]在《科瑞克报告》颁布之后，英国制定了公民教育的国家课程，强

① 约翰·克莱顿·托马斯.公共决策中的公民参与[M].孙柏瑛，等，译.北京：中国人民大学出版社，2010：7.

② 苏守波. 当代美国青年社会责任感教育的实施路径[J].中国青年研究，2011(11).

③ 单玉. “服务学习”(SL)与负责任公民的培养[J].外国教育研究，2004(11).

④ 叶飞. 公共交往与学校公民教育的实践建构[J].华东师范大学学报(教育科学版)，2012(3).

调通过社区参与、社区服务等方式来展开公民教育，让青少年在社区生活的实践中锻炼公民品质。我们可以把这种对社区治理和“服务学习”的倡导看作强势民主理念的一种积极结果，它不仅可以促进社区生活的发展，更为重要的是可以为青少年提供锻炼公民品德和公共精神的平台，从而更好地实现公民教育的目标。让学生参与社区的卫生、交通、基础设施、生态建设等公共活动，不仅有助于提升社区生活质量，同时也可以培养学生的公民行动能力，使其成为积极的公民。强势民主理论指导下的社区治理和服务活动，可以鼓励青少年学生更好地走进社会，更有效地联结个体生活和社会生活，促使个体更深刻理解自身的公民责任与公民权利，从而更好地培育自身的公民品格。这无疑是强势民主理论对于当代公民教育的重要作用。

四、协商民主理论

协商民主理论（deliberative democracy）在思想渊源上可以追溯到亚里士多德和汉娜·阿伦特（Hannah Arendt）的政治哲学思想。在《政治学》一书中，亚里士多德指出“好公民”必须具备参与公共政治和民主协商的德性。因为，“公民的德性即在于既能出色地统治，又能体面地受治于人”[①]。亚里士多德所说的“出色地统治”，并非“专制统治”的意思，而是指公民要积极地参与城邦的政治生活，成为城邦的治理者；“体面地受制于人”，是指公民应接受城邦的法律、制度、公共道德的约束，做一个体面的、守法的公民。在亚里士多德看来，只有通过公民积极的政治参与、民主协商以及对法律的遵守，才能建构更加优良的城邦公共秩序。汉娜·阿伦特在某种意义上也希望恢复古希腊时期的城邦政治传统。她认为，“每一个公民都有两个生存层次；在他的生活中，他自己的东西与公有的东西有了一个明确的区分”[②]，前者属于私人生活领域，而后者属于公共生活领域。这两个领域的根本区别在于，公共生活领域所追求的是自由、平等的协商交往关系，而私人生活领域所追求的更多的是和谐的私人情感和关怀关系。在公共生活领域中，“平

---

① 亚里士多德. 政治学[M].颜一，秦典华，译.北京：中国人民大学出版社，2003：78.

② 汉娜·阿伦特. 人的条件[M].竺乾威，译.上海：上海人民出版社，1999：19.

等是自由的实质,自由意味着从统治权产生的不平等状态下解放出来”[1]。阿伦特试图否定不平等统治的存在价值和基础,从而使公民从不平等的状态中解放出来;她强调必须让每个公民进入公共生活领域,参与公共协商和公共行动,以此来促进社会的公共性建构。

到了20世纪80年代以后,协商民主理论吸收了自由主义、社群主义、共和主义、法团主义等学术理论中有益的思想成分,成为当代西方学术界的一股重要思潮。当代著名哲学家罗尔斯(John Rawls)、哈贝马斯(Jurgen Habermas)等均是协商民主理论的积极倡导者。罗尔斯在20世纪80年代相继撰写了《重叠共识》《善的理念》《政治的领域》等文章,探讨多元文化和多元价值观背景下的协商民主问题。1993年,罗尔斯的《政治自由主义》一书出版,这本著作也被认为是他一生中最重要的著作之一。该书收录了他80年代的文章《重叠共识》。在罗尔斯的理论中,“重叠共识”是协商民主的一个核心概念,即秩序良好的社会需要有一种民主的共识,但是这种共识不可能通过价值强迫得来,而只能通过公民之间的民主协商得来。正是在这个意义上,我们可以把罗尔斯看作是协商民主的重要拥趸。哈贝马斯在20世纪60年代就开始思考协商民主问题,他在《公共领域的结构转型》一书中探索了公民在公共领域中的协商对话对于整个社会的重要价值,其后,他在《事实与规范之间》《包容他者》《交往行为理论》等著作中对协商民主进行了深入论述,探讨通过公民之间的公共协商来进行民主社会的建构。此外,1980年,约瑟夫·毕塞特发表了《协商民主:共和政府的多数原则》,这是“协商民主”一词首次在学术意义上使用。1987年,伯纳德·曼宁的《论合法性与政治协商》一书出版,书中提到了政治协商中的民主原则和基本原理。1989年,乔舒亚·科恩发表了《协商与民主合法性》,为协商民主理论的进一步发展奠定了基础。[2] 同时,詹姆斯·菲什金(James Fishkin)和彼得·拉斯莱特(Peter Lasleft)共同编写了《协商民主论争》一书,该书收录了大量当代学者关于协商民主的争论。詹姆斯·博曼(James Bohman)在《公

---

① 汉娜·阿伦特.人的条件[M].竺乾威,译.上海:上海人民出版社,1999:25.

② 杨炳超.协商民主:内涵、背景及意义[J].东岳论丛,2010(2).

共协商：多元主义、复杂性与民主》一书中则讨论了在一个复杂的、文化多元主义的社会里，如何让公民通过对话、讨论、审议等方式更好地参与公共决策和政治生活。当代西方学者对于协商民主理论的研究和探讨，不仅推动了西方协商民主理论的发展，同时也在一定程度上推动了我们国家的政治理论和政治实践的革新，为我们提供了有益的理论借鉴。

哈贝马斯的公共领域和商谈伦理学是协商民主的重要理论基础。在哈贝马斯看来，公共领域思想“由各种对话构成，在这些对话中，人们作为私人来到一起形成公众。……他们可以自由地集会和组合。在自由地表达和公布他们的意见的状态下处理普遍利益问题时，他们是作为一个公众来行动的”①。自由的对话和发表各自的意见成为了公共领域的重要特征。在公共领域中，人们可以在咖啡馆、文学沙龙、剧场、政治舞台等等展开理性的商谈，以理性的方式来沟通和交流公共问题。哈贝马斯特别强调协商对话机制的建构，“这种对话机制是一个互动的平台，是一个容纳多元意见的共享空间”②。通过公共的、民主的协商，公民与公民更紧密地团结在了一起，共同追求公共利益。为此，哈贝马斯跳出了笛卡尔的主体理性、黑格尔的绝对理性以及早期法兰克福学派的工具理性批判的框架，提出了独创的“交往理性理论”。“交往理性”是为了共同的合理理念而确立起主客观世界的同一性及其生活语境的主体间性。③ 交往理性理论与公共领域理论的有机结合，形成了哈贝马斯的独特的协商民主思想。交往理性不是一种排他的、独白的、单维的理性，而是一种包容的、对话的、多维的理性。④ 公民的交往理性体现出协商性、程序性以及包容性等基本特征。“协商性”意味着公民均可以自由而平等地参与公共生活中的对话，通过理性的协商形成公民之间的共识；“程序性”意味着公民是依照一定法律和民主的程序和规则来展开公

---

① Jurgen Habermas. *The Public Sphere*［A］. *The Rethinking Popular Culture: Contemporary Perspectives in Cultural Studies*［C］. Chandra Mukerji & Michael Schudson(Eds.). Berkeley: University of California Press, 1991: 398.

② 周国文. 公民伦理观的历史源流［M］.北京：中央编译出版社，2008：307.

③ 哈贝马斯. 交往行为理论：行为合理性与社会合理化(第一卷)［M］.曹卫东，译.上海：上海人民出版社，2005：10.

④ 胡军良. 哈贝马斯对话伦理学研究［M］.北京：中国社会科学出版社，2010：114.

共生活的;“包容性”意味着公民协商是“包容他者”“包容多元观点”的过程,而不是“排除他者”“排除异见”的过程。正是基于交往理性和公共领域的理论建构,哈贝马斯提出了他的协商民主思想。此外,哈贝马斯在《道德意识与交往行动》(*Moral Consciousness and Communicative Action*)一书中还归纳出了协商民主所需要的三条程序性规则:规则一,每一个具有言说与行动能力的主体均可参与对话;规则二,每个人均可对任何主张提出质疑;规则三,任何人均不得因讨论之内或之外的支配性强制而被妨碍去体验其在“规则一”与“规则二”中所确定的权利。[①] 显然,规则一规定了每个人都具有参与协商对话的权利,阐明了协商交往的平等性和普遍性;规则二强调每个人均可以发表不同意见、提出质疑,阐明了协商交往的批判性和独立性;规则三规定了不得阻碍以上两条基本权利的实现,不得对公民协商进行话语强制,阐明了协商民主的非强制性。这些也构成了哈贝马斯协商民主思想的重要规则。

罗尔斯对于协商民主的关注主要集中于《政治自由主义》一书中对公共理性、重叠共识以及公民合作的讨论。罗尔斯认为,公共理性是公民所具有的一种推理理性,它广泛地应用于宪法根本问题、社会正义问题以及其他重要的公共问题的讨论当中。[②] 如果公民以理性的、公共的方式来思考这些问题,来展开关于公共问题的协商对话,那么公共问题的解决就具备了可能性。公共理性在引导公民协商的过程中发挥着重要的作用,因为,理性的思考和讨论为协商共识的形成提供了条件。但是,罗尔斯所说的“协商共识”并不是简单意义上的协商共识,而是一种“重叠共识”。罗尔斯认为,在多元社会当中并不存在某种完备性的哲学观念、宗教观念或者道德观念,即不可能存在一种能够成为社会的唯一价值源泉的哲学观念、宗教观念或者道德观念,也就是说不可能存在一种具有完备性的、主导性乃至霸权性的观念。这些哲学观念、宗教观念或者道德观念虽然也是一部分公民的协商共识,但是这只是“初步的”协商共识。在罗尔斯看来,协商民主不能止于“初步的共

① Jurgen Habermas. *Moral Consciousness and Communicative Action* [M]. Boston: The MIT Press, 2001:89.

② 罗尔斯. 政治自由主义[M].万俊人,译.南京:译林出版社,2000:10.

识”,而应当充分赋予公民在公共协商中理性思考、理性选择以及理性对话的权利,通过理性的协商来形成各种哲学观念、宗教观念以及道德观念之间的重叠共识,即一种尊重公民多元差异的共识,这种共识并不强迫公民接受某种完备性的哲学观念、宗教观念或者道德观念,而是让公民自主选择自己所信奉的观念。所以,重叠共识所体现的是一种理性的多元论。[①] 它拒绝把某种统一的哲学观念、宗教观念或者道德观念灌输给公民,拒绝以霸权的方式来处理价值观方面的问题,而是持着民主、开放的姿态来引导公民参与公共价值观的协商讨论,形成协商对话的平台。基于公共理性和重叠共识的理念,建构秩序良好的社会就有了理性的基础。在这个秩序良好的社会当中,公民与公民之间可以有效地形成“合作的”关系,走向合作和共赢。公民的合作首先需要理性的规则和程序,“合作是由公共认可的规则与程序来引导的,合作者把这些规则和程序看作是恰当规导他们的规则和程序。”[②]公民合作的双方以一定的规则和程序展开理性的协商对话,在此基础上一起来追求公共的善以及各方的合理利益。罗尔斯通过公共理性、重叠共识以及公民合作这三个基本概念向我们展示了协商民主的基本内涵,同时也告诉我们如何才能建构一个秩序良好的社会。

总而言之,正是在哈贝马斯、罗尔斯的影响下,20 世纪八九十年代以来,协商民主理论在西方学术界的影响愈来愈大,在当代西方社会的政治理论和政治事件中发挥着越来越重要的作用,而开展协商民主的研究和讨论的学者也愈来愈多。詹姆斯·博曼(James Bohman)在《公共协商:多元主义、复杂性与民主》一书中指出,当代社会的协商民主正在面临着文化多元主义、不平等和社会的复杂性三大挑战。但也正因为这三个挑战,协商民主显得日益重要,因为文化的多元性、社会的复杂性和阶层的不平等性,都在告诉我们传统的民主模式和政府管理方式已经无法适应社会发展的需要,而协商民主理论的重要价值就在于,它能够在多元性、复杂性、阶层不平等性的社会中为不同的文化族群、不同的阶层群体、不同的价值观提供协商、

---

① Jurgen Habermas. *Moral Consciousness and Communicative Action* [M]. Boston: The MIT Press, 2001: 152-153.

② 罗尔斯.政府自由主义[M].万俊人,译.南京:译林出版社,2000:16-17.

对话的空间。博曼把自己的思想定位为介于罗尔斯和哈贝马斯之间,“这使得我的思考要比哈贝马斯的思考更具有多元性,又要比罗尔斯的自由中立理论赋予批判实践理性更加宽广和更具动态的地位”①。博曼批判了现代西方民主中的三种民主形式——代议民主、多数民主和远程民主,这三种民主形式都难以形成公民和官员之间的面对面的民主协商,因此难以适应当代民主发展的趋势,“无论是代议民主还是远程民主,都与现代公民的要求和社会的发展有不相适应的地方,公民与官员之间就共同相关的政治问题进行直接面对面的对话与讨论,是政治民主的最基本的要素之一,也是任何其他方式所不可取代的”②。与博曼的观点相近,詹姆斯·菲什金(James Fishkin)和彼得·拉斯莱特(Peter Lasleft)共同编写了《协商民主论争》一书,他们在该书中指出,“个人主义已经侵蚀了公民民主的中心理念,并且是以一种与民主政府令人满意的运行相矛盾的方式进行的”③。个人主义的过度膨胀使得公民变得消极和不参与民主生活,这制约了协商民主的进程,因此,“如果我们想维护和深化我们的民主生活,我们必须将未来掌握在自己的手中。我们必须建立一种确保公民参与和公众对话的机制”④。这种对话机制正是协商民主赖以存在的重要机制。正如一些学者指出的,“在过去20年中,学术领域最显著的成果之一是协商民主思想的复兴。与起源于经济学和理性选择理论、在早期居主导地位的聚合民主模式相比,协商民主的观念,即自由和平等的公民通过公共协商进行决策,代表了民主理论一个极为重要的发展”⑤。协商民主理论不仅是一种政治理论,同时也是一种政治

---

① 詹姆斯·博曼.公共协商:多元主义、复杂性与民主[M].黄相怀,译.北京:中央编译出版社,2006:4.

② 詹姆斯·博曼.公共协商:多元主义、复杂性与民主[M].黄相怀,译.北京:中央编译出版社,2006:序言.

③ 詹姆斯·菲什金,彼得·拉斯莱特.协商民主论争[M].张晓敏,译.北京:中央编译出版社,2009:8.

④ 詹姆斯·菲什金,彼得·拉斯莱特.协商民主论争[M].张晓敏,译.北京:中央编译出版社,2009:8.

⑤ 毛里西奥·帕瑟林·登特里维斯.作为公共协商的民主:新的视角[M].王英津,等,译.北京:中央编译出版社,2006:1.

实践。作为一种重要的理论思潮和实践模式，它已经在当代社会政治建构中产生了广泛的影响，它代表了西方政治民主的一种新趋势。

第四节　治理作为公民教育的基础

公民教育是培育学生的公民品质和公共精神的主要途径，它承担着使人成为合格公民的使命。公民教育的基础在于公共生活，而公共生活的核心正是公民的积极治理活动。公共生活并非只是“大家在一起”的生活，而是人们以平等的公民身份参与协商、对话、治理等活动的生活。在公共生活中，人们可以形成公共舆论，展开公共行动，最终促进社会公共利益的提升。而公民品质的培养，正是在这种公共生活和公共治理的活动中逐渐完成的。治理活动作为一种引导公民参与协商对话、对公共事务展开民主共治的实践活动，可以在很大程度上促进公民教育与公共生活的融合统一，使得公民教育获得坚实的生活基础。但是，对于公民教育，人们往往会更多地关注公民知识体系的传授和学习，而忽略了真正的公民是公共生活和治理行动中培养起来的这一事实。总体而言，公共生活中的治理活动可以为公民品质的培育提供参与的基础、行动的空间，这不仅可以培养公民的理性品格，更可以培育公民的实践能力，最终全面发展公民的德性品质和公共精神。

一、治理为公民教育提供了民主生活的基础

治理可以通过民主生活和共同体实践来夯实公民教育的基础，传递民主的价值理念。正如约翰·杜威在《民主主义与教育》一书中所强调的，民主是一种联合的生活方式，人们通过这种联合的生活方式而获得了共同的经验、意识和价值理念，“人们因为有共同的东西而生活在一个共同体(community)内，而生活中的经验交流乃是他们达到占有共同的东西的方法”[①]。在民主的生活和共同体实践中，人们接受到了来自不同的人的不同

---

① John Dewey. *Democracy and Education* [M]. Carbondale: Southern Illinois University Press, 1980: 7.

信息和知识，接受了不同的价值观和生活经验的熏陶，从而在知识的传递和价值观的学习中不断地成熟和成长。公民教育有必要引导受教育者广泛地参与公共治理互动，在治理活动中对公民身份形成更深的体验、理解和认同。也正因为如此，约翰·杜威再次提醒我们："人们参与一种有共同利益的事，每个人必须使自己的行动参照别人的行动，必须考虑别人的行动，使自己的行动有意义、有方向，从而打破阶级、种族和国家的壁垒，而这些壁垒会使人们看不到他们行动的重要意义"[①]。通过对关涉共同利益的事务的参与和治理，通过对他人的利益和生活的关注和考虑，公民可以超越狭隘的个体利益，改造原有的知识、经验和观念，从而获得更为广阔的公共生活视野，形成健全的公民观念和公共品质。正是在这个意义上，我们认为治理活动构成了公民教育的民主基础。通过治理活动，人们获得了共同的经验、沟通着彼此的知识与价值观，公共价值观的传递不再疏离于受教育者的生活世界，不会使受教育者形成一种"被抛"的感受，而是与受教育者的公民生活、治理实践实现了有机的融合。

治理可以促进公民之间基于民主理念的协商对话和共识生产，为公民教育提供开放性的公共话语空间和民主共识机制。协商对话的重要性在于，它可以推动公民在平等的话语空间中交换彼此的经验和价值观，从而增进彼此的尊重、信任和认同，形成共同体的意识和观念。对于公民教育而言，协商对话所形成的是一个基础性的对话空间，在这个对话空间中人们的交流和对话是开放性的，民主平等的话语权利得到了承认，最终民主平等的公民身份也得到了承认，这可以促进公民的民主品质和对话精神的成长。正如阿米·古特曼(Amy Gutman)所指出的，"协商会鼓励持有冲突观点的人们去理解别人的观点，减少道德不一致，寻求共同基础"[②]。在缺乏协商对话的空间当中，民主的价值观难以有效地传递，因为人们无法去表达自我的观点，同时也没有机会真正去理解别人的观点。自我和他人出于封闭的状

---

① John Dewey. *Democracy and Education* [M]. Carbondale: Southern Illinois University Press, 1980: 93.

② Amy Gutman. *The challenge of multiculturalism in political ethics* [J]. Philosophy and Public Affairs, 1993(3): 199.

态之中，道德冲突无法解决，而价值共识也难以产生。协商对话之所以能促进民主，正在于它能够打破公共空间的封闭性，使之成为“公共的”“开放的”生活空间，允许公民自由地表达意见和观念，减少道德不一致，寻求共识。在治理活动中，公民共识是以民主对话的方式产生的，“公共治理是将分散个体通过协调机制生产出某种共识而结成集体行动”[①]。治理本身就是在共识的基础上展开的。一方面它有利于形成民主的共识，另一方面它又可以在民主共识的基础上展开公民治理行动，促进价值共识的践履。通过协商机制和共识生产，治理为公民教育提供了对话的空间和共识的基础，最终为公民教育提供了民主生活的基石。

当然，治理还可以培育公民的合作网络机制，发展学校的公民共同体，促进学校管理者、教师和学生的合作。从宏观的社会角度而言，治理主体是多元的，包括政府、公共部门、第三部门或非政府组织、企业和社会志愿者，而这些治理主体之间所形成的是相互依赖的合作网络关系，治理“不再是以强制和压迫为主，而是演变为主要依靠民主协商、合作互助及网络化管理等方式”[②]。而通过多元治理主体之间的合作机制的建构，可以在整个社会范围内传递公民合作的理念，促进公民的团结。具体到教育领域当中，治理主体的多元化也意味着学校领域中存在着多元治理主体，包括学校管理者、教师以及学生均可以成为学校治理的主体。显然，在传统管理体制中，单向度的管理机制（而非合作的网络机制）造成了公共事务管理的权力分配是极度不均衡的，只有少数的学校管理者和教师掌握了管理的资源和权力，而大多数的普通教师和学生则失去了管理的资源与权力，最终也就失去了成为治理主体的可能性。而治理理念的提出，正是要重建学校生活中的公民合作机制，把学校管理者、教师和学生都纳入合作网络当中。不论是教师还是学生，都是这个合作网络中不可或缺的重要环节，都有资格和权利共同参与学校公共事务的治理，从而形成真正意义上的公民共同体。学校公民共同体的建构，可以在学校生活和班级生活中建立起以民主平等为基本特征的公民共同体生活。这种公民共同体生活以理性、规则、公共的伦理关系为基

① 李瑞昌. 共识生产：公共治理中的知识民主[J].学术月刊，2010(5).

② 麻宝斌. 公共治理理论与实践[M].北京：社会科学文献出版社，2013:9-10.

础，让学生和教师在平等、公正、相互尊重的基础上建立一种更加广泛的民主交往。在这种公民共同体生活中，学生将有机会分享公共生活中的基本价值，比如民主、平等、权利、公正、友爱、合作、参与、尊重等等。当学生能够在学校公民共同体生活中不断地体验、理解和践行这些公共价值时，学校公民教育也就在无形之中有了成效。

二、治理为公民教育提供实践行动的空间

治理作为一种以公民参与、合作网络为基础的公民活动，它可以通过引导受教育者参与学校治理、社区治理以及社会治理等不同层面的治理活动，为公民教育提供行动的空间。受教育者可以在治理行动中不断锻炼自身的公民理性、公民品德和公民行动能力，最终实现公民品格的完善与发展。通过治理活动来展开公民教育，可以更好地实现公民教育的实践性、生活性与开放性，有利于公民教育与生活世界的融合，促进公民教育向生活实践的回归，从而在深层次上提升公民教育的实际效果。

首先，治理作为一种学校治理，可以推动学生参与学校公共事务，在促进学校公共管理决策的民主讨论和民主参与的同时，培养学生的公民品质。学生作为学校公共生活中的成员，有权利也有责任参与学校的公共管理生活，以实现学校公共管理秩序的民主和稳定。治理的理念要求学校公共事务的管理实行民主决策和民主参与，对关涉学生权益的公共事务，实行民主的协商与讨论，听取学生的意见，使民主成为学校公共生活的灵魂，以此来培养学生的民主精神和公民品质。比如，在重大的学校公共问题上，学校有责任召开学生代表大会、听证会或者公共事务的论辩会，来对学校生活中的公共问题展开公开讨论，以实现民主管理和民主决策。这就为学生公民品质的成长提供了实践的、行动的空间。通过对学校治理的积极参与，青少年学生的民主意识和公民意识将得到更快速的发展，公共精神也将在他们心中扎根，而学生对于自身的公民身份的认识和体验也将更为深刻，因为治理活动将他们的公民知识与公民实践进行了有效的联结，促进了他们精神观念的改造和革新。引导学生参与学校的公共管理，还可以培育他们的公民参与能力，使他们成为勇于行动、敢于行动、有能力行动的负责任的公民，而

不是只有知识观念无行动能力的公民。这无疑是治理活动推进公民教育的重要体现。

其次，治理活动还可以推动学生走出校园生活，参与社区治理，同时接受社区生活中种种道德事件和公民活动的影响和改造。通过让受教育者参与社区卫生和交通改善、基础设施和生态建设等公共活动，不仅有助于社区环境、社区生活质量的提升，同时可以在潜移默化中培养受教育者的公共品质和公民行动能力。比如，在某个社区中，由于居民的环保意识不强，社区的巷道里堆积了各种生活垃圾，造成了社区环境恶化和道路阻塞。在这种情况下，公民教育可以引导受教育者去思考：社区环境这样糟糕是由什么原因造成的？有没有办法可以改变这种糟糕状况？作为这个社区中的一员，我们该如何解决这个问题？……通过鼓励学生思考社区生活中的实际问题，并努力去解决这些问题，在“做”中不断地进行公民学习，学生将更充分地理解自身的公民权利与责任，并在思考和解决社区公共问题的过程中成长为真正的公民。社区治理活动的展开，使得公民教育真正获得了跨越学校生活的平台与机会，使得学生有机会进入真正意义上的公民生活空间，接触到公民生活的真实状态，同时也在这种真实的公民生活中锻炼自身的公民能力。因此，学生参与社区治理活动的意义并不在于达到多么好的社区治理效果，而在于学生在社区治理中所熏染的公民精神以及所锻炼出来的公民能力。

最后，治理活动在可能的情况下还应当将学生推向比社区生活更为广阔的社会生活，鼓励学生参与社会治理，发展学生的公民品质及精神。在现代社会背景下，公民身份事实上意味着公民与社会、公民与国家之间的深层联系，公民不仅是学校或社区中的成员，更是社会、国家的成员。公民有权利要求享有社会赋予的基本权利，同时也必须为国家、社会承担相应的责任。为此，公民教育应当鼓励学生在社会治理活动当中认识自我与社会之间的内在联系，明白自身作为社会公民的基本权利和义务。也就是说，公民教育必须有效地组织学生参加各种社会公共活动，增强青少年学生对于自身公民权利和义务的认识。同时，通过参加社会公共活动(比如志愿者活动、社会慈善活动、生态环保活动等)，来履行一个公民的基本义务。通过这种公民学习和公民教育活动，受教育者的公民治理行动不仅可以为社会公共生活作出贡献，同时可以在社会治理行动的参与中更深刻地认识自身的公民权利和公民责任，形成健全的公民权责意识，培养自身的公民品质和公民精神，总之，通过引导学生参与学校、社区以及更广阔的社会公共事务的治理活动，不仅可以促进学校、社区以及社会的发展，同时也可以锻炼学生的公民品质和公民能力。如果缺少这种以治理活动为核心内容的公民学习和公民教育，那么学生所学到的很可能只是一些苍白的公民知识或者公民概念，而无法真正去“做一个好公民”，“展开积极的公民行动”，最终“成为真正的公民”。治理的公民教育意义就在于，它可以为公民品质的培育提供生活的、实践的基础，它鼓励学生参与各个层面的治理活动，促进公民知识与公民生活的有机融合，让社会生活这个“大熔炉”不断锻造学生的公民品质，磨炼他们的公民意志，发展他们的公民行动能力，最终实现公民教育的目标与使命。

三、治理促进公民品质的健全发展

如前所述，通过引导青少年学生积极参与学校治理、社区治理以及社会治理等活动，可以提升受教育者的公民品质，使受教育者在公共生活和治理活动中养成公共精神和公民能力，形成健全的公民品质。这种健全的公民品质，主要包括以下几个基本方面：一是它可以发展受教育者的公共理性品质，提升公民的理性思考、批判以及选择的能力；二是它可以提升受教育者的公共德性，发展公民的公共道德素养和道德观念；三是它可以增强受教育者的公共行动能力，促进其实践品质和能力的提升；四是它可以促进受教育者的公共精神的发展，全面提升其作为公民的精神观念和精神境界。通过这四个方面的核心品质的培育、锻炼和激发，公共生活和治理活动可以使受教育者的公民品质更加健全。

（一）治理可以发展受教育者的公共理性

公共理性简要而言是指理性的公共运用能力，即通过普遍的伦理理性原则对公共问题和公共事务进行理性的反思与审视。公共理性能力是公民的一项基本能力，公民不仅要学会运用公共理性去分析社会公共问题，思考如何才能建构一个更加合理的公共秩序;同时,公民还要运用公共理性对违背公民道德和公共伦理的行为进行反思和批判,维护公共秩序的健康和稳定。在学校生活以及社会生活当中,学生作为公民需要具备公共理性的思考、选择能力和公共理性的批判能力,而这两项能力的发展都需要以成熟的公共生活空间和治理行动平台作为基础。缺乏公共生活的基础和公共治理的平台,学生公共理性的发展将受到限制,因为理性与行动往往是结合在一起的,基于行动而成长起来的理性能力才具有更为持久的、稳固的意义。通过学校以及社区的治理活动的开展,可以为学生提供一个发展自身公共理性能力的实践平台和行动空间。通过这个平台或空间,一方面可以锻炼学生的理性思考能力,使他们在理性思维方面得到较大的提高;另一方面还能引导学生去反思公共生活中的各种问题,形成公共理性的批判能力。理性的批判能力是一种非常重要的公民能力,它意味着一个人具备了独立思考和独立探索的能力,成了独立自主的公民。因此,治理活动可以为学生提供非常好的公共理性的成长空间。通过治理活动,学生的公共理性的发展将获得更好的生活平台和行动基础的支撑。

(二)治理可以提升受教育者的公共道德

治理活动引导学生参与学校、社区以及社会的公共事务治理,可以促使学生在交互性的公民活动中理解和体验公共道德,最终形成更为健全的公共品格。在公共治理的过程中,学生作为一个公民,可以与其他公民更深切地认识和理解公共伦理规范,更好地内化公共伦理精神。这具体表现为:首先,学校公共生活中内含着各种类型的纪律规范、道德标准、校园规则等,它们的背后渗透着整个社会的公共伦理精神。当青少年学生意识到自己是学校的乃至社会的公民,在公共交往生活中努力去认识、理解、体悟和遵守这些公共伦理规范的时候,他们将更好地成长为一名具有公共伦理精神和公共道德素养的公民。其次,在公民生活和治理活动中,青少年学生还可以学习公正、仁慈、善良、诚信等公民美德,这些公民美德只有在一个充满仁慈、善良、正义和诚信的生活空间中才能有效形成;同时,也只有在以公共道德为基础的公共交往实践中,青少年学生才能更好地内化这些公民美德,践履这些美德,成为具备基本伦理美德的公民。概而言之,在治理行动和公民生活的基础上,学生将不断地吸收和内化公民的伦理美德,最终提升和完善自我的公民品格。

(三) 治理可以增强受教育者的公民行动能力

治理活动可以增强学生的公民行动和公共参与能力,发展学生的实践精神和参与精神。公民治理的一个基本功能,就是引导学生积极地参与学校、社区和社会的公共事务,从而发展他们的参与能力和行动能力。学生对于公共事务的参与,本身也是公民教育的重要形式。学生参与学校乃至社会的公共事务的治理,不仅可以促进公民个体与公民社会的融合,同时可以在治理活动中培育和锻炼学生的公民品质。早在 20 世纪 90 年代,英国以及美国的学校公民教育就已经开始提倡“服务学习”的理念,主张学生参与社区服务,在锻炼自身的公民行动能力的同时也为社区做出贡献。[①] 中国香港在 2002 年颁行的《基础教育课程指引》中也提出要加强参与式学习,锻炼学生服务他人、服务社会的公民行动能力。[②] 通过引导学生积极地参与学校、社区以及社会公共事务的治理,不但可以促进公共事务的有效管理,同时可以极大地提升学生的公民能力。在学校的公共问题、社团组织和规章制度等公共事务中,在社区的卫生交通、生态环境、公共安全以及社会的公益事业中,学生都可以发挥出公民的主体性,积极投入这些公共事务的治理活动,从而在增强自身的公民行动能力的同时促进社会公共生活的改进和完善。

(四) 治理可以形成和发展公民的公共精神

治理活动可以通过引导学生积极参与公共生活和民主实践,完成精神观念的改造,最终更好地培育学生的公共精神。公共精神对于公民教育而言是非常重要的,公民教育的最终目标就是形成学生的公共精神,使这种精神成为公民品质和公民行动的基础。只有当青少年学生都具备了公共精神,才能通过他们的精神及行动来促进公共生活的完善,促进公共生活和公共秩序的合理化。当前不少国人缺乏公共精神,在公共生活中过于自私、被动,缺乏个性和自主意识,在公共参与上表现出顺从、被动的倾向。[③] 在古代

① 单玉.“服务学习”(SL)与负责任公民的培养[J].外国教育研究,2004(11).

② 王世伟、黄葳.参与式公民学习[J].清华大学教育研究,2010(4).

③ 黄国满.当前我国公民政治参与问题分析[J].社会科学战线,2004(3).

社会，人们普遍顺从于君王统治和权威控制，对于公共生活、公共政治持比较冷漠的态度，因为他们认定自己作为一介草民无力影响公共政治，因而只愿退缩到私己空间中默默生活劳作，从而导致公民公共精神的匮乏状态。公民治理理念首先就是要改变这种公共精神的匮乏状态，引导公民积极参与社会公共生活，使其从一个顺从的、被动的、奴性的人，成长为一个积极的、主动的、富于公共精神的现代公民。通过治理活动，不仅可以发展学生参与公共生活的技术和能力，更重要的是可以发展他们参与社会生活的公共精神，完善他们的公民品质。治理活动可以对公民的传统人格进行有效的改造，从而使他们在精神层面上摆脱被动、服从和冷漠状态，提升他们的公民基本素养，使他们最终成为具有公共精神和公共品格的现代公民。

第二章　当代公民教育：走向治理机制

当代公民教育对于知识体系和理论概念的过度重视，在很大程度上导致了教育系统所传递的公民知识与学生的生活世界相疏离，使得公民知识与公民行动、公民个体与公民社会处于分裂的状态；而学校组织生活的垂直型权力结构，也导致了公共权力对公民权利的压制，使得学生的主体权利和治理权利遭到一定程度的剥夺。这些都在无形中阻碍了学生公民品质的发展，也降低了公民教育的实效性。为了使公民教育从这种疏离和分裂的状态中摆脱出来，我们有必要建构一种治理型的公民教育机制，通过引入治理的理念来重新组织学校生活空间，打破垂直型的权力结构，建构一种权利共享、合作共治的治理机制。通过治理机制的建构，学校可以成为一个尊重和捍卫学生的治理权利和主体权利的民主生活空间，在这个生活空间中，学生可以参与学校公共生活的协商、对话、管理和决策等治理活动，并且在此过程中逐渐成长为独立自主的公民。公民教育的治理机制的建构，可以把学生从消极的公民身份认同中解放出来，推动学生的主体意识和公共精神的发展，使他们成为学校以及社会的共同治理者，成为真正的负责任的积极公民。

第一节　当代公民教育的困境：公民教育与治理行动的分离

当前公民教育在实践层面上面临着重重困境，因为公民教育与学生的生活世界、治理行动产生了严重的疏离和分裂。在当前的品德教育及公民教育活动中，公民教育所传递的知识往往是脱离个体生活的、僵硬呆板的，与个体的生活实践相疏离，这导致公民教育缺乏公共生活的基础，缺乏与青少年学生内心世界的真实而有效的联结。这种疏离和分裂的状态由于违背了公民教育的实践属性，不利于公民品质的培育，甚至极大地阻碍了青少年学生公民品质的发展。在这种疏离与分裂的状态下，公民教育很容易沦为舍本求末的知性教育活动，而难以成为一种回归生活世界的实践教育。显然，僵硬、呆板的知性教育无法培养青少年学生的公民情感、公民态度以及公民价值观，无法真正地发展青少年学生的公民品质和公共精神，将导致公民教育深陷于知性与行动的分裂危机。为了更好地克服这种危机，我们有必要对此展开深入的分析，探讨解决危机的有效路径。

一、公民教育的危机之一：公民知识与生活世界的疏离

公民教育作为培养学生的公民品质和公共精神的主要方式，不仅要提升受教育者的公民知识素养，更为重要的是要培养受教育者的公民实践能力，使他们能够参与社会公共生活，并且在公共生活中维护自身的公民权利，同时履行自身的公民义务。公民认知和公民实践的有机结合是培养健全的公民品质的基础，也是建设民主社会和法治社会的基础，因为民主、法治社会的基本构成正是一个个具有民主品质的公民。但是，在当前的品德课程及公民教育活动中，我们看到由于受到漫长的知性灌输传统的影响，学生作为公民主体的身份并没有得到足够的重视，公民教学中的知识灌输模式仍然大行其道。在知识灌输的公民教育中，学生几乎很少作为公民主体参与公民实践，他们的公民认知与公民实践极其容易产生“疏离”，这无疑极大地降低了公民教育的实效性。

当前公民教育中公民知识与生活世界的疏离，集中体现为公民知识与公民实践的分裂，即公民教育过程中的公民知识由于缺乏实践行动系统的支持，最终与实践活动产生了严重的脱节。在公民教育过程中，公民知识的传递和学习无疑是一个重要的方面。向学生传授基本的公民知识，鼓励学生掌握基本的伦理道德规范，这是公民教育的重要使命。因此，公民教育中不能缺少公民知识的传递，也不能缺乏对于学生的公民理性的培育。但是，学生掌握了公民知识，并不代表他们就掌握了公民实践的能力与技巧，也并不代表他们就能将自己所掌握的公民知识付诸实践。相反，在日常教学活

动中，我们经常看到的情况是，学生在公民知识方面的获得也许是足够的，但是在公民实践方面的表现却往往跟不上知识获得的脚步。正如哲学家康德所说，人的道德能力事实上是一种实践理性的能力，实践理性指导人们去做应该做的事情，并且付诸道德实践。① 人的道德知识或知识理性并不能直接与实践理性简单地画上等号，因此，并非公民知识习得越多，学生的公民道德实践水平就会越高。而只有让学生参与各种公民实践，才能真正促进公民知识向公民实践的转化。离开了公民实践，公民知识在很大程度上只会成为枯燥的理论知识和文字符号。但遗憾的是，在当前的公民教育体系中，我们仍然可以看到那种“以知识为中心”的公民教育模式，它把公民教育简单化为公民知识的传授，知识被当作最重要的公民教育内容，知识传授被当作最重要的公民教育方式，知识习得也就成了学生最重要的学习目标。

在这种以知识为中心的公民教育模式中，知识替代了情感、态度、信念和价值观，成了公民教育活动所关注的主要内容，知识理性成了公民教育所培养的唯一理性，而实践理性则被忽略了。在这个过程中，公民教育沦为了一种知性的、理论的、空洞的教育形式。正如统计调查结果显示的，在一线学校的公民教育实践中，知识教学占据了很大的比重，教师们普遍重视公民知识的传授，甚至存在把公民教育简化为公民知识传授的倾向。与此相反，公民实践活动却是相当匮乏的，学校和教师并不鼓励学生参与学校公共生活以及社会公共生活，甚至希望学生回归到狭隘的课堂空间中，与社会生活“划清界限”。于是，我们看到了公民教育在知识教学与实践行动方面的强烈反差。我们可以比较一下表 2-1 和表 2-2 所示的统计结果：②

---

① 康德. 纯粹理性批判[M].韦卓民，译.上海：华东师范大学出版社，2000：668-669.

② 笔者于 2018 年采用分层抽样和整群抽样的方法，在江苏省、河南省分别选择了四所中学和四所小学（平衡了重点学校和薄弱学校）展开了问卷调查，问卷调查的对象主要是当地的中小学教师。之所以选择教师而没有选择学生作为调查对象，主要是因为教师对于公民教育和公民权利的自觉意识更强，并且教师常年处于一线教学实践中，对于一线的教学实践有更深刻的体验。笔者共向教师发放问卷 580 份，回收问卷 516 份，回收率 89%。笔者采用 SPSS 16.0 统计软件进行了统计分析，形成了统计结果。本章中所有的统计图表的数据均来自本次调查。

表 2-1 你是否跟学生讲过公民教育方面的知识

	频数	所占百分比	有效百分比	累计百分比
经常	110	21.3	21.3	21.3
有时候	211	40.9	40.9	62.2
说不清	14	2.7	2.7	64.9
很少	135	26.2	26.2	91.1
从来没	46	8.9	8.9	100.0
总计	516	100.0	100.0	

表 2-2 你所在班级是否组织过公民教育相关活动

	频数	所占百分比	有效百分比	累计百分比
经常	12	2.3	2.3	2.3
有时候	180	34.9	34.9	37.2
说不清	39	7.6	7.6	44.8
很少	210	40.7	40.7	85.5
从来没	75	14.5	14.5	100.0
总计	516	100.0	100.0	

根据表 2-1 所示，有 21.3％的教师经常给学生讲授公民教育方面的知识内容，有 40.9％的教师有时候会给学生讲授公民教育方面的知识内容，另有约 31％的教师很少或者从来没有给学生讲过公民教育方面的知识内容。综合而言，有接近 65％的教师给学生讲授公民教育知识，占了总人数中的多数。但是，从表 2-2 来看，只有 2.3％的教师经常组织班级学生开展公民教育的实践活动，仅有 34.9％的教师偶尔会组织一两次公民教育的实践活动，很少组织公民教育实践活动的教师占到了总数的 40.7％，而从来没有组织过公民教育实践活动的教师居然占到了总数的14.5％。也就是说，有一半以上的教师(约占总数的 55.2％)很少或者从来没有组织过学生参加公民教育活动，他们的公民教学仅仅停留在书本和教材上，而没有真正进入生活实践领域。这是一个令我们感到震惊的数据！由此可见，在一线的公民教育当中，公民知识的讲授与公民的实践活动几乎是处于完全割裂的状态，教师

更多的是进行知识教育，而没有进行实践教育。学生学习了课堂上讲授的公民知识，但无法真正在生活实践中行使公民权利、承担公民责任，无法在实践中有效地确认自身的公民身份，最终也就很难成长为真正的公民。

一方面，公民知识与生活世界的疏离还体现为公民知识教学的概念性、单一性与生活世界的丰富性、整体性的疏离。比如，我们在小学以及初中品德教材中可以看到很多单一的公民知识的阐述，往往只是告诉学生要遵守哪些行为规范，而没有告诉学生为什么要遵守这些规范，这些规范背后的价值观念是什么。显然，要为社会培养合格的公民，仅仅止于公共行为规范、国家政治观念的教育是不够的，还需要告诉学生这些规范背后的价值与事实，并在公共生活中进行实践。公民教育应有一个更为重要的目标，即促进学生个体的健全的公民品质和民主精神的成长，使学生真正成为能够在政治上、法律上、生活上践履公民观念的人。由于公民知识教学的概念性、单一性，学校公民教育在很大程度上沦为一种行为规范的教育，而没有真正与学生的生活世界紧密相连。总而言之，在当前的公民教育中，公民知识教学很多时候被简单化为公民知识的灌输，缺乏对学生公民主体性的尊重，这导致了公民教育效果不佳。另一方面，公民知识教学也有被单一化为公共行为规范的危险，它缺少对于公民权利与公民责任、公民自由与公民法律等的整体性、辩证性的关注。公民知识教学的单一化、狭窄化，使得公民教育无法真正满足学生的实践需要，也使得公民教学所传递的公民知识与学生具体的、现实的、丰富的公民生活实践相分离。这显然不利于提升公民教育的效果，无助于学生的公民品质的发展。

二、公民教育的危机之二：公民个体与社会生活的分裂

公民教育还面临着公民个体与公民社会相互疏离的困境。一直以来，公民教育往往采取知识性的、个体性的教学方式，而不是参与式的、实践式的教育方式，这就使得作为公民个体的学生往往脱离于整体的社会生活实践，造成了个体与社会生活的疏离和分裂。公民个体一旦脱离了社会公共生活，不仅会使个人失去在公民生活实践中锻炼自身公民品质的机会，同时也失去了建设秩序良好的公民社会的契机。因此，公民个体与公民社会的疏离和分裂，在很大程度上造成了当前公民教育的实践困境，使得公民教育

无法有效地联结公民的个体生活与公民的社会生活，从而无法实现预期的公民教育目标，其后果是非常严重的。

公民个体与社会的疏离，集中表现为公民教育往往被限制在班级教学或学校教育的场域之内，而与更为广阔的社会公共生活脱节。中国是一个有着悠久的德育传统的国家。长期以来，品德教育一直是作为专门化的德育课程来展开的。在这种情况之下，课程教学和班级授课就成为品德教育以及公民教育的主要形式。学校与班级是品德教育及公民教育的主要场所，公民教育的实施也主要是在学校范围内进行的。这种公民教育模式往往容易把学生的公民学习和公民参与限制在班级或者学校狭小的空间之中，使得学生所受的公民教育仅仅是班级或学校生活中的公民教育，而在很大程度上脱离了更为广阔的社会生活实践。从公民教育的目标来看，把公民教育局限于学校生活、班级生活内，显然是太过狭隘的，不利于学生公民品质的健全发展。因为，学生不只是学校的公民、课堂的公民，更是社会的公民；他们要学习遵守公民社会、公民生活中的基本伦理道德要求，学会承担社会责任，同时也要学会保卫自身的公民权利。公民教育被局限于课堂生活或学校生活中，会造成公民个体与公民社会的疏离，从而培养出没有社会关怀意识、缺乏社会行动能力的"公民"。不少学校总是试图在学校生活与社会生活之间构筑起一道无形的"隔离墙"，表面上是保护学生，为学生创造一片远离社会生活的"纯净天空"，但事实上却造成了学生在其成长过程中与社会生活处于长时间的疏离状态。这片"纯净的天空"还可能异化为僵化的、呆板的知识教育的"乌托邦"，学生则成了"片面的"知识人，而不是完整的社会公民。

公民个体与公民社会的脱节还集中表现为学生被禁锢于学业考试、知识学习中，他们被显性或隐性地剥夺了参与社会公共生活的平台和机会。在当前的学校教育中，学业竞争和知识学习的压力很大，而且有上升的趋势。基础教育课程改革虽然有减轻学生的学业负担、降低升学压力、发展学生主体性的美好愿景，但是在具体的实践中依然存在着不少问题。我们的考试竞争体系具有十分悠久的历史，要想在短期内实现彻底的变革并非易事。所以，当前的教育现实是，学校和教师依然面临着升学率排名、成绩排名的压力，而学生也依然面临着深重的学业、考试、分数的压力。在一线教学中，知识讲授、考试升学依然是学校教育的中心，也是教师工作的中心；而对于学生参与社会公共生活、培养公民品质等方面，学校教育普遍做得不够。这在很大程度上限制了学生参与社会公共生活的机会，使得学生的生活、实践和思维被限制在学校、课堂和教材等比较狭窄的范围内，而缺少与社会共同体、社会生活实践的良性互动。如果学校教育仅仅是为了升学率，如果教师的工作仅仅是为了提高考试成绩，那么学生健全的道德品格和公民品质的培养将面临巨大的挑战。从当前的学校教育现实来看，我们已经清晰地看到了这种挑战，以下是笔者的调查统计。

表 2-3　您所在的学校重视升学率吗

	频数	所占百分比	有效百分比	累计百分比
非常重视	280	54.3	54.3	54.3
比较重视	217	42.1	42.1	96.4
说不清	7	1.3	1.3	97.7
不太重视	12	2.3	2.3	100.0
总计	516	100	100	

表 2-4　您所在的学校重视培养学生的公民素质吗

	频数	所占百分比	有效百分比	累计百分比
非常重视	20	3.9	3.9	3.9
比较重视	147	28.5	28.5	32.4
说不清	69	13.4	13.4	45.8
不太重视	237	45.9	45.9	91.7
完全不重视	43	8.3	8.3	100.0
总计	516	100	100	

表 2-3 和表 2-4 向我们展示了学校对于升学率和公民教育的重视程度的显著差异。从表 2-3 我们可以看到，有 54.3％的被调查对象(教师)认为自己所在的学校非常重视升学率，有 42.1％的被调查对象(教师)认为自己所在的学校比较重视升学率。也就是说，有 96.4％的被调查对象(教师)认为自己所在的学校是很重视升学率的。与此形成鲜明对比的是，在表 2-4

中，仅有 3.9%的被调查对象(教师)认为自己所在的学校非常重视公民素质的教育，仅有 28.5%的被调查对象(教师)认为自己所在的学校比较重视公民素质的教育。也就是说，总共仅有约 32.4%的被调查对象(教师)认为自己所在的学校对公民素质教育是重视的，而绝大多数被调查对象(教师)认为自己所在的学校是不重视公民素质教育的。这说明，在一线学校的教育实践中，考试升学率依然占据着最为重要的位置，而公民素质教育则退居其后，没有引起学校的充分重视。

当学校特别重视升学率，而忽略了公民品质教育的时候，知识教学和考试竞争就成了学校教育的主要内容，而参与公共生活和提升公民品质则远离了学生的生活世界，公民教育也逐渐走向边缘化。更为严重的是，一旦学生忙于考试，脱离了公共生活，那么公民教育所传递的公民价值观念就会因为缺乏社会生活实践的具体对应物而显得干枯和苍白。学生无法在真实的社会生活中践行这些公民价值观念，就无法体验这些价值观念的个体意义和社会意义，最终也就无法使公民品德和公民观念进入自我的内心世界，完成公民品格的内在建构。这最终将阻碍他们对公民品德与公共精神的学习、内化，使他们成为与社会公共生活相脱离、相分离的“局外人”。

随着学生个体与社会公共生活的日益疏离，学生的公民效能感(civic efficacy)也将不断降低。公民效能感意指个体在多样化社会中作为公民的思考和行为能力，它是一种乐意承担公民责任的意愿和认为个人能有所作为的信念。[①] 也就是说学生会愈来愈觉得个体对社会无能为力，个体参与社会公共生活既无价值也无必要。当作为公民的个体失去公民效能感的时候，他们就会倾向于认为社会公共生活(包括政治的、法律的、公益的、志愿者活动等生活形式)不会因为个人的参与而发生改变，公民个体的行为对于社会公共生活的影响是微乎其微的，因此，最好的方式就是逃离社会公共生活，将自我与社会公共生活隔离开来。当前的品德教育以及公民教育存在着这种将公民个体与社会公共生活进行割裂的不良倾向，公民教育及教学活动集中于课堂、学校的狭窄的生活空间之中，剥夺了学生参与社会公共生

① 沃尔特·C.帕克. 美国中小学社会与公民教育[M].谢竹艳，译.南京：江苏教育出版社，2006：3-4.

活的机会。在这种情况下,学生的公民品质是不健全的。他们的公民精神和公民品德没有接受社会生活的洗礼,他们所习得的只是一种虚幻的、不真实的公民品德,一种缺少社会生活实践支撑的公民品德。这无疑将进一步加深公民个体与社会生活的分裂,最终也将造成公民的知识理性与实践能力的分裂,导致学校公民教育失去社会公共实践的基础。

三、公民教育的危机之三:公共权力与公民权利的失衡

众所周知,公共权力与公民权利的均衡关系是公民与社会、公民与国家之间关系的核心议题。所谓公共权力,就是以宪法和法律为依据的、由政府部门及相关部门掌握并行使的权力,它用以处理公共事务、维护公共秩序、增进公共利益。公共权力的行使主体既可以是国家和政府,也可以是各类社会组织、公共机构或者公民团体等。① 而公民权利则是公民依法享有的自由和权益,按照我国宪法的规定,它包括公民的平等权、人身自由权、政治权、受教育权、宗教信仰自由等基本权利。② 从本源来看,公民权利是公共权力的来源和基础,而公共权力是公民权利的派生和保障。③ 二者的和谐关系可以促进公民、社会和国家的良性互动。但是,从现实来看,公共权力与公民权利时常会产生冲突和矛盾,尤其是当公共权力过度膨胀以致凌驾于公民权利之上时,双方的冲突和矛盾就在所难免。事实上,公共权力的过度膨胀所导致的公共权力与公民权利的冲突不仅出现在政治、经济活动当中,也出现在教育活动当中。学校管理者和教师在某种意义上行使着学校空间中的公共权力,他们是公共权力的代表者和执行者;而学生作为公民则接受着公共权力的影响和控制,成为公共权力的接受者和被支配者。一旦学校空间中的公共权力过度扩张乃至于被滥用,那么学生的公民权利就不可避免地被压制和消解,学生参与治理的主体性也就被消弭了。在这种情况下,学校空间中的公共权力与公民权利难免形成冲突乃至对抗的关系,这将阻碍学生对公民身份以及公民权利理念的认同,最终阻碍公民教育效果的达成。而要解

---

① 何美然.个体权利与公共权力的关系及其调适[J].前沿,2011(10).

② 从日云.中国公民读本[M].天津:天津教育出版社,2006:86-88.

③ 王晓东.刍论公民权利与公共权力的冲突和制衡[J].理论导刊,2011(10).

决这种冲突关系，我们必须限制学校公共权力的滥用，保障学生的公民权利和治理权利，形成公共权力的制衡机制，最终促进学校公共生活的有序发展。

为了更好地考察学校空间中的公共权力和公民权利的冲突状况，笔者采用统计调查的方式进行了分析，统计调查结果如表 2-5 和表 2-6 所示。

如表 2-5 所示，在校领导、普通教师和学生是否具有平等的公民身份这个问题上，仅有 1.7%的被调查对象（教师）认为在实际生活中校领导、普通教师和学生是平等的公民；有 41.5%的被调查对象（教师）认为在实际生活中校领导、普通教师和学生处于基本不平等的状态，难以共享平等的公民身份。另外，还有 27.1%的教师认为实际生活中校领导、普通教师和学生是完全不平等的，三者根本不享有平等的公民身份。也就是说，约有 68.6%的被调查对象（教师）认为校领导、普通教师和学生在学校生活中并非平等的公民。在表 2-6 中，我们看到了同样的情况。

表 2-5　校领导、普通教师和学生是平等的公民，这与您接触到的实际情况是否相符合

	频数	所占百分比	有效百分比	累计百分比
完全平等	9	1.7	1.7	1.7
比较平等	116	22.5	22.5	24.2
说不清	37	7.2	7.2	31.4
基本不平等	214	41.5	41.5	72.9
完全不平等	140	27.1	27.1	100.0
总计	516	100.0	100.0	

表 2-6　你所在学校的校领导、教师和学生所享有的管理权是否平等

	频数	所占百分比	有效百分比	累计百分比
完全平等	3	0.6	0.6	0.6
比较平等	87	16.9	16.9	17.5
说不清	41	7.9	7.9	25.4
基本不平等	246	47.7	47.7	73.1
完全不平等	139	26.9	26.9	100.0
总计	516	100.0	100.0	

根据表2-6所示，约74.6%的被调查教师认为在学校管理中，校领导、教师和学生所享有的公共管理权力是完全不平等或者基本不平等的，而仅有16.9%的被调查对象（教师）认为学校领导、教师和学生的公共管理权是比较平等的。此外，只有0.6%的被调查者认为校领导、教师和学生的公共管理权是完全平等的。由此我们不难看出，在很多学校，公共权力高度集中于学校领导和少数教师，而大多数普通教师和学生则是学校管理中的"无权者"，他们不仅觉得自己是无权的，而且也对自己的这种无权状态表示不满。显然，这种权力模式难以形成公共权力的均衡分配，难以形成公民权利对公共权力的制衡。

相对于普通教师，学生所面临的权力压制更为显著。因为，学生不仅要面对来自学校管理者的压制，同时还要面对教师的压制。普通教师虽然在整个学校组织中处于公共权力关系的下层，但是在相对狭小的课堂生活空间中，他们又成了这个空间的"权力高层"，对处于"权力底层"的学生拥有控制权和支配权。因而，对于学生而言，不论是在学校管理层面还是在班级课堂层面，他们都是真正意义上的"权力底层"。学校生活和班级生活构成了一个相对封闭和独立的空间，学生一天中的大部分时间都是在教室中度过的，课间休息也在教室周围狭小的区域进行。学生在课堂生活空间中成了无权的群体，"在空间布置上学生也没有发言权。怎么布置教室往往不是学生说了算，而是教师说了算，教室布置体现得更多的是教师的偏好和意图，而不是学生的选择和偏好"①。教师的讲台总是处于课堂空间的中心位置，而学生的课桌在讲台下方整齐地摆放，这提醒着课堂中的每一个学生，教师和讲台是整个课堂生活空间的中心，教师是课堂生活空间的主宰者，具有控制整个课堂的权力。在笔者所参观的小学课堂里，学生几乎都是安静地坐在讲台下方，不得随意行动或者发出声音；只有当教师提示学生回答问题时，学生才开始举起自己的手，等待教师点名，如果没有被点到名字则不能说话，否则就要受到教师的批评……在课堂生活中，这种严格的规范要求渗透着无形的权力关系。在这种关系中，学生是被控制、被约束、被管理的对象。学生作为"无权者"，失去了挑战教师权威的勇气，同时也意识到自身无

① 高德胜.道德教育的20个细节[M].上海：华东师范大学出版社，2007：115.

力挑战教师。在教师与学生的不对等关系中，学生处于弱势的、被支配的地位。学生作为公民的平等权利、自由权利以及管理权利都受到了不对等的权力关系的束缚，承受着“权力”对“权利”的压制。显然，这种课堂生活并不是真正意义上的公民生活。

在学校空间的公共权力运作中，垂直权力关系会导致学生以及一部分普通教师成为“无权”群体，在学校生活以及课堂生活中面临着来自公共权力的压迫，失去自身的公民权利和治理权利。在这样的学校公共权力体系中，不论是普通教师的公民权利，还是学生的公民权利，都需要重新给予重视。学生作为公民的自由权利、表达权利、批判权利和自我发展权利等没有得到足够的尊重，公民权利难以对公共权力形成有效的制衡，这进一步加重了公共权力对公民权利的压制，学校生活空间最终反而成为一个反公民教育的生活空间，阻碍学生公民品质的健全发展。

第二节　当代公民教育的重建：走向治理的机制

如前所述，公民教育面临着公民知识与公民行动、公民个体与公民社会相疏离、相分裂的困境。为了更好地培育学生的公民品质，公民教育有必要从“疏离”走向“参与”，引导学生积极参与社会公共生活的治理活动，拓展他们的公民意识和公民能力，并且在公共生活中维护自身的公民权利，同时履行自身的公民义务。正如罗尔斯在《政治自由主义》中所指出的，秩序良好的社会需要公民积极参与到社会公共生活当中，“理智而有效地运用其自由权利和机会”[①]。而治理的机制，正是一种鼓励学生积极参与学校乃至社会的公民实践的机制，它推动学生运用自身自由权利来参与对学校和社会的有效治理，在促进学校和社会发展的同时培育学生的公民品质。因此，通过治理理念的建构与实施，学校组织可以赋予教师和学生以平等的治理主体身份，共同参与学校交往生活与公共管理，从而为培养治理型的、主体性的公民品格奠定基础。

---

① 罗尔斯．政治自由主义[M].万俊人，译.南京：译林出版社，2000:35.

一、学校组织的"治理"机制

治理是一个适用于各种社会组织及其管理事务的比较宽泛的概念。正如俞可平所言，"治理是一个比政府更加宽泛的概念，从现代的公司到大学以及基层的社区，如果要高效而有序地运行，可以没有政府的统治，但是不能没有治理"①。作为一个独特的教育组织机构，学校承担着公共教育服务和公民教育的使命，它不应当是政府公共权力的附庸，也不应沦为商品化、市场化的私人利益机构。从本质属性看，学校组织更应该成为民主治理的公共领域，使教师和学生在这个空间中成长为独立自主的公民。学校治理支持教师和学生对学校公共事务的共同管理，以此来发展学校组织的公共领域属性，同时培养学生和教师良好的公民品质。随着公民社会的勃兴以及公民主体意识的增强，治理可以推动学校、教师和学生来共同享有学校公共治理的权利，同时承担学校公共治理的责任。

学校组织的治理理念的建构，至少包括以下几个方面的内容：(1) 治理主体应该是多元的，它支持管理活动和权力资源分配的多元化和平等化，以避免垂直型权力结构对治理主体的过度压制；(2) 治理对象是学校的公共事务、公共决策以及公共问题，作为治理主体的各方均是以学校公共事务为对象，促进公共事务的解决和完善；(3) 治理过程是一个协商、对话和建构伙伴关系的过程，而不是通过单向度的统治或控制来处理公共事务的过程。(4) 治理目标是促进学校公共事务的改进和完善，最大限度地提升学校组织的公共利益，它立足于公共的目标，而不是私人的目标。以下我们将对这四个方面进行更具体的分析。

首先，学校组织的治理主体是多元的。治理主体的多元化，可以从两个方面来理解。一方面，学校组织坚持自身的治理权利，在与政府、社会的关系中保持一定程度的独立性和自主性，实现学校组织和学校教育在一定程度上的自治或者自我管理。治理主体是多元的，意味着并非只有政府行政部门具有治理的权利，社会的公共机构、学校机构、私人机构乃至公民个体

① 俞可平. 引论：治理与善治[A].俞可平. 治理与善治[C].北京：社会科学文献出版社，2000：5.

也都具有治理的权利，可以作为治理的主体参与国家、社会或者组织机构的公共事务管理。因此，在政府与学校的关系中，政府不是唯一治理主体，不是唯一的权力中心；学校本身也具有治理的权力，也可以成为其中的一个权力中心。这是一种多中心的管理体系，“意味着从政府‘一元中心’转向政府、社会、市场共同构成的‘多中心’公共行动体系”①。这一公共行动体系不仅支持政府的管理权力，同时也鼓励学校建立自主的合作网络体系，在内部实现自治和共治。另一方面，学校组织坚持治理主体的多元化，还体现为坚持组织内部的治理权力的分配，赋予学校组织内部的成员以自由而平等的管理权。控制型的管理结构坚持学校组织内部的管理权力的高度集中性和唯一中心性，使得组织权力仅仅为少数的学校管理者享有，而大多数的学校组织成员（普通教师和学生），则几无权力可言。这就限制了学校组织中管理权力的共享。而治理型的管理机制，要求学校组织认可普通教师、学生与学校管理者都具有的治理权力，承认他们都是学校组织中的治理主体，从而推动管理权力的民主运作和公平共享。治理主体的多元化和治理权力的共享可以促进学校组织的公共性变革，使得学校组织成为一个更具民主精神的公共空间，而不是一个垂直型权力机构。

其次，学校组织的治理对象是公共事务、公共问题或者公共决策。治理活动有一个清晰的指向，即学校组织运行中的公共事务、公共问题以及重大的公共决策等。学校组织的良性发展需要有良好的公共事务管理的思维和技术，以保障良好的公共决策的形成，实现公共问题的解决。但是，在传统管理思维中，学校公共管理权是由单一的、垂直型的管理主体所掌控的，校长、副校长等学校管理者掌握着大多数的公共管理权，而绝大多数的教师和学生则无此权力。这种单一的、垂直型的权力结构不仅会导致管理决策的“主观化”“官僚化”，同时也容易造成把公共事务或者公共问题当作控制的对象、物化的对象来看待，为了提高管理的效率，可能形成错误的管理方式和管理决策，从而妨碍学校组织管理效果和管理质量的提高。此外，传统的管理思维也可能导致管理对象“泛化”问题，即把学校组织中的各项事务（不

---

① 胡伶. 地方教育行政部门的职能转变——基于公共治理视角的分析[J].教育发展研究，2010(12).

论公共事务还是私人事务）都当作公共管理的对象，管理活动侵入教师和学生的私人生活领域，使得教师和学生没有个人隐私可言，这种管理既不合理也不合法。与传统的管理思维不同，学校组织的治理思维致力于把公共事务当作民主治理的对象，而不是控制的对象，学校的重大公共事务均须由多方的治理主体来共同参与，实现公共的管理。此外，学校组织中不涉及公共事务的私人问题和私人事件，并不是治理的对象，治理活动不会侵入私人生活领域，不妨碍公民的个人自由。从对象的角度而言，治理的对象主要包含了学校组织中的一系列公共问题、公共事务。学校组织的治理要求把组织内部与公共生活、公共利益相关的事务都纳入治理的范围之中，经由民主治理的程序加以有效的协商、讨论和管理，防止组织内部的权力失衡和民主缺位。因此，诸如学校组织中的人事任免、纪律规范、考试考核、学生的奖惩等公共问题，都要经过合理的程序加以管理决策，并且教师和学生有权对管理决策的过程、方法和结果进行质询。学校组织的治理理念要求公共事务的管理不应当仅是校长或者学校领导的事，而应成为学校组织中所有教师和学生的“公事”。学校组织的公共问题和公共事务都应成为治理的对象，经由理性的、民主的程序来加以妥善解决，以追求最大化的公共利益。

再次，学校组织的治理过程遵循协商、对话、合作和保持伙伴关系等基本原则，致力于建构组织内部的公共交往、协商对话平台。治理不是把学校管理和决策视为少数决策者的专利，而是把学校管理视为所有教师和学生的共同权利。传统管理体制把大多数的学校组织成员排除出管理者的范围，但是在治理型的学校组织中，管理权属于所有的治理主体，即属于学校组织中的所有的教师和学生。因此，管理活动不是某个人或某几个人的命令、讲话或者指示，而是治理主体在公共空间中的对话、协商以及合作。在治理型的学校组织中，管理活动是民主化与法制化的，是在正式的制度规范以及非正式的制度规范（获得公共认可的）基础上的民主治理，它遵循公民（教师与学生）的公共意志，管理活动不是单方面的行政指令，而是以协商为基础的教育决策机制。[①] 公共的协商和对话为治理主体提供了发表自己意

① 王晓辉. 关于教育治理的理论构思[J].北京师范大学学报(社会科学版)，2007(4).

见、阐明自身思想、表达自身意愿的机会，使得他们之间能够以自由而平等的身份来行使组织生活中的话语权，在对话的基础上形成一定的共识，以此来促进公共问题的解决。此外，在协商对话的基础上，学校组织中的治理主体（学校管理者、教师和学生）的平等公民身份得到了承认，这有利于形成良好的合作关系和伙伴关系，在组织内部形成公民共同体的意识，发展共同体的归属感。事实上，学校组织中的公共治理活动，为作为治理主体的教师和学生提供了一个展示公民身份的平台，它肯定和支持了教师与学生的话语权，赋予他们履行公民权利与责任的机会，使得学校组织生活更具有公共性和民主性。在这个公共的、民主的生活空间中，公共的意见或公共舆论得以形成并发挥作用，公民的合作和伙伴关系得以增强，组织生活的公共性内涵将促进教师和学生的公民品质的发展，使得学校组织生活成为真正意义上的公民生活。

最后，学校组织的治理目标是促进学校公共管理的改进和发展，最大限度地提升公共利益。学校组织的治理，并不是为了提升私人的利益，不是为了某个人或者某部分人的私人利益，而是为了整个学校组织的公共利益。事实上，私人利益往往是不同的甚至是相互冲突的，学校管理者、普通教师以及学生等都存在着各自不同的利益诉求，学校组织的治理不是为了满足这些不同的甚至是相互冲突的利益，而是期望在对话、协商、合作的基础上协调各种利益关系，形成理性对话和协商合作的机制，从而为追求公共利益奠定基础。有一种观点认为，学校组织治理引进多元管理主体会导致利益冲突，因此治理不但不会使学校组织更加稳定，反而会使学校组织走向混乱。这种观点表面上似乎有一定道理，但事实上忽略了治理的一个最基本的特征，即治理是利益协调的有效方式，它使得各方的利益关系能够在治理的公共空间中透明化，各方主体在治理空间中可以展开民主对话和协商，以此来形成理性的共识。因此，与控制、统治的管理方式不同，治理中各方公开地讨论各自的利益诉求，从而更有效地促进公共利益的实现；统治或者控制虽然以强制的方式推行某种所谓的“公共利益”，但由于掩盖、遮蔽了私人利益及其矛盾冲突，反而导致了公共利益诉求的失效。因此，笔者认为，学校组织的治理理念可以最大限度地促进各方利益共识的达成，可以团结学校治理主体的公共力量,争取达成最大的公共利益。同时,治理由于采取了民主的商谈和对话模式,也可以最大限度地避免学校组织管理中的“独断化”,促进学校组织管理的民主发展。治理通过发挥教师和学生的治理主体作用,不仅可以为学校组织的发展提供建议,同时可以对学校组织的公共权力运作展开有效的监督,这都将促进学校组织的有序发展,最终扩大和提升学校组织的公共利益。

二、“治理”与公民教育的交互关系

学校组织的治理理念不仅有助于形成学校组织生活的民主性与公共性氛围,同时可以基于这种民主、公共的生活氛围对学生展开有效的公民教育。学校生活本身就是一种隐性的公民课程,每一个生活的细节事实上都在教育学生,提升学生的公民品质。在治理型的学校生活中,学生可以更深刻地认识和理解自身的公民身份,更好地提升自己的公民品质,从而更好地参与学校组织的治理活动,促进学校治理的发展。因此,学校治理与公民教育之间所形成的是一种双向互动的关系,它们促进着彼此的完善与发展。这种交互促进的关系可以从以下两个方面来加以理解。

一方面,学校治理为公民教育和公民成长提供了生活空间和制度基础。治理把教师和学生都视为学校组织生活中的公民主体,认可学生的公民权利和公民责任,为学生的公民品质发展提供了公民生活的空间。众所周知,统治和控制的学校管理逻辑由于为学生提供的是个体化的生活空间和垂直型的制度设计,因而更易于使学生成为“私民”或“臣民”,而不是公民。“私民无他,只有个人的‘私利’,没有对他人、对社会的责任和义务。……臣民无我,只有对统治者的责任、顺从、服从,没有个人的权利。”[①]作为“私民”的个体,在学校组织生活中倾向于以个体私利为中心,而缺乏对公共利益的认识和追求;而作为“臣民”的个体,在学校组织生活中则倾向于服从或者顺从于不平等的权力控制,而失去对个人的公民权利的认识和维护。之所以如此,其根本原因在于学校组织的生活基础和制度基础,没有给学生成长为一

① 李萍,钟明华. 公民教育——传统德育的历史性转型[J].教育研究,2002(10).

名公民提供生活空间和制度空间。显然，当代学校肩负着培养公民的使命，因此学校组织从“控制”的管理模式逐渐转向“治理”的管理模式就显得尤为重要。治理模式事实上为学生的公民成长提供了一个非常有益的生活空间和制度空间，在这个生活空间和制度空间中，学生作为平等的公民参与学校公共生活，学校制度体系保障了每一个学生的公民权利，保障了每一个学生可以自由自愿地加入学生社团或其他团体，可以自由而平等地参与学校的组织生活和管理决策。整个学校的生活氛围本身就是一种民主治理的公共生活氛围，它使得民主的公民生活真正深入人心，同时形成公民与公民、公民与公民团体之间的良好的交往关系，促进学生的公民品质的成长。因此，治理型的学校组织生活能为学生的公民品质发展提供一个间接的、隐性的公民生活空间和公民教育机制。作为一种隐性的公民生活空间，它对学生的公民品质的教育是潜移默化的，它通过学生在学校生活中的公共参与、社团组织、自主管理等活动，不断地发展他们的公民认知、公民体验、公民意志以及公民行动，从而不断地塑造他们的公民角色意识和公民权责观念，最终使他们成长为优秀的社会公民。

另一方面，公民教育也为学校治理理念的实施提供了人格和观念的基础，促进了治理理念在学校组织生活中的实践发展。显然，没有公民教育所培养出来的公民人格，治理理念在很大程度上便无法真正落实到学校组织生活之中。公民教育促进了学生公民意识的觉醒，使得他们意识到自身的公民权利，同时也理解了自身所应当承担的公民责任，从而间接地促进了学生治理意识的发展。事实上，治理理念在当代社会的勃兴，很大程度上正是因为公民社会的发展和公民意识的觉醒，“民主意识与公民社会的崛起，使统治和管理呈现出多元化的模式”①。当代公民社会的兴起和公民观念的觉醒，使得人们更积极地参与公共生活，成为治理的主体，成为权力共享机制中的合格公民。这无疑推动了治理概念的产生，同时也促进了治理理念的形成、发展和传播。在学校组织生活中，民主氛围和公民观念的发展，同样也为学校组织的治理活动提供了坚实的基础。它促进了学生在意识和观念

① 王晓辉.关于教育治理的理论构思[J].北京师范大学学报(社会科学版)，2007(4).

上对治理概念的认同，发展了他们的治理意识，为学校组织开展治理活动提供了观念基础。同时，公民教育还发展了学生的主体人格和权利意识，使得学校组织中的公共事务管理具有成为“治理”而不是“控制”的人格基础。治理行动在学校组织中的开展，需要学生具有公民的主体人格和主体参与能力，“公民必须有能力通过多样化的参与形式（包括合作、认同甚至抗争）来维护自身的公民权利，同时也维护整个社会的自由、民主和正义”[①]。如果公民不具备这种人格和能力，那么学校治理将是不可能的。因为，作为治理主体的学生并没有真正认识和理解自己在学校组织中的公民权利和公民责任，也没有参与治理行动的意识和能力，这将使得治理在很大程度上流于形式，而无法获得实质的意义。因此，我们也可以说，只有当公民教育培养出了具有公民人格、公共精神以及公民行动能力的公民，只有当学生真正理解了自身的公民权利和公民责任，学生才能真正以治理主体的身份参与学校组织的管理生活，从而使学校组织的公共管理不再遵循“统治型”或“控制型”的管理逻辑，而成为真正意义上的“治理型”的民主管理。

总之，学校组织治理与公民教育之间是一种双向互动的关系。一方面，学校组织的治理型建构可以为公民教育提供生活基础和制度基础，通过民主性、公共性的组织生活和制度设计塑造学生（也包括教师）的公民人格，培养他们的公共精神，从而形成一种隐性的公民教育机制，促进公民品格的发展。另一方面，公民教育也可以通过唤醒教师与学生的治理意识和权责意识，推动他们参与学校公共事务的治理，提升他们作为治理主体的参与精神和行动能力，从而促进治理理念在学校组织生活中的落实。因此，我们可以把治理型的学校组织生活看作是公民教育的组织基础和生活基础，把公民教育看作是治理型的学校组织生活的教育推进力；两者形成相互促进的交互关系，共同推动公民教育和公民品格在学校组织生活中的生成和发展。

三、治理视域下公民教育的实践建构

如上所述，治理理念为学校公共管理提供了一种区别于统治与控制的

① 叶飞.参与式公民学习与公民教育的实践建构[J].中国教育学刊，2011(10).

管理模式，同时也为公民教育提供了一条新的路径，即通过引导学生展开积极的治理行动来培育他们的公民权利意识、公民责任意识和公民行动能力，从而促进他们的公民品质的发展。这条公民教育的新路径是一条隐性的路径，它为学生提供了隐性的、间接的公民教育机制，而这种隐性机制与学校生活、组织制度是完全融为一体的，它可以促进公民教育效果的提升。因此，基于"治理"的理念来建构公民教育，将遵循公民知识与公民生活、公民权利与公民责任、公民理念与公民行动的交融原则，倡导通过积极的治理活动以及主体性的公民实践来培育学生的公民品格和公共精神。我们可以把基于"治理"理念而建构的公民教育称为"治理型的公民教育"。治理型的公民教育不是强制式或灌输式的公民教育，而是一种实践性、民主性和行动性的公民教育，它可以更有效地促进公民的权利与责任意识的发展，培育更为健全的公民品质。

首先，学校组织可以通过治理活动来展开公民权利教育，培育学生的权利观念。治理给予学生最直观的公民权利体验，要求学生参与学校组织管理活动。这与统治型或者控制型的管理逻辑形成了鲜明的对比，因为治理活动加深了学生对自身权利的体验，直接促进了学生对自身权利的认知和领悟。治理活动对学生的权利意识的促进，首先表现为促进了学生对于自身作为人以及作为公民的基本权利的理解。控制型的管理活动的一个显著特征，就是没有真正"把人当作人""把公民当作公民"来看待，而仅仅是把学生当作被管理、被控制的对象来对待。在这种情况下，作为人和公民的基本权利在很大程度上都被忽略了，学生的人权和人格尊严面临着极大的挑战。通过治理活动建构起来的公民权利教育，可以引导学生认识到自己作为人和公民的基本权利，认识到人权是不可侵犯的，是人类的普遍权利，"人权最为根本的价值和核心在于它维护着个体神圣不可侵犯的基本权利和所有人的尊严。它把人放在了关注的焦点，把人的生命神圣不可侵犯这一普遍的共同价值体系作为其基础，提供了一个受国际准则和国际标准保护的人权体系的框架"①。通过治理活动，学生可以更好地认识到自己的基本权利，认

① 王啸.公民教育：意义与取向[J].教育研究与实验，2010(1).

识到自己并不是被控制的对象，不是无权利的“物”。这可以从最基本的方面促进学生的人权理念和公民理念的发展。通过治理活动，可以引导学生参与学校组织的公共管理事务，指引学生通过组织生活的参与行动更深入地理解自己的公民权利，包括公民的受教育权、公民的话语权、公民参与权、公民的质询权等等。治理活动还鼓励学生根据公民权利法案来行动，依照法律规范来行使公民权利，同时捍卫自己作为一个公民的基本权利。这种以治理为基础的公民权利教育将公民权利认知与公民权利行动有机地结合在了一起，使学生对于公民权利的认识与理解不再是理论的、抽象的、模糊的，而是逐渐变成实践的、具体的和清晰的。因此，通过治理活动来促进学生去认知、理解和体验自身的权利，将使得公民教育体系更加健全和完善，也将更好地促进学生的公民意识的发展。

其次，学校组织可以通过治理活动来展开公民责任教育，促进学生公民责任意识的发展。公民责任不仅包含公民一般意义上的道德责任，还包含公民参与公共生活、提升公共福利的责任。基于“治理”活动来对学生展开公民责任教育，并不是以知识灌输或价值强迫的方式来促使学生去学习“关于公民责任的观念”，而是要让学生真正形成“公民责任的观念”，并且在生活实践中体现出来。正如杜威所指出的，道德的观念与关于道德的观念是不一样的，关于道德的观念只是一种知识性的、理论性的观念，它没有与情感、动机以及行为结合在一起，“知识没有和寻常的行为动机和人生观融为一体，道德就变成了道德说教”①。与“关于道德的观念”不同，“道德的观念”才是具有实践指向的观念，它真正进入了学生的生活世界，影响了学生的道德行为和道德选择。同理，“治理”活动所要培养的也正是学生的“公民责任的观念”，而非“关于公民责任的观念”。在治理活动中，学生并不是被要求去记忆抽象的、理论性的公民责任概念或命题，而是要求他们在治理实践中去行使自己的公民责任，在内心世界中真正形成公民责任的观念。这种责任观念并不是产生于公民知识的教育，而是从治理实践中产生出来的，是与学生的公民实践相融合的过程中产生的，“一旦远离了学生的生活，消解了

① 约翰·杜威.民主主义与教育[M].王承绪，译.北京：人民教育出版社，1990:378.

责任教育的实践性，这种教育只能导致失败”①。治理型的公民责任教育正是试图摆脱以往的知识模式和概念模式，寻求公民教育与生活世界的有机融合，让学生在参与学校组织生活的治理活动中，深入体验和理解自身的公民责任，并且积极参与公共生活中的实践、行动，从而使自己成为一个权利与责任相统一的公民。通过公民责任教育的治理型建构，学生可以在治理活动中更好地理解自我对于其他公民的责任，自我对于学校组织的责任，自我对于社会的责任。通过治理活动，学生的责任意识与责任行动真正地结合在了一起，这可以更好地提升公民责任教育的效果。

最后，学校组织的治理活动有助于培育“治理型”公民，而不是“服从型”公民，以此促进公民的主体品质的发展。治理行动通过积极的公民权利和公民责任教育，培养能够积极参与学校组织生活和社会公共生活的治理型公民。治理型公民是学校组织管理以及社会公共事务管理中的积极行动者，他们寻求对公共生活的积极参与，寻求公民与公民之间的对话、协商和共识，寻求以自身的公民实践活动来影响公共生活的建设和公民社会的发展。相反，服从型公民则试图从学校或者社会的公共生活中退出，他们“长期疏远政治生活，在公共治理中表现为被动接受服务，不直接进入治理过程”②。服从型公民宁愿被现有的权力体系压制，也不愿积极地维护自身的公民权利，也不愿承担相应的公民责任。治理型公民教育活动正是试图将公民从这种服从、被动的状态中解放出来，不仅要求公民理解自身的公民权利与尊严，也要求公民勇于维护自身的公民权利与尊严；不仅关注自我的公民权利，也关注他人以及共同体的公共利益。它要求每个公民都参与学校组织的公共管理事务，引导学生放弃“偏安一隅”的消极梦想，鼓励学生把自己视为公共生活的治理主体，积极地参与各种治理活动。治理型的公民教育致力于把学校组织生活建构成为一个公共空间，教师与学生作为公民主体都能积极地参与其中，共享治理权，同时共同履行公民义务。通过治理活动，学校生活空间将成为一个公共性、民主性的交往生活空间，公民教育不

① 严萍昌.责任教育：公民道德教育的新课题[J].学术论坛，2005(9).

② 谭爽，胡象明.论我国公共治理中公民角色的多元并存与转化[J].南京社会科学，2010(5).

再是外在于学生的生活世界的教育形式，而是成为学生生活世界的重要组成部分。因此，治理活动与学校生活可以成为一种隐性的公民教育机制。作为治理主体的学生，他们在学校生活和治理活动中自然而然地接受着公民教育，他们的公民品质在学校公共生活和治理实践中获得了自然而然的熏陶。由此，公民教育与学校生活真正达到融合与统一，它们共同培育着学生的公民品质。

第三节　治理的愿景：培育负责任的积极公民

治理意味着公民与社会之间的新型关系的建构，公民不再是纯粹的被管理和被控制的对象，而是成为积极的、负责任的公民，成为国家和社会的共同治理者，维护自身的公民权利，同时积极履行自身的公民义务。因此，在治理的视角下，自由主义的消极公民存在着过多的弊端，它无法引导人们主动承担公共责任，参与国家、社会的治理活动，而是使得人们从公共生活中退缩，只关注自我的权利与利益，而忽视了对他人和社会的关怀。这不利于社会公共利益的提升，同时也不利于公民个体积极地面对他人和社会。从这个角度而言，治理寻求一种不同于西方自由主义传统的公民身份理念，它试图把公民从消极的身份认同中解放出来，倡导一种更加积极的公民身份认同机制，使得公民不仅关注自身的权利和利益，也关注他人和社会的利益，履行社会的公共责任。这可以使公民更好地参与社会公共生活的建构，成为社会公共事务的共同治理者，在促进国家和社会的有序发展的同时，也不断地健全自我的公民身份认同，锻炼和培育公民品格。

一、消极公民与积极公民：内涵与演进

20 世纪最著名的自由主义者之一以赛亚·伯林曾归纳出了两种自由概念以及由此而产生的两种不同的公民人格。一是消极自由，即主体不受别人干涉的自由，它是一种“最低限度的自由”①。在以赛亚·伯林看来，“不

① 以赛亚·伯林.自由论[M].胡传胜，译.南京：译林出版社，2003：191.

论‘自由’一词的阐释多么特殊，都必定包含最低限度的、我所谓的‘消极’自由”[①]。只有这样，我们的自由才能获得坚实的保障而不至于被侵犯。与消极自由相对应的是“消极公民”的身份认同，这种公民人格的特点是：(1) 从对自由的理解上看，它把自由视为主体不受别人干涉的状态，而不是积极去做某事的状态；(2) 从权利与责任的角度而言，它把个体的权利视为绝对优先于个体的责任，认为个体有选择履行或不履行社会责任的自由和权利；(3) 从个体与社会、国家的关系角度而言，它认为个体优先于社会、国家，首先应保障个体的自由，其次才是维护社会的公共利益。这种公民观念也成了自由主义公民观念的核心部分。

另一种则是积极自由，即主体有权去做他想做的事、成为他想成为的人的自由。正如以赛亚·伯林所言，如果说消极自由是“免于……”的自由，那么积极自由就是“去做……”的自由。[②] 积极自由的观念鼓励公民积极参与社会公共生活，维护自身的公民权利，同时勇于承担自己的公民责任。与积极自由相对应的是积极公民的身份认同。积极公民的人格特点是：(1) 从对自由的理解上看，它把自由视为主体积极地去做某种、完成某种目的的状态，而并不认为自由仅仅就是不被干涉。(2) 从权利与责任的角度而言，它把权利与责任置于同等重要的位置，认为公民在捍卫自身权利的同时，也要积极承担自己的公民责任；只有充分履行了自己的责任，公民自由才能得到有效的保障。(3) 从个体与社会、国家的关系角度而言，它认为个体并不是一座孤岛，个人是国家、社会的成员，应积极主动地承担国家、社会的公共责任，参与国家、社会的公共治理活动，从而成为积极的、负责任的公民。

从历史演进的角度来看，消极自由和消极公民的观念兴起于 17、18 世纪启蒙运动时期。自启蒙运动以来，包括洛克、密尔、贡斯当等西方自由主义者一直都在寻求消极公民的身份认同。他们致力于把个人免于干预的自由放在至高无上的位置，以此限制政府和公共部门的公共权力，并提出了有限政府的理论。这也成了古典自由主义的公民传统。在 17、18 世纪以来所

---

① Berlin, I.. *Four Essays on Liberty* [M]. Oxford: Oxford University Press, 1969:161.

② 以赛亚·伯林.自由论[M].胡传胜，译.南京：译林出版社，2003:199-120.

形成的古典自由主义理论体系中，公民身份主要是一种以个人主义为基础的消极公民的身份认同。古典自由主义传统对于消极自由的强调在很大程度上使得公民失去了参与公共生活、提升公共福利的热情，在某种意义上导致了“原子式个人”的产生。20世纪初期以来，随着古典自由主义思想以及自由放任的市场经济弊端的日益显现，凯恩斯主义开始主导美国的经济改革和教育革新，出现了古典自由主义向新自由主义的转型趋势。这个趋势的主要代表人物包括了罗斯福、凯恩斯和杜威等人，他们在尊重个人权利和自由的同时，也注意到了社会公正和公共利益的重要性。此后，新自由主义的阵营日益壮大，出现了约翰·罗尔斯（John Rawls）、艾米·古德曼（Amy Gutmann）、威廉·A.盖尔斯顿（William A. Galston）等著名的新自由主义者。新自由主义对洛克、密尔、贡斯当等人的古典自由主义思想展开了一定的批判，他们在承认个体自由和权利的优先性的基础上，试图弥合个体权利和社会公益之间的裂痕。比如，罗尔斯在《正义论》中提出了社会公正的两大原则——自由平等原则和差异原则，强调个人自由和权利的实现不能违背社会的基本正义。① 古德曼、盖尔斯顿等人也强调了自由主义理念在追求个人自由的优先性的同时，还要坚持和维护社会公益。② 当然，不论是古典自由主义还是新自由主义，作为一种完备的自由主义理论体系的组成部分，均强调个人自由和权利的重要性，主张把公民免于干涉的自由放在首位。因此，古典自由主义和新自由主义虽然有观点上的差异，但是在核心思想上依然可以视为消极公民传统的继承者和倡导者。

积极自由和积极公民的观念最早可以追溯到古希腊城邦时期的共和主义公民传统。在古希腊城邦中，公民身份不仅意味着自由和权利，更意味着对城邦的责任与义务。城邦是一个公民共同体，城邦中的公民有责任参与城邦公共生活、保障共同体的利益，因此，“共和主义的出发点是人的社会性和政治性，它把自由界定为一种主体间所建立的、能够在不受干预情况下共

---

① 罗尔斯.正义论[M].何怀宏，等，译.北京：中国社会科学出版社，2006:61-62.

② Amy Gutmann. *Democracy and Democratic Education* [J]. *Studies in Philosophy and Education*, 1993(1): 1-9.

同生存的关系状态”①。共和主义公民传统所倡导的积极公民的核心价值是公共利益和公民参与,它认为公民德行是一种公共精神,公民有责任积极主动地参与社会的公共活动,以此来促进公共利益的提升,最终促进个人利益的提升。在当代社会,共和主义的公民身份理念不仅没有衰落消亡,反而有了一种走向复兴的趋势。以阿拉斯戴尔·麦金泰尔(Alasdair MacIntyre)为代表的一些学者主张回归到古典城邦时期的德性伦理和共同体生活当中,重新使个人、社会和国家取得有效的联结,最终重建当代人的精神家园。此外,社群主义公民传统也在很大程度上支持了积极公民的观念。尤其是在20世纪七八十年代以后,社群主义者如迈克尔·桑德尔(Michael J. Sandel)、查尔斯·泰勒(Charles Taylor)等人对自由主义理念的批判,以及对社群价值和共同体利益的强调,使得积极公民的观念成了愈来愈受欢迎的观念。泰勒认为,个人的自由是有限的,没有无限制的绝对自由,只有承认了个人的义务,才能真正证实个人的自由。② 桑德尔甚至认为,社群优先于个人,个人的认同和归属是由他所在的社群来决定的,“正如独立的自我受限制于与其不可分离的目的和归属一样,正义也受限制于社群的目的和归属,正是社群决定着其成员的认同和利益”③。因此,并不存在一个完全独立于社群的自我,自我无法离开社群而存在,个人的自由和权利必须依托于对社群的责任和贡献。

总之,通过共和主义传统和社群主义传统的倡导和阐扬,积极自由和积极公民的观念在当代社会为愈来愈多的人所认同和支持,使得它成为可以与消极自由、消极公民观念并驾齐驱的思想观念。两种公民观念的争论和交锋也成了20世纪以来公民观念的演进发展过程中的重要景象。

二、培育积极公民:公民教育的应有之义

消极公民的观念倾向于把公民的自由理解为一种免于干涉的自由,倾向于认为个体的自由和权利优先于个体对共同体或者社会所负有的责任。

---

① 蓝维.公民教育:理论、历史与实践探索[M].北京:人民出版社,2007:127.

② 俞可平.社群主义[M].北京:中国社会科学出版社,2005:39.

③ 麦克尔·桑德尔.自由主义与正义的局限[M].万俊人,等,译.南京:译.林出版社,2001:181.

这虽然有助于保障个体的自由，但是也极易导致个体与社会的疏离，使得个体缺乏参与社会治理、服务社会公共利益的公共精神。对于当前的公民教育而言，我们不仅要培养个体的权利意识，保障公民的基本权利，同时还要培育年轻一代积极参与社会公共事业的品质，使其成为具有公民德性和公共精神的优良公民。因此，培育积极公民应当成为当代公民教育的应有之义。之所以这么说，主要是基于以下三个方面的理由。

首先，从公民个体的角度而言，积极的公民人格可以更好地实现权利意识与责任意识的平衡发展。消极的公民人格主张个体的自由和权利的至上性，强调个体的自由选择和价值多元。这在一定程度上保障了公民的个人自由，但是也存在着明显的缺陷，即它失去了引导个体去积极参与公共生活、履行公共责任的机会。因为，在个体可以任意选择自己的价值观，可以任意选择是否履行公共责任的情况下，很多人可能会选择逃避公共责任，逃避社会公共生活。这也正是查尔斯·泰勒(Charles Taylor)所指出的“现代性的三大隐忧”之一，即现代人倾向于选择孤立的、逃避公共责任的自我中心生活方式，“以自我为中心的生活既平庸又狭窄，它使我们的生活缺乏意义，缺少对他人及社会的关心”①。消极公民往往只关注自我的利益，而忽视了社会公共的福利和发展的重要性；它使得人们从公民共同体中隐退，这不仅损坏了公民共同体的发展，最终也将损害自我的利益。这种只关心自我而无视他人、社会的心态，也正折射出现代人人格心理的不健全。健全的公民人格，应该是消极自由与积极自由、公民权利与公民责任的有机统一，既能保障自我的自由权利不受侵犯，同时又能更好地参与社会公共生活，促进公共利益的改善。而这也正是公民教育应当去完成的重要使命。

其次，从学校教育的角度而言，积极的公民人格有利于学校民主生活的建构，从而在推进民主生活的过程中有效地培育公民品质。当前，学校教育更倾向于培养消极的、被动的“知识人”，而不是一种积极的、负责任的公民品质。“知识人”的教育信条使得知识成了学校教育几乎唯一重要的内容，使得学生的生活世界成了一个“意义缺失的世界”②。在这种“知识人”的教

① 查尔斯·泰勒.现代性之隐忧[M].程炼，译.北京：中央编译出版社，2001:5.

② 鲁洁.一个值得反思的教育信条——塑造知识人[J].教育研究，2004(6).

育信条之下，学校民主生活难以得到发展，学生只能生活在一个缺乏公民内涵的世界中，沉沦于枯燥的、苍白的知识世界中。一旦学生的生活世界被压缩为狭隘的知识世界，那么学生作为积极公民的品质也被压缩。而一旦学生的积极公民品质被压缩了，那么整个学校教育的民主性也将大打折扣。因此，公民教育有必要促进学生的积极参与，允许学生在知识学习之外开展各种公民实践活动，引导学生进入更为广阔的公共生活领域，从而使他们更好地成长为积极的、负责任的社会公民。[①] 公民教育不能仅仅培养被动的"知识人"，更为重要的是要培养能够适应未来社会生活的积极公民，因此它必须塑造积极的公民品质，引导学生建构民主的学校生活、参与社会的公共事务，为他们在未来成长为优良的社会公民奠定良好的基础。

最后，从社会发展的角度而言，积极的公民人格可以促进社会的公共治理，实现社会的有序发展。消极的公民人格无法为社会治理提供帮助，因为它更倾向于生活在自我中心的观念之中，而不是去通过积极履行自身的公民责任，促进社会的改善，提升整个社会的公共利益。这显然无助于社会的有序发展。为了促进社会的有效治理，公民必须有能力通过多样化的参与形式来维护自身的权利，同时维护整个社会的公共利益。如果公民不具备这种人格和能力，或者说不具备主体性的公民权利与责任意识，那么社会的有效治理是不可能的。因此，公民教育有必要通过各种形式和途径来提升受教育者参与治理的能力，发展学生的主体人格和权利意识，培养出具有积极的参与精神和治理能力的公民，使得社会治理具有坚实的人格基础。如果公民教育所培养的学生仅仅停留在消极公民的层面上，并没有真正认识和理解自己的积极公民身份，也没有参与治理行动的意识和能力，这将使得社会公共治理在很大程度上流于形式。

总之，公民教育要引导学生积极地参与社会公共治理，在治理活动的基础上全面地培养他们的个体善性和公共德性，使他们成为负责任的积极公民。在一个以民主共治为基本特征的社会里，公民日益成为国家和社会的主人，公民有越来越多的平台和机会来参与国家、社会的治理，同时也有愈

① 叶飞.公民教育：从"疏离"走向"参与"[J].全球教育展望，2011(8).

来愈多的渠道通过参与如建立各种社会组织来影响政府以及社会的公共政策。公民教育应该引导学生更好地参与社会治理和公共服务，去过一种正义、民主、积极参与的公共生活。公民教育有责任促使年轻一代超越狭隘的个人生活和利益诉求，走向更为广阔的公共生活领域，参与更为重要的社会治理活动，从而为国家和社会的有效治理做出力所能及的贡献。

三、如何培育积极公民：治理的视角

为了更好地培育负责任的积极公民，公民教育有必要以治理理念为基础，引导学生积极参与课堂、学校以及社区的治理行动，以此来培养他们的治理能力、合作意识和公共精神。为此，公民教育需要做好以下三个方面的工作：一是要重构课堂生活的公共性，引导学生与学生之间形成关怀与合作的关系；二是要培育学校生活的民主内涵和公共精神氛围，鼓励学生参与学校公共事务的治理；三是要促进学校生活与社区生活的有机联结，引导学生进入更为广阔的社会公共领域，提升他们的社会关怀意识和治理能力。通过这三方面的建构，公民教育将能更好地培育学生的积极公民品质，实现教育的使命。

首先，公民教育应致力于构筑课堂生活的公共性，推动学生在课堂生活中形成公民伙伴关系，最终成为课堂的共同治理者。构筑课堂的公共生活实践，需要发展学生的分享观念、伙伴观念，引导学生尊重他人、平等对待他人，与他人展开合作，同时在人与人之间的合作与分享中不断地完善自我的品格，使自己成长为一个健康的、友善的、有德性的公民。在传统的课堂生活中，课堂的主要功能就是传递知识，知识教学的效果几乎是评价教师的唯一标准，而知识学习的效果则几乎是评价学生的唯一标准。在这种知识课堂上，治理活动和公民实践往往被忽略了，一切与知识学习无关的实践活动几乎都被驱逐出了课堂。这不利于学生公民品质的发展。为了重构课堂的公共生活，我们必须对课堂生活进行改组和改造，使民主的生活方式重新进入课堂。第一，课堂应该是一个能够进行公共对话的生活空间，这种公共对话可以发生在学生与学生之间，也可以发生在教师与学生之间。课堂对话应该允许学生在课堂中提出疑问；教师不应该禁止学生对于课堂生活和课程知识的发问，而应鼓励这种发问，从而形成教师与学生之间的民主对话。第二，课堂生活还应该是一个允许学生展开批判甚至抗辩的空间。学生不应该只是被动的接受者，当课堂生活中出现不公平的事件或者现象时，学生可以在课堂上发出属于自己的声音，进行合理的批判或者抗议。第三，课堂生活还应当打破传统的静态的知识传授模式，使课堂成为可以活动的动态课堂。课堂生活不应该仅仅是学习知识、演绎知识和记诵知识的课堂，更应该成为鼓励学生作为公民主体积极参与的课堂。静态的课堂束缚了学生的身体、思维和主体性，而动态课堂能解放学生的身体、思维、主体性以及创造力。动态课堂可以通过各种公民活动让教师与学生共同参与其中，打破僵硬的、封闭的、压抑的模式，而走向实践性、动态性与多元性。它能够使课堂生活承担起培养公民的重任，实现公民教育的目标与使命。

其次，公民教育要促进学校生活的民主建构，引导学生积极参与学校公共事务。为了培育学生的公民意识和德性品质，必须在学校中构筑起民主的生活氛围，允许学生积极参与学校的公共事务。民主的学校公共生活，并非没有任何权威关系的公共生活，而是一种权威与民主形成合力的公共生活。从辩证的角度来看，“民主”与“权威”是相互对立又相互依存的关系，没有无民主的权威，也没有无权威的民主，民主恰恰就体现在对权威的法理限制和有效制衡之中。因此，学校公共生活的民主建构，并非是要排斥一切的权威要素，而是要把权威限制在法律和公共规范允许的限度内，对权威加以理性的限制，使权威受到法理的有效规范，同时也使民主成为真正的灵魂和核心。在民主的学校生活空间中，应实行民主的管理和决策，引导学生参与学校的公共管理活动，以此来培养学生的民主精神。民主管理一方面可以促进学校管理的民主化，有利于提升学校的管理水平；另一方面也可以促进学生以公民身份参与学校的管理、决策、讨论等公共生活，使学生成为勇于行动、敢于行动、有能力行动的公民，同时也使整个学校生活中充满民主的氛围。在民主的学校公共生活中，学校的组织管理是开放的，它摈弃了传统学校管理的封闭性和等级性，使学校管理成为民主、开放的空间。在民主的管理体制中，不论是普通教师还是学生，都有资格成为学校管理决策的参与者和制定者，都可以对学校的发展与变革提出自己的意见。学校应当尽可能地把所有的教师和学生都纳入治理活动中，以“教师代表大会”“学生代表大会”“全体师生会”等形式邀请教师和学生积极参与学校公共事务。这种管理的赋权可以提升教师和学生对学校公民共同体的认同，使教师和学生感觉到自己是学校的重要成员，可以通过自身的公民行动来影响学校的管理决策。这无疑可以提高教师和学生的公民效能感，使他们更好地发挥出自身的公民主体性，更积极地投入学校的发展和建设。

再次，公民教育应引导学生积极参与社区治理以及更为广阔的社会治理，在治理活动中培育他们积极的公民品质。社区生活是公民实践活动的重要组成部分。公民教育通过引导学生参与社区生活、社区服务，可以更有效地提升公民教育的效果。众所周知，公民教育不能仅仅依赖于公民理论知识的授受，更为重要的是，要以具体的公民实践活动为基础来促进学生的公民体验、公民价值和公民信念等的发展，从而陶冶、培育学生的公民品质和公共精神。因此，学校公共生活的建构，不仅要在学校范围内展开，同时还应走出学校、走进社区，通过学校生活与社区生活的有效联结，引导学生在实践中锻炼自身的公民能力，发展自身的公民品质。为此，应当积极引导学生参与社区的生活实践，以公民的视角来审视社区的公共生活，鼓励学生去了解社区生活中比较突出的公共问题，这些问题往往具有紧迫性，影响了社区生活，给社区造成了很大的不便甚至危害。这可以让学生意识到参与社区公共生活的重要性，并积极投入解决社区问题的行动。社区公共问题的发现、确定、分析和解决可以有教师参与，由教师提供相关的问题假设，学生沿着教师的思路继续探索和分析。当然，也可以由学生或者学生团队自觉地去发掘社区公共生活中的问题，让学生们成为发现社区问题的主体，成为整个社区活动的参与者，成为主体性的公民实践者。在社区治理过程中，教师应鼓励学生去思考解决社区问题的策略和方案，同时将解决方案运用于社区实践，促进社区的发展。在解决社区公共问题的过程中，教师与学生之间、学生与学生之间、学生与社区居民之间所形成的是一种既合作又冲突的公民关系，学生可以在这种公民关系中锻炼交往与沟通的能力。此外，公民教育还有责任引导学生参加更为广阔的社会公共领域的治理活动，比如社会的生态建设、环境保护、水资源保护、垃圾分类以及公益慈善等等，这些都是学生可以参与的社会公共活动。在公民教育过程中，教师可以引导学生去思考和探索这些社会问题，让学生作为公民主体和公民团队来思考、合作、实践和行动。通过参与各种社会治理活动，学生对公民生活和公民价值观将产生更深刻、更真切的体验，这将使他们形成更稳固的公民情感、公民态度、公民价值观乃至公民信念。通过社区以及社会的治理实践，学生的公民情感、公民精神、公民合作和公民治理等方面的素质和能力都将得到较好的发展，公民教育的效果将大大提升。

总之，通过学校、社区以及社会的治理实践，学生可以更好地成长为积极的、负责任的公民，能够更清晰地理解自身的公民权利，也理解自身的公民责任。治理活动为他们提供了一个理解公民身份、履行公民身份的机会和平台。同时，在学校生活、社区生活以及社会生活的参与治理中，教师与学生可以通过具体而真实的公民生活实践来共同分享公共价值，发展公民权责观念以及社会关怀意识，共同来思考、探索、协商和解决社会公共问题，促进社会公共生活的发展和完善。这些治理活动和公民实践将给予学生更加真实而具体的公民体验，增进他们的公民意识，最终更有效地促进他们公民品质的发展。

第三章　治理理念与学校制度的公共性建构

制度不仅仅是一套具有强制性和规范性的行为规则体系，同时还是一种生活方式，它体现着一系列的生活观念和价值观念。对于公民教育而言，学校的制度生活事实上为青少年学生的成长提供了重要的道德空间和生活空间。良好的制度有助于受教育者形成正义的、德性的理念，从而成长为良好的社会公民，这是制度的教化力量。值得注意的是，不少学校的制度呈现出公共性与民主性不足的状态，更多反映出管理—被管理的关系，不利于公民身份认同的形成和发展。因此，为了重建学校制度及其生活的公共性与民主性，我们有必要从治理理念出发，改变学校、教师和学生之间的单向度的关系，使三者共同成为学校制度生活中的治理主体，从而提升学校生活的公共性与民主性内涵，使得学校成为公民教育的沃土。

第一节　制度生活与公民教育

制度作为一种规则体系和生活方式，对人们的品质建构和精神发展产生着重要的影响。对于学校教育而言，学校的制度生活事实上为青少年学生提供了道德成长和人格发展的生活空间和制度保障。良好的制度可以增进青少年的道德意识和民主意识，使其在生活中不断接受民主思想和道德精神的熏陶，从而自然而然地成为一名优良的社会公民。制度为教育提供了基础和保障，公民教育必须重视制度的教育功能，“应当正视并弥补制度的缺陷，应该倡导通过道德的制度来教育人，鼓舞人”[①]。这最终将实现制度

① 杜时忠. 制度德性与制度德育[J]. 教育研究与实验，2002(1).

生活与公民品格培育的有效结合,促进公民德性和公共精神的发展。为了更好地理解制度生活与公民教育之间的内在联系,我们有必要更深入地探讨制度的内涵与特性,理解制度的核心价值和教育功能,探索制度在公民培育中的重要作用,从而更好地建构优良的学校制度来促进公民的教育。

一、制度:内涵与特性

在现代生活当中,制度对人的生活产生着愈来愈大的影响,人们的生活方式、价值观念以及行为选择等都受到制度的潜移默化的影响。正如有的学者指出的,“随着现代生活的社会公共化和制度化进程,人们的交往和生活越来越依赖于社会制度的有效供应,制度的作用越加凸显”①。如果整个社会缺乏充分的、理性的制度保障,那么社会成员将难免因为制度供给的不足而无法保护自身的权利,同时也无从履行自己的社会责任,从而使得整个社会的运行机制出现紊乱和失序。对于社会的整体发展而言,这将是灾难性的。当然,制度具有如此重大的社会价值,并不意味着我们对“制度”这一概念已经洞若观火、了如指掌。事实上,“制度”一词的含义非常广泛,古今中外不少学者曾发表过自己的见解,提出过不同的观点。这些不同的观点和见解虽然增加了我们把握“制度”含义的难度,但也为我们提供了丰富的思想资源,可以推动我们对“制度”概念进行更透彻的分析和把握。

(一)制度及其内涵

“制度”一词包含着“制”和“度”两个部分。“制”在字面意义上有节制、限制和约束的意思,而“度”则有尺度和标准的意思。② “制”和“度”合在一起就有了以一定的标准和尺度来约束、规范人的含义。《说文解字》曾经对“制度”这一概念进行了解析:“制,裁也。从刀从未。”“度,法制也。”因而,“制”与“度”的合用,就有了以一定的标准和法度来裁夺、规范和施行的意思,后来逐渐引申为制定规则、约束和法度之意。《易·节》中说:“天地节,而四时成。节以制度,不伤财,不害民。”也就是说,国家要根据一年四季的耕种规律来制定相应的制度,“使民以时”,不破坏百姓的生产生活。因此,制度就

① 汪荣有. 公共伦理学[M]. 武汉:武汉大学出版社 2009:96.

② 杜时忠. 制度德性与制度德育[J]. 教育研究与实验,2002(1).

有了国家的法令和法规的意义。《礼记·礼运》中记载:"故天子有田以处其子孙,诸侯有国以处其子孙,大夫有采以处其子孙,是谓制度。"这里的制度体现了封建社会中的等级体制,天子、诸侯、大夫各以制度安排来享受不同等级的权益。

在现代社会,制度一方面保留了古代所形成的规则、法令和规定的含义,同时也获得了新的现代性意义。《现代汉语词典》对"制度"一词进行了详细的解释,认为"制度"一般包含两层含义:(1) 要求成员共同遵守的办事规程和行动准则。这些规程和准则起到规范、引导以及激励人的行为的作用,它具有公共性和普遍性的特征,要求人们自觉地去遵守。因此,在这个含义里,制度主要是指一种节制人们行为的尺度。[①] 通过这个尺度,人们知道什么事情是可以做的,什么事情是不可以做的。这个尺度为大家提供了行为选择的空间和阈限,让人的行为符合一定社会的合理性与合法性的要求。(2) 在一定历史条件下形成的政治、经济、文化等方面的体系。在这个含义中,制度主要是一种宏观的、法理性的规范体系,它把整个国家、社会运行过程中的基本规范和要求向民众说明清楚,要求民众的支持、认同、遵循。因此,这里的制度体现着一个国家的基本政治特征、文化特征和经济特征,展示着这个国家最深层次的制度体系。

英文中的"制度"(institution)一词来源于拉丁文,原意为"风俗、习惯、教导、指示"等,含义主要包括三个方面:(1) 机构,组织;(2) 习俗,风俗;(3) 创立规则,创建社会。[②] 具体而言,第一层含义主要是指机构或者组织的正式的、明文的制度体系,它起到规范行为、规范组织的作用。第二层含义主要是指广泛存在于社会生活中的非正式制度,它们体现为约定俗成的风俗、习惯以及道德观念等。第三层含义主要是指对整个国家、社会的发展起到重要作用的系统性的规范体系,它包括了一系列的政治规则、经济规则以及文化规则,体现着国家的意志以及民众的期望。

进入 20 世纪以后,西方制度经济学的研究对制度这一概念的发展提供了重要的推动力。以凡勃伦、康芒斯为代表的老制度经济学派认为制度根

① 董建新. 制度与制度文明[J]. 暨南学报(哲社版), 1998(1).

② 吴翠丽. 社会制度伦理分析[M]. 南京:东南大学出版社,2006:2.

源于人们的思想和习惯，同时又对人们的行为起到约束作用。所以，凡勃伦指出，“制度实质上就是个人或社会对有关的某些关系或某些作用的一般思想习惯”①，而这些思想习惯就构成了某一个时期或某一社会阶段下人们的特定的生活方式和心理状态。如果说凡勃伦对制度的研究还主要集中于非正式制度（思想、风俗、习惯等）对社会生活的影响的话，那么康芒斯则更倾向于研究正式制度的社会作用。康芒斯指出，制度是集体生活约束和控制人的行为的一种方式，公司、同业协会、工会以及国家等不同层级的组织机构通过一系列的规则体系来达到约束个体行为的目标。② 康芒斯的研究强调了正式制度对于人的规范和强制作用，认为制度是一种约束人的行为的规范体系。此后，以舒尔兹、科斯、诺斯等为代表的新制度经济学派在制度研究中形成了一些新的观念。舒尔兹认为制度是一系列行为规则的总称，这些规则涉及社会、政治以及经济行为。诺斯则认为，“制度是一系列被制定出来的规则、守法程序和行为的道德伦理规范，它旨在约束追求主体福利或效用最大化的个人行为”③。在诺斯看来，制度具有法理规范的性质，同时具有道德伦理规范的属性，制度所形成的规则系统是对个人的利己行为的有效约束。通过这种约束，人与人之间的权责关系和利益关系将得到有效的协调，从而促进社会秩序的稳定和有序。

综观以上对于“制度”的不同理解，我们可以看到学者们从不同的侧面总结了“制度”的内涵和意义。同时，他们也在一定程度上向我们展示了“制度”概念的复杂性。虽然理解的多样化、复杂性导致了“制度”定义的纷繁各异，但是“制度”也具有一些共通的内涵：制度是一定社会政治、经济以及文化背景下产生的用以协调、引导和约束主体行为的一系列规范体系的总称，它具有强制性、伦理性、公共性、普遍性以及稳定性等基本特征，它以建构一种兼具形式合理性与实质合理性的社会及组织结构为目标，在约束个体利己行为的同时以合乎规范的形式来实现个体需要与社会发展的平衡状态。

---

① 凡勃伦. 有闲阶级论[M]. 蔡受百，译.北京：商务印书馆，1983：189.

② 康芒斯. 制度经济学（上）[M].于树生，译.北京：商务印书馆，1962：87、195-196.

③ 道格拉斯·C.诺斯.经济史中的结构与变迁[M].陈郁，罗华平，译.上海：上海三联书店，1994：225-226.

（二）制度的特性

如前所述，作为一种刚性的社会规则体系，制度是在一定的社会政治、经济背景下用以约束和规范人们行为的一系列规范的总称。制度是长期的社会生活的产物，带有强制性和权威性的色彩，同时又具有伦理性与合理性的诉求。一种符合伦理性与合理性的制度，能够减少它的强制性与权威性的色彩，使得民众对制度的服从更多地出于道德的自觉和自律。同时，制度作为一种公共伦理规范，它不是服务于某一个个体的私人利益，而是服务于公共性与普遍性的社会目标，它所指向的对象是公众。因此，我们可以对制度的这些基本特征加以归纳和总结，从而更清晰地把握制度所内含的特殊属性。

首先，制度是具有强制性与伦理性的社会规范体系。制度的强制性，意指制度作为一种刚性的社会规范系统，通过外在的权威力量规范着人们的生活，约束人们不符合社会规则的行为和选择。制度的强制作用是靠"有组织的暴力制裁体现出来的，或者说是通过利益或损失的集体制裁实施的"[①]。制度通过组织或者集体的权威力量，实现着一种"有组织的暴力制裁"，从而要求公众服从于制度的规范要求，不敢逾越制度的雷池一步。从这个角度而言，制度为社会公众提供了一个外在的权威，这个权威实现着对人们的行为的有效控制。但是，一种优良的社会制度虽然需要借助外在的权威或者"有组织的暴力制裁"，最重要的却是靠制度本身的伦理性。制度的伦理性，意指制度是以社会伦理要求为基础的，蕴含着一定的道德目标，"伦理是制度的观念先导，是制度赖以产生的价值理念前提"[②]。如果制度本身是一种道德的制度，遵循着伦理的要求，那么它就能变强制性为自觉性，使得个体在遵循制度规范的过程中达到外在强制和内在自觉的统一，使得制度所施加的对象从内心深处服从制度安排。总而言之，制度的强制性应当以伦理性为基础，如果制度的强制性建立在不道德的基础上，这种制度是坏的制度；如果制度的强制性建立在伦理基础上，这种制度则是优良的制度。优良制度更好地实现了强制性与伦理性的统一，促进了社会秩序的规范和发展。

---

① 施惠玲.制度伦理研究论纲[M].北京：北京师范大学出版社，2003：13.

② 汪荣有.公共伦理学[M].武汉：武汉大学出版社，2009：103.

其次，制度是具有合理性诉求的规则系统。制度是具有合理性诉求的规则体系，体现着人们对制度的遵循不是以制度的强制力或者非理性的因素为前提，而是以制度的合理性为前提。只有当制度满足合理性的要求，人们才会选择遵守制度的规范，而如果制度仅仅是一种主观任意性或者非理性的表达，那么人们即使表面上遵循制度的要求，在内心也会对这种制度不以为然。因此，制度的合理性就成了人们是否遵循这一制度的前提和基础。而制度的合理性归结起来有两个方面：形式合理性与实质合理性。[①] 形式合理性主要是指制度的内容、实施和方法等满足程序正义的要求，在逻辑上能够自洽，在形式上能够不自相矛盾，这是一种形式上的合理和正当。实质合理性主要是指制度的内容安排不仅满足程序正义的要求，同时在实际上产生了公平、正义的结果，满足了公众的公共利益诉求，这是一种实际效果上的合理和正当。形式合理性和实质合理性是对立统一的关系，制度的合理性既要有其形式，也要有其实质，不能光有形式而无实质，也不能光有实质而无形式。好的制度设计，必然是在形式上、逻辑上能够自洽的，同时又能最大限度地满足公共的福利。通过形式与实质的双方面推动，制度设计本身才会更加合理乃至完善。

最后，制度是具有稳定性与公共性的规则体系。制度的稳定性意味着制度是经过长期的文化积淀而形成的相对稳定的规范体系。按照凡勃伦的说法，制度是“在一个时期或生活发展的某一阶段通行的”[②]规则体系。制度的形成过程是缓慢的，它需要社会文化中的风俗、习惯、道德观念的系统支持。但是，制度一旦形成，就会成为社会整合的核心力量，在社会系统中发挥出稳定的作用。在现代社会中，制度的稳定性使得人们可以遵循制度规范来进行行为选择，同时也可以对不遵守制度的后果进行有效的“预知”。制度的这种稳定性特征为社会提供了秩序的基础，稳固了人们的认知和预期。制度的公共性意指制度设计本身不是针对某一个人或者某几个人，而是针对整个社会；制度的目标也不是服务于某一个人或某几个人，而是服务于社会的公共利益。在现代社会中，制度的公共性意味着制度是源于公共

---

① 施惠玲.制度伦理研究论纲[M].北京：北京师范大学出版社，2003：13.

② 凡勃伦.有闲阶级论[M].北京：商务印书馆，1964：139.

生活的需要，制度作为社会的公共物品，起着保障公共生活和公共秩序的作用。同时，制度的产生也不是个人裁夺的结果，而是经过充分的公共协商和沟通，获得公众支持和认同的结果。制度的公共性不允许制度设计是为了私人的利益或目标，而必须是为了公共的利益或目标。公共利益或公共目标是制度的核心驱动力，现代社会的制度设计是为了更好地满足公众的利益，提升社会的公共利益。

二、制度的核心价值：自由、平等和公正

制度作为一个历史范畴，它的核心价值在不同的历史时期呈现出不同的特征。在专制化、等级化的古代社会，维护专制统治、等级制度成了制度的核心价值。在现代社会，制度的核心价值有了本质的改变。现代社会的价值理念要求制度设计符合民主法制的需要，要求尊重公民的自由、平等权利，要求体现出公平和正义。在我们的社会主义核心价值观体系中，自由、平等、公正、法治等价值观也都在列，而《国家中长期教育改革和发展规划纲要(2010—2020年)》也明确提出要“加强公民意识教育，树立社会主义民主法治、自由平等、公平正义理念，培养社会主义合格公民”。可见，自由、平等和公正已经成为我们的核心价值观念。这三个核心价值观构成了现代制度的核心范畴，它们也是现代制度区别于古代制度的最为核心的方面，标志着人类的制度建设进入了新的历史时期。

第一，自由。自由的本义是指人们的行动和选择不受他人的阻碍，人们有免受他人或者组织侵害的自由；人们既有选择做某件事情的自由，也有选择不做某件事情的自由。自由“指的是自愿的不受强制的行动，也就是个人不受威胁或其他形式的强制、出于自愿选择而做出的行动”[①]。任何组织和个人都不得违背个人的自由权利，威胁、强制或者阻碍个人的自由。密尔的《论自由》书中对“自由”词作了经典的阐释。密尔认为：“个人行动只要不涉及自身以外什么人的利害，个人就不必向社会负责交代。他人若为着自己的好处而认为有必要时，可以对他忠告、指教、劝说以至于远而避之，这

① 顾肃.自由主义基本理念[M].北京：中央编译出版社，2003:56-57.

些就是社会要对他的行为表示不喜或非难时所仅能采取的正当步骤。第二,关于对他人利益有害的行动,个人则应当负责交代,并且还应当承受或是社会的或是法律的惩罚,假如社会的意见认为需要用这种或那种惩罚来保护它自己的话。”[①]基于密尔的理念,自由事实上包含着两个方面的基本意义:一是在与他人毫无关系、不涉及公共规范或者法律制度的私人生活领域,个人可以做任何他想做的事情,而不需要接受他人强制和阻碍,但是他可以选择听取他人的意见或者劝说。二是在涉及他人利益关系或者公共生活领域的事情时,个人的行为不能侵犯他人的利益,同时要尊重公共规则和法律制度,否则应当承受来自社会的或者法律的制裁、惩罚。密尔的这一关于“自由”的定义,已经成为西方自由主义思想的经典理论,不论是古典自由主义者还是新自由主义者,在对“自由”一词的理解中基本上都遵循了这两条基本定义。自由并不意味着主观任意或者放任自流,而是与法律、制度有着内在的统一性。虽然在私人生活领域中,自由更多的是基于个人的个性和判断,但是在公共生活领域当中,自由是在法律和制度的阈限内的自由,它必然要接受法律和制度的检验和规范。正因为如此,罗尔斯认为“自由是制度的某种结构,是规定各种权利和义务的某种公开的规范体系”[②]。自由和法律、制度有内在的统一性,自由是法律和制度的目的性价值,为法律和制度提供了方向;法律和制度是自由的基础和保障,它们协调着人与人之间的交往关系和利益关系,保障个人自由不受他人的侵犯,同时也保障个人自由不侵犯他人的自由。因而,法律和制度的最终目的并不是限制人们的自由,而是保障人们的自由、增进人们的自由,使得自由成为社会的基本价值,使得公民的自由诉求得到最大限度的满足。这是自由和法律、制度之间的辩证关系。

第二,平等。平等是制度的核心价值,是否实现了平等的基本要求也是评价制度是否合理的重要标准。近代以来,资产阶级民主革命把平等视为重要的价值原则,提出了“自由、平等、博爱”的政治主张,使得平等成为现代

---

① 密尔.论自由[M].北京:商务印书馆,1982:102.

② J.Rawls. *A Theory of Justice*[M]. Boston: Harvard University Press, 1971: 202-203.

民主制度中的核心价值理念。美国的《独立宣言》强调“一切人生而平等”；法国的《人权宣言》中规定“平等就是人人能够享有相同的权利”。可见，在现代民主制度的创建时期，平等原则就已经成为制度设计的重要原则。当然，平等并不意味着平均，把平等等同于平均是一种平均主义的价值取向。平均主义把平等理解为每个人享有同样的资源份额，从而取消一切的差别政策。这恰恰是极不平等、不合理的。因为，人与人之间是有差异的（个性的差异、能力的差异、努力程度的差异等），对人的差异全然无视，只追求最终结果的“一碗水端平”，这貌似平等，但事实上却会导致不平等，因为它要让能力不同、努力程度不同的人获得同样的资源或报酬。因此，国家或社会制度是否真正体现了平等的要求，并非是以平均主义或者效果主义为标准的，而是要遵循三条基本的平等原则：（1）制度必须捍卫每个人享有平等权利、不对任何人进行歧视性对待的原则。制度对所有成员进行平等的保护，保障社会成员的基本的公民权利，不会因为社会成员的种族、性别、职业、社会地位、宗教信仰、财产状况等实施不公平的对待。制度不是为某个特定的阶层或者某些特殊的社会成员而制定的，而是针对所有的社会成员的，是为了保障所有成员的平等权利，这就是制度的公共性和普遍性的特征之所在。制度不仅保护强者，同时也保护弱者，只要是这一社会体系下的成员，都受到制度的平等保护。（2）所有社会成员都必须遵循制度规范的原则。制度规范适用于所有的社会成员，不论地位高低贵贱，不论财富多寡，所有社会成员都必须遵循制度的基本规定，必须尊重制度的规范要求。制度不会因为社会成员的个别差异而区别对待，而是以同样的标准、同样的规范来对待社会成员。（3）对于不遵循制度要求的社会成员一律加以制裁的原则。任何人都无权享有违背了法律和制度的规定却置身事外的特殊权利。当社会成员违背了社会制度规定时，制度将对之进行惩罚或者制裁，而这种惩罚或者制裁不因对方的身份、地位、财产、种族等而区别对待。在法律和制度面前，所有人都是平等的，违背法律和制度的行为都必须受到平等的处罚和制裁。唯有如此，社会制度才可以保障公民的平等权利，而平等也才可能成为社会制度的核心原则。

第三，公正。在罗尔斯看来，“正义是社会制度的首要价值，正像真理是思想体系的首要价值一样”①,缺乏了基本正义,这个社会也就失去了存在的基础。因此,评价一种社会制度的好坏,不仅在于它有没有效率或者效果,更在于它是否满足了公正的基本原则,“某些法律和制度,不管它们如何有效率和有条理,只要它们不正义,就必须加以改造或者废除”②。那么,为了实现正义的要求,一种社会制度需要遵循哪些基本原则呢?罗尔斯通过“无知之幕”推导出了正义的基本原则。在罗尔斯看来,由于在“无知之幕”下人们并不知道自己的身份、地位、财产状况等,从而不会受到这些自然的、偶然的因素的影响,因此他们更容易以契约或协议的方式得出正义的基本原则。处在原初状态下的人们将选择两个相当不同的原则:“第一个原则要求平等地分配基本的权利和义务;第二个原则认为社会和经济的不平等只要其结果能给每一个人,尤其是那些最少受惠的社会成员带来补偿利益,它们就是正义的。”③笔者认为,罗尔斯的这两条正义原则,基本上反映出了现代社会在建立公平正义的社会制度的过程中所需要的基本原则。我们可以把这两条正义原则进行更具体的解释:(1)平等对待所有人的原则。正义的社会制度必须平等地分配社会成员的基本权利和义务,不能使一部分人享有权利而不承担相应的义务,而使另一部分人承担无尽的义务而无法享有权利;正义的制度必须保障公民在权利与义务方面是平等的,从而使得整个社会的资源配置也是平等的。这是一种程序正义的原则,它保障了公民在形式意义上能够享有公平的对待。(2)弱势群体的补偿原则。正义的社会制度不仅要尊重社会成员的自由和平等的权利,同时还应对处于弱势地位的社会成员加以一定程度的补偿。这种补偿虽然必须从一部分人身上剥夺一些利益,但是它有利于整个社会的合作体系和公平体系的建立,从而有利于社会成员获得更满意、更幸福的生活:“由于每个人的幸福都依赖于一种合作体系,没有这种合作,所有人都不会有一种满意的生活,因此利益的划分就应当能够导致每个人自愿地加入合作体系中来,包括那些处境较差的人。”④

---

① 罗尔斯.正义论[M].何怀宏,等,译.北京:中国社会科学出版社,1988:3.
② 罗尔斯.正义论[M].何怀宏,等,译.北京:中国社会科学出版社,1988:3.
③ 罗尔斯.正义论[M].何怀宏,等,译.北京:中国社会科学出版社,1988:14.
④ 罗尔斯.正义论[M].何怀宏,等,译.北京:中国社会科学出版社,1988:15.

优良的、公正的社会制度，一方面要保障成员能够共享自由、平等的权利，另一方面也要保障弱者能够获得社会一定的补偿和帮助，由此才能使整个社会更加公正和幸福，否则只能是强者恒强、弱者恒弱，资源配置不断两极分化，从而形成优势累积和劣势累积，导致社会成员之间的身份、地位、财富的差距愈来愈大直至成为不可弥合的鸿沟，最终整个社会失去了基本的公正和平等，人们也将受到阻碍，难以获得更满意、更幸福的生活。

三、制度与公民：双向互动的关系

制度作为一种具有强制性和权威性的社会规范体系，起到了约束和限制公民行为、强制公民履行社会责任的作用。同时，制度作为一种具有伦理性和合理性的社会规范体系，又需要公民的认同、支持和捍卫。制度的创建、制度的捍卫和制度的革新都需要公民的参与和支持，缺少公民的主体参与，制度的效果就很难发挥。因此，制度与公民之间并不是单向度的限制与被限制、约束与被约束的关系，而是双向互动的关系：制度并非只是限制公民，它同时也在保护公民的权利；公民并非只是制度的约束对象，同时也可以成为制度的缔造者、捍卫者和革新者。

（一）公民无法脱离制度的约束和保护

首先，制度对公民具有约束和规范作用，这是毋庸置疑的。制度“以公共权力为依托，对人们的行为具有外在的强制性，从而为人们的社会交往和社会行为提供了一个相对确定的活动空间，规范、约束了人们的非理性行为”[①]。制度的权威往往来自组织或机构的公共权力的支撑，这就使得制度对于个体的约束和控制体现出比较显著的外在强制性的色彩，因为它规定了人们活动的范围和阈限，明确禁止或者杜绝某些类型的行为，支持和肯定另外一些类型的行为。制度的优点在于，可以通过这些规范和约束，避免个体做出非理性的，或者违反法律、法规的行为选择，这些行为不仅不利于个体的发展需要，也不利于社会的稳定。正因为如此，罗尔斯认为应当把制度“理解为一种公开的规范体系，这一体系确定职务和地位及它们的权利、义

---

① 汪荣有.公共伦理学[M].武汉：武汉大学出版社，2009：100.

务、权力、豁免等。这些规范指定某些行为类型是被允许的，另一些则是被禁止的，并在违反出现时，给出某些惩罚和保护措施”①。可以说，制度为公民的活动划定了基本的范围和界限，约束着公民的行动和选择，使公民的行动和选择不违背社会的伦理规范和法律规范。

其次，制度对公民具有保护功能。制度不仅对公民的生活和行为选择具有约束的功能，更为重要的是，在一个良好的社会制度当中，制度本身是为了保护公民的权利。社会体系通过制度来限制不合法、不道德的行为，从而在更大范围内保障公民的自由和平等的权利。制度对于公民权利的保障，主要体现在以下两个方面：一方面，制度使得公民的自由权利免遭不法的侵犯。现代社会的制度体系（尤其是政治制度）是以公民的自由和权利为核心的制度体系，它把公民的基本权利放在非常重要的位置，从而通过制度体系来防止乃至杜绝侵犯公民权利的行为的发生，这使得公民的基本权利得到比较好的保护，比如劳动聘用制度、医疗保障制度、义务教育制度，保护了公民的职业权利、医疗保健权利以及受教育权利等。另一方面，制度还协调了人与人之间的利益关系，使得社会资源的配置更加公平合理，从而在更大程度上保护了公民的权利和利益。通过人与人之间的利益关系的协调，不同群体、阶层之间的人们更易于平等相待。基于平等原则和补偿原则帮助那些弱势群体，有利于保护公民的基本权利，促进社会的公平正义。比如当前我国的宏观政策向中西部地区、贫困地区倾斜，教育政策向农村地区、进城务工人员子弟倾斜等等，都是试图通过有效的利益协调，来促进不同职业、不同群体、不同阶层、不同地域之间人们的合作互利，保护公民的自由和平等权利，促进社会正义的实现。

最后，优良的制度可以培育优良的公民。我们说优良的制度可以培育优良的公民，并非意指单纯依靠制度就可以有效地培育优良的公民品质。但是，我们不得不承认，制度在公民品质的养成中确实发挥着重要的作用。在一个高度重视诚信的社会制度环境里，我们看到公民往往比较诚信；而在一个诚信制度匮乏的社会里，我们会看到公民往往都不诚信。在这样一个

① 罗尔斯.正义论[M].何怀宏，等，译.北京：中国社会科学出版社，1988:50-51.

简单的案例里，我们不难看出制度对于公民品质的影响。优良的制度之所以能够培育优良的公民，一方面是因为优良的制度本身就为公民提供了一种积极的生活方式，影响着人们的生活选择和价值选择，激励和引导个体朝着正确的方向前进。“制度为个人行为提供了一种激励系统，同时它还为个人提供了与环境有关的信息和认知模式，个人按照制度指引的方向和确定的范围做出选择。”[①]所以，优良的制度事实上为公民品质的发展提供了一个隐性的生活空间，通过日常生活的规范和引导来教化大众，提升公民品格。另一方面，优良的制度还通过“刚性制裁”机制起到了“良币淘汰劣币”的作用，从而创造优良的社会环境，实现着移风易俗的公民培育功能。正如我们所知，糟糕的制度会导致“劣币淘汰良币”，使得整个社会的道德风气急剧败坏；而优良的制度则一改社会风气的颓败，使得“良币淘汰劣币”，从而营造一种良好的公民成长环境，最终也就潜移默化地实现了公民培育。

（二）制度离不开公民的维护和改造

首先，制度需要公民来创建，没有优良的公民也就很难有优良的制度。正如罗尔斯在《政治自由主义》一书中所强调的，一个秩序良好的社会，它的公民应当“具有正常有效的正义感，所以他们一般都能按照守护的基本制度行事，并把这些社会基本制度看作是公正的。”[②]因此，要建构一个秩序良好的社会及其制度，公民必须具有正义感和善观念以及理性思考、判断的能力。[③] 而一个具有正义感、善观念以及理性能力的公民，也就可以称之为“优良公民”。正义感使得公民能够坚持正义的原则，并且维护社会制度的正义，批判和改造不正义。善观念使得公民能够相互善待，怀着善意来接纳和宽容其他公民；理性能力使得公民能够进行公共理性的判断和选择，从而避免非理性因素对公民行为的不良影响。罗尔斯所阐述的优良公民和优良社会的关系，事实上正是现代社会和现代制度构建中的核心主题。显然，优良

① 何增科.新制度主义：从经济学到政治学[A].公共论丛（第 2 辑）[C].北京：生活·读书·新知三联书店，1996：347.

② 罗尔斯.政治自由主义[M].万俊人，译.南京：译林出版社，2000：36.

③ 何增科.新制度主义：从经济学到政治学[A].公共论丛（第 2 辑）[C].北京：生活·读书·新知三联书店，1996：19.

的制度离不开优良公民的培养，如果一个社会根本不存在理性的、善良的、富有正义感的公民，我们无法想象这个社会会成为一个理性的、善良的、富有正义感的社会，这个社会更加可能是一个乌烟瘴气、黑白颠倒的社会。也正因为如此，我们甚至可以把优良的公民视为优良制度以及优良社会的基础，失去了这个基础，优良的社会及其制度也就不复存在。

其次，制度需要公民的尊重和维护。一项符合伦理性与法理性要求的制度，能够得到更多公民的认同和支持，而一项不合理的、不道德的制度，则会招致公民的集体反对。对于前者而言，由于有了公民对于制度的尊重和支持，制度将稳固地在社会生活空间中发挥规范和引导的作用，从而使得社会生活本身更加合理，也更加道德。对于后者而言，不合理的、不道德的、糟糕的制度体系只会引起公民的反感、厌倦甚至叛逆，这种制度无法得到公民的尊重，公民也不会努力去维护这样一种糟糕的制度。因此，糟糕的制度的存在必然是暂时性的，由于缺乏民众的支持，它将不断衰退。也正因为如此，一种制度要成为长期的社会规范系统，成为稳固的社会调节器，就必须依靠公民的尊重、认同和维护。公民尊重和认同了一种制度，意味着他将更愿意服从于这种制度的安排，履行这种制度所规定的责任和义务，从而使制度在公民身上发挥出作用。同时，当一项优良的制度面临着挑战的时候，当某些组织和个人有意或者无意地践踏优良制度时，公民也能够以其勇气和决心来维护制度的尊严，制止对于制度的践踏和不尊重，从而使得制度得以维持和发展。公民维护优良制度的尊严，事实上也是在维护公民自身的尊严。

最后，制度的变迁和完善需要公民来推动。制度在生活中也是在不断变迁和发展的，没有什么制度一开始就是十全十美的，制度本身会随着社会的发展和人的需要的变化而不断变化。而制度本身具有刚性，因此制度的变迁往往需要主体的人来推动。当人们认为一项制度是合理有效的时候，也就意味着这种制度具有充分的正当性和合理性，从而形成一条维系制度体系正常运行的伦理纽带。[①] 但是，当人们认为制度是不合理、不正当的时候，大多数社会成员在价值观念上就不会认可和支持这种制度，他们不愿意

① 林浩.制度伦理和我们的任务[J].云南财贸学院学报，2000(3).

去遵守和履行制度规范的要求,甚至反对这种制度规范。在这个过程当中,公民事实上以自身的主体身份在反抗不良的制度规范,从而推动了制度的变迁,使得制度朝着合理化与正当化的方向前进。因此,那种认为人在制度面前毫无主体性、毫无改造能力的观点是站不住脚的,它忽视了制度也是由公民选择、协商和制定的这样一个事实。在制度的制定过程中,公民有权充分参与协商和讨论;在制度的实施过程中,公民有权展开监督和反思;在制度的变迁过程中,公民能够不断推动制度规范的改造和完善。总而言之,制度是属于公民的制度,公民是制度的创建者、维护者和改造者。建立公民与制度之间的良性互动关系,可以培育优良的社会公民,同时也可以更好地构建优良的社会制度。

四、制度生活:公民培育的基石

制度本身具有教育的意义,民主的、公正的制度生活能够培育民主的、公正的公民品质。罗尔斯对此曾有过精彩的阐述:"公正是社会制度的首要价值。离开制度的公正性来谈个人道德的修养和完善,甚至对个人提出严格的道德要求,那么,即使被人真诚相信和努力奉行这些要求,充其量也只是充当一个牧师的角色而已。"①制度结构本身的不合理,会造成制度所规定的权利义务分配方式出现不公正,这就导致了社会正义秩序的严重扭曲,出现"有道德的人时常遭逢不幸,而不道德的人反而时常是幸运的"②。这对于公民教育和道德教育而言是极其糟糕的。与此相反,优良的、公正的、德性的制度生活本身就是公民教育的隐性课程机制,它潜移默化地培育着公民的德性品质,促进着公民的正义感和公共精神的养成。因此,我们可以把制度生活看作公民教育的基石,缺乏了这块基石,公民教育便无法取得真实的效果。

(一)制度是实施公民教育的基础

制度不仅仅是具有强制性和约束性的社会规范体系,更是一种生活方式和价值理念的体现。以自由、平等、正义、民主为核心价值理念的制度,可

① 罗尔斯.正义论[M].何怀宏,等,译.北京:中国社会科学出版社,1988:22.

② 黑格尔.精神现象学(下)[M].贺麟,等,译.北京:商务印书馆,1979:141.

以在整个社会生活范围内造就一种自由、平等、正义以及民主的生活方式。不论是在社会教育还是学校教育当中,这样一种自由、平等而正义的生活方式,将更加有效地培育起公民的德性品质。制度中所体现出来的公共价值,将在日常生活中自然而然地传递给年轻一代人,“体现公平正义、民主平等、自由发展价值诉求的优良学校制度不仅仅是一系列的制度条文,不仅仅是指导与约束学校师生的外在规则体系,也不仅仅是一系列富有成效的教育活动过程,它理应成为一种被学校共同体成员所认同、所实践的生活方式”①。优良的社会制度或者学校制度,都因其内含的民主、平等以及公正的精神而对受教育者的公民人格产生着重要的影响。

显然,正义、平等、民主的制度生活为公民教育提供了典范,推动着人与人之间的公民交往,并且按照制度的程序正义和实质正义的基本原则深化和拓展着人与人之间的公民关系。正如约翰·杜威在《民主主义与教育》一书中所谈到的,“民主不仅是一种政府的形式,它首先是一种联合生活的方式,是一种共同交流经验的方式”②。民主的、公正的制度体系保障了公民能够在社会生活以及学校生活中获得权利义务的公平分配,能够平等分享社会资源以及教育资源。因此,这种以制度的民主为基础的生活将使得公民个体确认生活本身的公正性与民主性,确认自身的公民身份,并且意识到作为一名公民所应当具有的权利以及所应当履行的义务。在这个过程当中,制度起到了教化人心、教化人性的作用,它传递着优良的公民价值观念,实现着公民品质的培育。

(二)制度是实施公民教育的资源

制度的存在不仅仅是一种刚性的规范体系的存在,同时还是一种特殊的教育资源,起着德性教化和公民教化的作用。正如伊万·伊利奇(Ivan Ilich)所指出的,那种能够保障人与人之间的平等交往、互助学习和交互影响的制度可以增强人的权利意识、自主意识,从而塑造健康而和谐的人格,而那种强制性、专制性的制度则会压抑人的天性、控制人的发展方向、摧残

---

① 杜时忠.制度何以育德?[J].华中师范大学学报(人文社会科学版),2012(4).

② 杜威.民主主义与教育[M].王承绪,译.北京:人民教育出版社,2001:97.

人的主体性和创造性，从而使人丧失民主生活的能力。① 由此可见，制度事实上是非常重要的公民教育的资源，它影响着公民品质培育的效果和质量。这体现为：

一方面，制度为培育优秀公民提供了法理规范的资源，它可以增强公民的法理精神和权责观念。不论是社会制度还是学校制度，它的设计一般都是按照现行的宪法、法律的要求，体现出法律的基本精神，因此公民在按照制度规范的要求来行事的时候也是在理解和内化法律的基本精神，在履行自身的法律责任。同时，制度还是一种权利和义务的分配机制，它以法律的形式明确规定了公民应当具有的权利以及必须履行的责任。因此，在制度的实施过程中，公民必须按照法律所规定的权利和义务来展开活动，遵循法律和制度的规范要求。这不仅可以增强公民的权责观念，同时还可以推动公民按照权责观念来展开行动。通过制度所提供的法律资源，公民可以更好地习得法理精神和权责观念，这有助于他们形成健全的公民品质。

另一方面，制度为培育优秀公民提供了丰富的价值资源，这些价值资源本身就是制度的核心价值范畴。我们在前面已经分析过，现代制度蕴含着自由、平等、公正等核心价值，优良的制度总是以这些核心价值为基础，而这些核心价值也正是公民品格的核心价值。通过自由的制度，公民习得了自由的价值与意义，并且知道如何在法律、制度的规范阈限内行使自身的自由权利，同时不侵犯到他人的自由权利；通过平等的制度，公民真正了解了如何以平等的方式来对待其他公民，了解“人人平等”的法律意义和现实意义，最终才能真正在生活中遵循平等的要求；通过公正的制度，公民才能透彻理解怎样的制度安排和资源配置方式才真正地体现出公平、正义的要求，才真正关照到社会中大多数人的福利，使得公众的幸福感和满意度得到提高。总之，一个体现着自由、平等、正义的优良制度，它本身就是一种不可多得的价值教育资源；通过这种优良的制度体系，公民的公共价值观念得以有效传递，公民人格的成长也就有了制度的保障。

---

① 伊万·伊利奇.非学校化社会[M].吴康宁，译.台北：桂冠图书股份有限公司，1994：76-78.转引自：康永久.教育制度的生成与变革——新制度教育学论纲[M].北京：教育科学出版社，2003：17-18.

（三）制度是实施公民教育的过程

首先，制度建构的过程可以成为公民的平等协商和沟通对话的过程，而在公民的平等协商和沟通对话过程当中，公民品质的成长获得了不可多得的平台和机会。如果在制度的建构过程中充分引入公民之间的协商、对话和沟通，那么制度的建构过程本身就是一个实施公民教育的过程。因为，平等的协商、对话和沟通可以促进个体确认自身的自由而平等的公民身份，可以有效地保障个体的公民权利和公民责任，从而推动个体的公民意识的发展。在协商交往的过程中，个体可以真正去认识、理解和体验自身的公民权利，也更好地在交往实践中履行自身的公民责任，成为一名积极的、负责任的公民。它使得公民身份的理念和公民的权责意识不再停留于纯粹的理论概念层面，而是与制度生活的实践融合为一体，成为生活实践的一个重要组成部分。在这种情况下，个体的公民身份认同是更为完整的公民身份认同，它避免了公民知识与公民实践、公民权利与公民责任的分裂，有助于健全的公民品格的培养和塑造。

其次，制度实施的过程也正是发挥公民的主体性和行动能力的过程。公民在履行制度所规定的责任、维护制度所规定的权利的过程中，以积极的、主体性的姿态投入其中，这可以促进他们的公民主体性的发展。通过引导个体参与制度的实施过程，可以增强个体的公民行动能力和公共参与能力。个体对于制度生活以及公共事务的参与，可以不断地促进公民的主体精神和行动能力的培育和锻炼。众所周知，健全的公民品格是由知、情、信、意、行等方面所共同构成的，公民品格的培育不能仅仅停留于认知和情感的层面，还应重视实践能力和行动能力的培养，并且在实践和行动的基础上养成坚韧不拔的意志和信念。而通过制度实施的过程，公民可以参与制度的落实，履行制度所规定的权利和责任，在潜移默化中锻炼自身的主体能力和实践能力，培育自身的意志和信念，从而在发展自身的主体精神和实践品格的同时，也推动社会和制度的发展。

最后，制度评价与反思的过程也是公民批判精神的发展过程，通过对制度的反思、评价乃至批判，公民的独立思考能力和批判能力得以有效地发展。制度本身也会存在问题，也会不可避免地产生一些弊端和不足。尤其是社会生活本身在不断地发生着变化，如果制度一成不变，那么必然难以满足社会发展的需要，甚至成为社会发展的阻碍力量。因此，制度是需要不断地改进和完善的，随着社会的变迁和具体生活的变化，制度有反思、批判和改造的需要。因此，在制度评价和反思的过程中引入公民的批判精神和反思能力，不仅对于公民品质的发展是重要的，同时对于社会的变革和发展也是非常重要的。批判和反思不仅可以完善和改造制度，同时也可以在这个过程中促进公民的批判精神的发展，使公民成为敢于批判、勇于批判、有能力批判的主体。通过这种反思和批判，制度生活空间成为一个真正的、民主的公共领域，而制度反思和批判的过程也就成为塑造批判性、民主性的公民品格的过程。这将有助于公民以独立自主的思维方式来进行制度批判和制度改造的活动，在提升公民品质的同时推动制度的完善。

第二节　学校制度的治理危机与公民教育的困境

学校制度有宏观和微观之分。宏观的学校制度主要是指一个国家各级各类学校的系统及其管理规则，它规定着各级各类学校的性质、任务、入学条件、修业年限以及它们之间的关系，简称为“学制”。[①] 而微观的学校制度，主要是指学校内部在管理运作过程中的一系列管理规则的总称，它主要包含了学校行政制度、教学管理制度、学生管理制度等基本方面。目前关于学校制度的治理危机（或者管理危机）的学术讨论也主要集中在这两条不同的思路：一个思路是从国家宏观的学制管理体系的角度出发，探讨如何保持国家的教育管理与学校办学自主权之间的平衡，从而实现国家、社会与学校之间的良性治理关系的建立。另一个思路是从微观的学校内部管理制度的角度出发，探讨如何发挥教师和学生的主体性，形成学校管理者、教师和学生的良性互动，从而实现学校内部的民主治理。为了使研究更加聚焦于学校内部的管理制度，而避免过度追求面面俱到最终反而浮泛空洞的弊端，笔

① 全国十二所重点师范大学联合编写．教育学基础（第 2 版）[M]．北京：教育科学出版社，2008：99．

者在此所谈的“学校制度的治理危机”，主要是立足于微观的学校管理制度，以期通过对当前学校内部管理体系的具体运作中所存在问题的分析，形成更为具体的研究结论，从而为改善学校内部的管理体制和运作规则提供有益的学术思考。

一、学校制度的治理危机

当前的学校制度面临着治理方面的危机，而这种危机主要源于官僚科层制和垂直型管理体制对于学生、教师的治理权利和公民权利的损害。正如马克斯·韦伯所指出的，现代社会的组织结构以理性主义、工具主义和效率优先为基本原则，科层结构体系把效率看得至关重要，倾向于以自上而下的方式来展开垂直型权力运作，以实现更有效率的组织管理。在现代学校组织中，理性主义、工具主义和效率优先的官僚科层制特征也同样明显，它倡导建构一种效率优先的、自上而下的、任务执行型的组织机构和制度设计，“全部职位分成校长、副校长、处长、科室主任、教师、学生等若干等级，每一级职位赋予其承担者对下属进行合法控制的权力，形成一种控制与被控制的层级节制关系”①。在这种层级节制的关系中，学校的治理结构呈现出了官僚科层化的倾向，治理主体走向了单一化，治理方法表现为命令化和控制化。这最终将导致整个学校管理制度的民主治理的危机，使得学校难以实现“善治”的目标。因此，我们必须深入分析学校制度的治理危机，全面把握当前学校管理模式所存在的问题，从而为变革学校制度和管理模式提供学术的思考和支持。

（一）治理结构的危机

现代学校制度更倾向于选择一种官僚科层的管理结构，而不是一种民主治理的结构。马克斯·韦伯曾经详细阐述了现代官僚科层结构的几个基本特征：(1) 专业分工明确，组织赋予每个成员明晰的权力和职责。(2) 职权等级森严，形成金字塔型的权力分配体制。(3) 制度规则化，以规章化的制度来约束和控制成员的行为。(4) 非人格化，避免私人情感的影响，以理

① 刘超良.制度德育论[D].华中师范大学博士学位论文，2006:104.

性方式作出决策。(5) 行政的效率化,以追求效率为管理的第一目标。正如很多学者分析过的,官僚科层结构虽然有助于提高组织(包括学校组织)的管理效率,使组织管理走向制度化、规范化、非人格化,但是它也会导致一系列的弊病出现,从而妨碍民主治理的发展。正如韦伯自己所指出的,官僚科层结构的技术主义和理性主义会使整个世界失去个性,科层机器本应只是一件薄薄的轻裘,但是现在却成了锁住人的精神的"铁笼",使人们成为技术理性和科层权力的囚徒。[①] 对于学校制度而言,科层机制本应当只是一件薄外衣、一种有益的工具或手段,而现在它却成了学校组织制度的灵魂,使得学校制度以科层官僚结构为核心,学校组织管理成了控制人的手段,而非发展人的必要工具。这无疑会造成学校治理的危机。

当代学校组织制度对于官僚科层结构的过度推崇,已经阻碍了学校管理的民主变革,制造了学校管理中一系列的治理危机。这种危机体现在以下几个方面:(1) 科层结构过度强调专业分工的明确,从而导致教师集体失去了培育学生品德的积极性。学科的分化和分裂使得教师只关注自己的职位和分工,而作为一项整体工作的品德教育以及公民教育则愈来愈少人关注,直至走向了边缘化。[②] (2) 科层结构过度强调职权的等级化而不重视职权的平等化,使得平等的人格和公民身份在学校体制中没有得到充分的重视。(3) 过度崇尚行政管理的效率而不重视管理的真实效果,使得学校组织愈来愈把学生当作管理的对象、考试的机器,而不是当作有思想、有主体性的人。(4) 制度化和非人格化虽然可以让学校管理制度不受私人情感的影响,显得更加理性和规范,但是剔除了教师与学生之间的深厚的情感联系,学校制度所剩下的也就只有"干枯的理性"了! 因此,科层结构体系对于现代学校制度而言虽然有其优点,但是由于其所体现出来的强烈的控制色彩、工具主义色彩和技术理性主义倾向,使得学校管理脱离了"善治",对学校治理的优化产生了阻碍作用。

---

① 韦伯.新教伦理与资本主义精神[M].黄晓京,彭强,译.成都:四川人民出版社,1986:171.

② 鲁洁.边缘化·外在化·知识化——道德教育的现代综合症[J].教育研究,2005(12).

（二）治理主体的危机

在一个多元民主的学校治理结构当中，治理的主体应该是多元的，不仅学校管理者（校长、副校长、处长、主任等）具有参与学校治理的权力，同时普通教师以及学生也应当成为学校组织的当仁不让的治理主体，具有同等的参与学校组织决策和管理活动的权力。按照当代学校教育管理的发展轨迹，民主管理和民主决策已经成为学校发展的基本趋势，未来的学校管理制度不可能再允许由某个单一主体来管理学校，来单独完成学校管理的决策。但是，在当前的学校组织制度中，依然有非常显著的单一主体和单一权威的影子，少数人成为管理的主体，而多数人则只是被管理、被控制的对象。这就使得学校组织制度中管理主体走向了单一化，而非民主治理的多元化。这种单一主体的倾向使得学校组织制度无力构筑多元主体的民主治理关系，使得学校失去了建构师生民主生活的机会，这无疑将引发学校治理的危机。考察当前的学校组织制度，我们不难发现管理主体单一化有较显著的体现：

首先，“校长负责制”在某种程度上可能演化为“校长管理制”甚至“校长专断制”，校长或者部分学校领导成为学校组织中掌握管理权力的少数人，而绝大多数的教师和学生则失去了管理权力，成为管理制度中的“无权”群体。这就导致了作为管理者的学校领导与作为被管理对象的教师和学生的隔阂，两者的有效沟通面临着巨大的挑战。而由于普通教师和学生失去了管理的权力乃至参与的权力，这就使得他们既无法充分表达自我的意见和建议，也无法对学校的管理活动展开有效的、合法的监督，从而在很大程度上使得学校管理的民主化失去了平台和基础，最终会限制学校民主治理的发展。

其次，教代会、学代会、教育工会等组织在很大程度上形同虚设，没有发挥出它们应当具有的作用。不论是教代会还是学代会，其创建的初衷是为了在学校管理决策中引入教师和学生的参与，赋予教师和学生更加平等的治理权利。但是，在现实的学校管理活动中，教代会、学代会以及教育工会等组织机构的作用更多的是停留于表面，它们虽然作为常设机构存在于所有学校当中，但是却很少真正成为“喉舌”，为教师和学生的权益发出属于自己的声音。教师和学生仍只是被当作管理的对象，而不是主体性的个体。公共的对话、协商无从谈起，教代会、学代会以及教育工会等也就徒有形式。[①] 这事实上限制了学校民主治理机制的形成和发展。

最后，由于学校组织制度中存在着这些问题，普通教师和学生更多地成了学校组织制度的管理对象，而不是学校治理的主体，他们失去了维护自身公民权利的平台，同时也在一定程度上弱化了公民效能感和公民责任感。普通教师和学生在学校管理活动中普遍感觉到自己的弱小和“无能为力”，他们无法体会到应有的公民效能感。而随着公民效能感的降低，他们的责任感和自信心也在降低。在此背景下，教师和学生在某种意义上都在不断地丧失着自身的公民身份认同，他们只把自己视为“知识的传递者”和“知识的接受者”，而不是具有治理权利的公民。

（三）治理方法的危机

“怎么治理”一直是学校管理制度中的重要问题，以合理的、有效的方法来达成学校治理的目标，无疑是优良管理的重要标准。但是，在当前的学校组织制度中，我们依然可以看到学校组织管理在不同程度上延续着传统的组织管理方法，即使用控制、命令甚至强制、灌输的方式来实现管理目标。这种管理方法没有把教师和学生当作是治理的主体，而仅仅把他们当作被管理、被控制的对象，显得过于简单和粗暴，缺乏民主精神，从而导致学校组织管理虽然有一定的管理效率，但是毫无管理质量和效果。这导致学校治理出现了方法上的危机，即以简单粗暴的方法代替了民主协商的方法，从而使得学校组织制度缺乏民主关怀，也缺少对教师和学生的人格的尊重。以控制、命令和灌输为基本方法的学校管理制度，所坚持的是自上而下的权威型管理体制，它把学校制度仅仅视为管理、控制和约束的手段，而没有认识到学校制度虽然是管理和控制的手段，但是学校制度的最终目的并不是控制和约束，而是自由。控制和约束仅仅是手段，自由才是真正的目的。手段和目的混淆所带来的直接后果就是学校制度本身失去基本的人文精神，失去对于教师和学生作为学校生活中的平等公民的尊重，从而使得制度本身

---

① 庄西真.从封闭到开放——学校组织变革的分析[J].教育理论与实践，2003(8).

失去了稳固的基础。

在以控制、灌输和权威命令为主要方法的学校组织管理中,自下而上的平等合作、协商交往和伙伴关系难以真正形成。而民主治理的组织制度是以协商交往、合作共识为基础的,它是“建立在多数人的认可和共识之上,没有多数人的同意,治理就很难发挥出真正的效用”①。在控制型、命令型的组织制度中,制度制定和管理决策往往是一个人或者少数人的事情,而与大多数人无关,这就使得制度和管理活动本身缺乏多数人的认同和共识的基础。因此,这种组织和管理制度不是真正意义上的治理,而只是控制。在控制与被控制的学校组织中,学校管理者、教师和学生之间所形成的仅仅是上下级的管理关系,而很难形成协商交往、民主合作的关系。而缺乏了这种协商交往和民主合作的关系,学校的民主治理也就无从施展了。

(四)治理目标的危机

在当前的学校组织制度中,学校管理目标的实用主义和工具主义色彩,阻碍了治理理念对于公共利益以及公共价值的追求。这使得治理在学校制度中面临着深刻的目的性危机,阻碍了学校治理目标的有效实现。这种危机至少可以归纳为以下两个基本方面:

一方面,科层官僚制的学校组织制度以追求知识教学和考试竞争的效率为第一要务,而忽视了学校治理和学校教育的一个极为重要的目标应当是为了公共利益以及公共的善。在管理和控制为主的学校制度体系中,公共利益和公共善很容易被忽视,因为它既无关教学效率和考试成绩,也无关管理的效率和权威的秩序。但是,学校显然不应当只追求考试和升学的效率,而忽视人格培养的质量和效果;不应当只追求个人利益,而忽略公共的善。一些学校过于强调教学效率和考试竞争,使得学校管理愈来愈趋于利益化、片面化和实用化,导致学校组织忽视对公共善和公共利益的追求、对公共精神的培育。一旦学校组织制度失去了这些目的,学校教育必然深陷功利主义和工具主义的泥潭而无法自拔。

另一方面,科层官僚制的学校组织制度导致学校管理者、教师和学生之

---

① 麻宝斌.公共治理理论与实践[M].北京:社会科学文献出版社,2013:11.

间的不对等地位，限制了教师与学生之间的自由而平等的沟通，限制了更加公平而正义的学校组织制度的形成。这就使得学校治理所倡导的自由、平等和正义的核心价值遭遇了危机。如果说制度的首要价值是正义，是一种以自由和平等为核心理念的正义秩序，那么过于强调控制和灌输的学校制度显然没有达到正义原则的要求，它所导致的是一种权威秩序，无助于自由、平等和正义的核心价值在学校制度中的实现。因此，在重塑学校组织制度的治理理念的过程中，学校管理者以及理念的设计者必须首先问的一个问题就是：学校管理是为了什么？目的在哪里？如果没有这样的追问，只是随波逐流地屈服于旧有的管理逻辑，那么学校的民主治理将很难实现。因此，改变传统管理模式的目标取向和思维定势，应成为学校组织制度变革的重要任务，同时也是巨大的挑战。

二、治理危机下学校公民教育的困境

官僚科层体系、单一主体思维、管理控制的方法等会导致学校空间中缺乏以平等的公民主体关系为基础的制度生活，使得公民教育所传递的公共价值观念在学校制度以及生活中无从体现，公共价值观念难以经由稳固的制度和持续的生活方式而进入受教育者的内心世界，这无疑在很大程度上制约了学校公民教育的效果，甚至使得学校公民教育成为一种形式化的、口号化的教育，而失去了实效性。学校的治理危机会使公民教育丧失制度的资源和保障，削弱公民教育的生活基础和实践平台，最终影响到学生的公民身份认同，使学校公民教育不可避免地陷入困境。

（一）公民教育缺乏稳固的制度基础

学校制度是公民教育的重要基础，制度不仅保障了学校教学生活的正常开展，同时制度所体现出来的公正、平等、正义等价值原则也会对学生起到非常重要的公民教育作用，促进他们的道德观和公民观的成长。因此，不会说话的制度事实上对学生述说着无声的语言。制度的这种诉说虽然是无声的，但是其影响却是深远的。学生在制度中生活可以潜移默化地习得各种价值观念，从而在制度的规范和践行中接受潜在的教育。也正因为如此，我们把学校制度看作是教育的资源，通过制度有效地展开对学生的品德教育和公民教育。

但是，在学校制度体系当中，制度往往被视为外在的、强制性的规范体系，它的功能仅仅是约束和控制学生，避免学生犯错误，“绝大多数的校长和老师只是把它当作规范或限制学生行为的‘手段’而已，目的是维护学校教育的秩序”①。在这种思维逻辑下，制度变成了控制人、限制人的自由的手段，它的目的仅仅是维护学校秩序的稳定。② 而制度的教育功能、道德功能却被遗忘了，制度对人的自由和解放的促进作用也被遗忘了，最终制度的核心精神也被遗忘了。但是，正如雅斯贝尔斯所说的，控制不是教育，控制“是主客体在完全疏离的情况下，将我（主体）的意志强加于他人身上”③。控制所导致的是人与人心灵无交流的隔绝状态，它使得教育者和受教育者无法进行心灵的沟通，而真正的教育必然是能够促进人与人的心灵沟通的。

因而，一项优良的制度，其设计的初衷肯定不是为了控制人，而是为了解放人，是为了给人的品格发展提供更多的资源和空间。一旦这种理念被控制的理念所取代，学校制度就可能成为控制的手段而走向“异化”。在这种情况下，学校教育以及公民教育便会愈来愈丧失制度的教育价值，失去制度对公民生活和公民教育的稳固的保障和支撑，这对于公民教育而言无疑将产生极其不良的影响。

（二）公民教育缺乏生活的基础

学校制度不仅是公民教育的重要资源，同时制度本身还是一种生活方式，它可以为公民教育提供生活的基础。学校制度不仅仅是一套成文的、明确的、正式的规范体系，来规范和约束学生的各种行为，事实上，制度还传递了一种生活理念，对制度的践行实际上就是在践行一种生活方式。因此，缺乏优良的制度作为生活的基础和保障，学校公民教育就很难有坚实的生活基础；公民教育所传递的价值理念，就很难在学校生活当中得到践行。在此

---

① 杜时忠.制度何以育德？[J].华中师范大学学报（人文社会科学版），2012(4).

② 虽然维护学校秩序的稳定也是制度设计的目的，但是如果仅仅把制度设计的目的看作维护学校秩序的稳定，则显然遗忘了制度所应当具有的更高的目的，那就是人的自由以及品格的发展。因此，制度不仅是维护秩序的手段，它还是非常重要的教育资源，它可以促进人的成长，促进人的自由。

③ 雅斯贝尔斯.什么是教育[M].邹进，译.北京：三联书店，1991:5.

背景下,学校也就很难发展起真正意义上的公共生活空间。缺乏学校制度的支持,学校的公共生活和公共价值观念便无法得到有效的支撑。

学校公民教育是传递公正、平等、自由、诚信等公民价值观念的教育形式,它需要一种公正、平等、自由、诚信的制度体系的支撑。因为,不公正的制度规范向人们传递着不公正的价值理念,不诚信的制度规范向人们传递着可以做一个不诚信的人的价值理念,不平等的制度规范向人们传递着不平等的价值理念。这些价值理念通过制度不断地进入人心、人性,从而对人们的人格和观念的发展极大的影响。正因为如此,我们把制度看作是一种重要的生活方式,优良的制度体系可以使人们追求优良生活;而一种缺乏公民主体性,缺乏公正、平等和自由的价值理念的制度体系,则无法为优良的生活和教育提供制度的保障,只会阻碍公民教育目标的实现。

当学校制度充斥着不自由、不平等、不公正、不诚信的价值理念的时候,学校生活也会愈来愈成为不自由、不平等、不公正、不诚信的生活。而一旦学校生活成为这样一种不堪的生活的时候,公民教育也就失去了生活的基础。教师和学生无法在这种生活中形成正确的价值观念,也无法在这种生活中认同自身的公民身份。这直接影响了学校公民教育的效果,以及学生的公民品德和公共精神的成长,最终将使得学校公民教育面临困境,不仅无助于学生公民品质的发展,反而将阻碍学生公民品质的发展。

(三)公民教育失去实践的平台

制度生活为公民教育提供了实践的平台。在制度的制定、实施和评价过程中,如果能够允许和鼓励学生参与进来,那么学生的公民主体性将得到很大的提升。如果学生的参与能够被进一步地制度化和规范化,那么学校公民教育也就获得了一个稳固的制度平台和实践平台。但是很多学校并没有充分重视学生的公民主体性,很少允许学生参与学校制度的设计过程和实践过程,使得学校公民教育失去了重要的实践平台,无法通过制度生活提供的实践机会来锻炼学生的公民能力。

在现实的学校教育中,学校制度设计往往是少数学校领导的事情,与普通教师、学生没有多大关系。这在很大程度上削减了学生的制度参与,同时也削减了学生的公民实践机会。事实上,如果能够把学生引入制度设计的过程，公民教育会产生很好的效果，学生可以在参与制度设计的过程中直接地感受公民权利，同时也能更积极地履行公民责任，从而成为健全的公民。但是，制度往往被看作是外在于学生的，制度是一种权威，它高于学生。因而，制度不是学生可以参与制定的，一旦学生可以参与制度的制定，也就意味着制度并非高于学生的权威存在。这种制度逻辑导致了制度和学生的疏离和分裂，学生失去了参与制度制定的机会，同时也就失去了一个重要的公民实践机会，而这种公民实践本应成为公民教育的重要组成部分。

很多学校的制度没有给予学生充分参与学校管理的权力，学校管理权主要集中在学校领导的手中，而学生对于学校管理的影响微乎其微。学生无权参与学校的公共事务的协商、讨论和决策，这直接限制了学生的公民意识和公民效能感的发展，阻碍了学生的公民身份认同。此外，学生对于班级管理的参与也是不够的。通常在学校中，班级管理更多的是班主任的事情，而不是学生的事情。学生被赋予“知识学习者”的角色，学生的主要任务（甚至是唯一任务）就是学习知识，而参与学校管理、参与班级管理的公民实践活动则往往被视为“不务正业”。在这种管理观念和教育理念主导下，学生成了纯粹的知识学习者、考试竞争者，而不是公共生活中的公民。学校制度不为学生提供足够的公民实践和公民发展空间，学生的公民品质、公共精神和公民能力也因此而难以获得稳固而持久的发展。

三、危机的克服：学校治理机制的重塑

学校制度体系中所出现的治理危机，不仅导致学校管理效率和效果的下降，同时也导致学校公民教育出现了严重的问题。学校制度体系中过于强调控制和灌输，会导致学校公民生活的衰退，影响学校管理者、教师和学生之间的公民交往，最终影响学校公民教育的效果。因此，为了克服学校制度体系的治理危机以及公民教育的困境，我们必须重新塑造学校的治理机制，以民主治理的方式来促进学校制度体系以及管理模式的改进和完善，从而把学校制度建构为一种兼具公共性与民主性的制度体系，为公民教育提供更加有力的制度保障。

首先,建构公民的参与管理机制,以改造学校制度体系的科层机制。学校管理制度必须民主、开放,让教师和学生都能够参与其中。不论是普通教师还是学生,都应当有权成为学校管理、决策的参与者和讨论者,都可以对学校的发展、变革提出自己的意见,发出属于自己的声音。从教师的角度而言,学校应当尽可能地把所有的教师都纳入管理者的团队当中,以“教师代表大会”“全体教师会”“教师工会”等形式来引导普通教师参与学校公共事务的管理决策。普通教师不再是“局外人”,而是学校管理的重要参与者。这无疑可以提高教师的公民效能感,使教师感觉到作为公民主体的效能感和荣耀感。从学生的角度而言,学校一方面必须引导学生从单纯的授受者的角色认同中走出来,形成真正的公民身份认同,积极参与学校的公共事务及公共管理。在应试教育模式下,学生往往生活于枯燥的、苍白的知识世界、考试世界之中;学生的生活世界往往被压缩成狭隘的知识和考试的世界,而学生的人格发展也被狭隘化、单向度化了,他们很难成长为整全的公民。为了防止这种单向度化,为了让学生更好地形成公民责任感、权利感以及价值感,学校必须以“学生代表大会”“学生管理委员会”等组织机构及管理机制,引导学生参与学校的民主管理,对学生进行赋权,给予学生管理权,推动学生在知识学习之外开展各种类型的管理活动及公民实践活动,在促进学校的民主管理和民主决策的过程中,不断提升自我的公民意识和公民素质。

其次,建构公民的身份认同机制,重塑学生的公民主体身份。学校制度体系应当确保教师与学生的平等公民身份,并且保障基于公民身份认同的公民权利与责任的统一性,从而为公民教育奠定公民身份认同的基础。在扭曲的制度体系中,教师与学生的公民身份均没有得到确认,尤其是学生的公民身份往往遭到控制型、权威型的管理体制的束缚。这非常不利于学生形成和发展公民身份认同。因此,为了更好地建构公民的身份机制,学校必须在内部管理体制中明确教师和学生的平等公民身份,明确教师和学生都是学校管理体制的治理主体。这可以帮助教师和学生更好地认识、理解和确证自己在学校公共生活中的公民地位,认真去行使自身的公民权利,履行公民义务,同时也更好地促进学校公共生活的发展。正如约翰·罗尔斯所指出的，公民身份的一个基本特征是，“它是一种自由而平等的公民关系，这些公民作为一个集体性实体来行使终极的政治权力”①。在公共生活中，教师和学生作为集体性的实体存在，相互之间展开着平等的公民交往，并通过这种平等关系而形成共同体，从而参与学校公共生活乃至社会政治生活，形成深刻的公民身份认同。其次，学校应当鼓励学生参与各种学校管理实践、社会生活实践，通过各种类型的公民实践活动来促进公民身份认同。在公民实践中，公民权利与责任不再是纯粹的理论概念，而是与生活实践融为一体的概念，成为生活实践的一个组成部分。公民实践活动（不论是校内的，还是校外的）可以更好地引导学生去认识、理解和体验自身的公民权利，也更好地在交往实践中履行自身的公民责任，成为一名负责任的公民。在这种情况下，学生对于公民身份的认同将是更为整体的，它避免了公民权利与责任的分裂与疏离，促进了学生对于自身公民权利与责任相统一的认识，最终有助于形成健全的公民身份意识。

再次，建构公民的协商交往机制，发展合作的公民伙伴关系。学校生活中的公民协商交往的最突出特征就是教师要把学生当作一个平等的公民来看待，坚持理性的协商交往原则，与学生之间展开协商，并且在此基础上展开行动，形成公民合作的伙伴关系。协商交往机制要求教师和学生处于平等的地位，尊重彼此的权利，展开平等的沟通和对话。如果教师仅仅将学生当作一个客体对象，当作一个可以任意施加命令的对象，那么他就没有真正把学生当作一个公民来对待，所遵循的只是扭曲的交往原则，而不是协商的交往原则。显然，协商交往的学校治理理念致力于使学校管理者、教师与学生在平等的公民身份的基础上展开协商、对话，从而形成真正意义上的公民伙伴关系。通过协商和对话，教师和学生共同参与了学校公共事务，这使学校空间成为一个协商交往、民主对话的公共空间。另外，在班级管理中，协商交往的理念支持教师和学生充分协商对话，并以此为基础展开公民合作。比如，在班级规则的制订、班级问题的决策、班级日常事务管理等方面，教师和学生都可以进行协商对话，形成伙伴关系，共同解决班级生活中的公共问

① 罗尔斯.政治自由主义[M].万俊人，译.南京：译林出版社，2000：32.

题。通过学校生活及课堂生活中的协商交往,学生可以更好地锻炼自身的公民能力,促进公民品质的健全发展。

最后,促进优良治理和优良公民的共振,建构良好的公民品德的培育机制。一种良好的学校治理机制,不仅要引导学生参与学校的管理决策、鼓励教师和学生展开协商交往、形成更深刻的公民身份认同,同时它还应有一个更加完善的公民品德的培育机制,以促进学校治理各方面的要素形成真正的教育合力,从而促进学生的公民品德的发展。这个公民品德的培育机制与优良的学校治理形成有效的共振,通过学校治理和学校氛围来促进公民品德的提升,转而促进学校治理和学校氛围的改善。笔者认为,建构优良的公民品德培育机制,包含以下几项基本工作:(1) 推动公民知识教学与学校治理实践有机结合,使得知识理性与治理实践获得内在的统一性。也就是说,学校的公民教学活动不仅仅是“教知识”的活动,还应该是“教实践”的活动,教师必须有意识地把公民教学与治理实践结合在一起,一方面引导学生参与学校管理、班级管理,另一方面在参与管理的过程中自然而然地进行公民知识的教育,从而使得知识与实践形成有效的融合,而不是相互隔阂的“两张皮”。(2) 推动教师与学生之间的协商交往机制的有效建立。这不仅要求教师充分理解协商交往的哲学含义和教育意义,同时要求建立一系列的师生对话机制以及师生互动平台,使协商交往落到实处。协商交往并不只是让教师和学生“对对话”“聊聊天”,而是要让师生交往成为一种以平等、公正、理性为基础的交往,从而实现对学校事务、班级事务的公共协商。(3) 促使学校生活和社会生活的有机结合,以多种类型的社会实践和治理活动来培育学生的公民品质,比如志愿者活动、社区治理活动、社会公益活动等等。教师不能把学生禁锢于狭小的学校生活中,而应尽可能引导学生走出学校,走入更为广阔的社会生活,在社会生活实践中锻炼他们的公民品质。通过这几个方面的基本工作,学校和教师可以引导学生更好地参与治理活动,促进学校的优良治理;同时在治理实践过程中,促进学生优良品质的发展,培育更为健全的公民品格。

第三节 学校制度生活与公民品质的培育

正如在本章第一节中所论述过的，制度不仅仅是一整套约束人的行为的规范体系，还是一种生活方式，不同的制度体系保障和促进着人们不同的价值观念和生活方式。对于学校公民教育而言，制度作为一种潜在的生活方式，事实上也为学生的公民成长提供了生活的基础和制度的规约。我们可以把这种由学校制度所潜在地促成和发展的生活称为“学校制度生活”。显然，民主平等、公平正义的学校制度生活可以增强学生的公民权利意识和责任意识，为学生的公民人格发展提供充分的生活空间和制度保障。反之，那种强制性、灌输性、操纵性的学校制度生活则会摧残人的创造性，“压制人的批判意识、独立意识、怀疑精神、探究精神，并因此使人丧失过民主生活的能力”①。也正因为如此，我们必须重视制度的公民教育功能，了解制度如何培育公民以及培育何种公民品质，从而创建一种优良的学校制度生活。我们要通过优良的学校制度生活，更好地引导青少年学生公民德性和公共精神的发展，最终实现学校公民教育的目标。

一、学校制度生活何以培育公民

学校制度生活之所以能够培育青少年学生更为健全的公民品质，乃在于学校制度生活本身就是一种非常重要的隐性课程机制，它通过保障一种民主而平等的学校生活方式来对青少年学生展开潜移默化的公民教育，培养他们的公民品质和公共精神。同时，一种优良的学校制度生活，必定能保护和促进公民权利与公民责任的平衡，培养青少年学生维护公民权利的意识，同时也培养他们履行公民责任的观念以及参与公民行动的实践能力。具体而言，学校制度生活对于青少年学生公民品质的促进功能主要体现在以下几个方面：

---

① 康永久.教育制度的生成与变革——新制度教育学论纲[M].北京：教育科学出版社，2003：18.

首先，学校制度生活作为一种隐性课程机制，潜移默化地影响着青少年学生的公民品质建构。正如我们所知，隐性课程是“学校情境中以间接的、内隐的方式呈现的课程”[①]。隐性课程往往具有潜在性、缄默性、隐蔽性、非计划性等一系列的内在特征，它在学校以及班级生活中有意或者无意地向学生传递着隐蔽的知识、规范、价值观和情感态度，实现着对学生的品格教育。而在学校以及班级生活中，制度是至关重要的部分，制度作为一种生活方式，事实上构成了一种隐性课程机制。正如菲利普·杰克逊(Philip W. Jackson)在其著作《课堂生活》(*Life in Classroom*)一书中所指出的，学校以及班级生活中有三种重要的隐性课程因素：(1) 群体(crowd)，其中充满了各种规则、规定、常规；(2) 表扬(praise)，即班级中教师的评价、学生之间的评价等使得学生尽力与教师和班级所要求的价值保持一致；(3) 权力(power)，学校以及班级中的权力结构和差距是班级社会结构的重要组成部分。[②] 如果我们从制度的角度来加以分析，这三种隐性课程因素正好都与学校制度生活有关。群体中的各种规则、规定是学校制度生活的重要方面；学校制度生活也规定了教师的表扬与批评所应当掌握的基本标准、尺度和方式；而权力则反映了学校组织制度中教师和学生的权力分配，这种权力源于制度的保障。由此可见，制度生活事实上是学校教育中最根本的隐性课程机制，它在显性课程之外发挥着最为重要的隐性课程影响。对于青少年学生的情感、态度、价值观的成长而言，隐性课程往往能够发挥出比显性课程更为显著也更为深远的影响。因而，通过制度生活这样一种隐性的课程机制，可以更有效地培育青少年学生的公民品质。如果学校制度以平等、自由和公正为核心价值，学校生活中充满着友爱、合作和诚信，教师对于学生的表扬或者批评力求公平对待、一视同仁，学校以及班级中的权力分配坚持民主平等的原则，那么这种学校制度生活就在传递着公正、平等、自主、合作和诚信等价值观念。这种制度生活本身就是一种有效的公民教育，它通过制度

---

① 施良方.课程理论——课程的基础、原理与问题[M].北京：教育科学出版社，1996:272-273.

② Philip W. Jackson. *Life in Classroom*[M]. Holt, Rinchart & Winston, 1968. 转引自：檀传宝.德育原理[M].北京：北京师范大学出版社，2007:203.

所内含的生活方式潜移默化地培养着青少年学生对于公民价值观的认同和践行。这种公民教育的影响虽然是内隐的，但是其影响却是持久而深刻的。

其次，学校制度生活通过保障公民权利与公民责任的平衡，有助于青少年学生形成正确的公民身份认同。权利与责任是辩证统一的关系，没有无权利的责任，也没有无责任的权利。在非民主的社会当中，权利与责任往往是分离的：少数人享受着无限的权利而不需要承担（或者较少承担）责任，而多数人则承担着无限的责任而几乎难以享受相应的权利。在社会主义民主制度中，公民权利与公民责任是对等的，公民既是权利的主体，同时也是责任的主体。我们的学校制度作为社会主义民主制度在学校教育中的具体化，也是基于公民权利与公民责任相平衡的基本原则来进行制度规范的设计和落实的，因此它有助于青少年学生在学校生活中养成正确的权利意识与责任意识，从而对自身的公民身份形成正确的认同。学校制度生活对于青少年学生的权利意识与责任意识的均衡发展的保障和促进，主要体现在两个基本方面。一方面，学校的规章制度是以义务教育法、教师法、儿童权利公约等法律规范为基本依据的，而这些法律规范当中都有明确的关于学生的权利或公民权利的保障条款，比如青少年学生的受教育权、身体健康权、自由表达权、隐私权等基本权利都受到这些法律规范的保护。因此，学校制度生活事实上为学生提供了一个了解自身的公民权利、保护自身的公民权利的平台和机会，让学生意识到自身享有这些基本权利，同时敢于去要求这些基本权利。这有助于学生形成正确的权利意识，为其将来走上社会成为一个合格公民打下坚实的基础。另一方面，学校制度生活也要求学生在制度体系内承担相应的公民责任，这些公民责任也是以宪法及相关的法律法规为基础的，比如学校制度要求学生尊重宪法及相关法律法规，不得做出违法行为；要求学生热爱祖国、服务社会；要求学生遵守校纪校规、服从班级管理；要求学生尊重教师、友爱同学；等等。这些都是学校的规章制度要求青少年学生履行的基本责任。显然，青少年学生只有真正理解自身作为公民主体的责任，并且勇于承担对于国家、社会、学校以及他人的公民职责，才可能形成真正意义上的公民身份意识。学校制度生活通过促进青少年学生的公民权利与公民责任的均衡发展，发展学生的公民身份认同，培育更健全的公民品格。

最后,学校制度生活提供了公民成长的实践平台,锻炼了青少年学生的公民行动能力,从而有助于培育健全的公民品格。学校制度生活之所以能为青少年学生的公民成长提供实践的平台,主要在于制度作为一种约束力、推动力,以及归根结底作为一种生活方式,可以为青少年学生提供更多的公民实践的机会,促进他们的健全人格的成长。制度作为一种行为的约束力,它告诉人们什么是可以做的,什么是不可以做的。当学校制度生活为青少年学生规定了一个合理的行为界限,规范他们的不恰当行为的时候,事实上也是对学生进行公民教育。学生清楚了解行为的界限,明白什么可以做、什么不可以做,这无疑也是公民行动能力的重要方面。制度作为一种行为的推动力,它可以促进学生去履行自身的公民责任(以及保卫自身的公民权利),展开积极的公民行动。当青少年学生发现自己的公民权利受到侵害的时候,他们可以采取行动来维护自身的权利;而当他们面对自身需要履行的公民责任的时候,他们也不应懈怠,要勇于承担自身的责任,积极地去行动,这可以有效地锻炼和培育他们的公民能力。通过制度的推动力,学生可以更好地参与公民权利的保护行动以及公民责任的践履行动。当然,归根结底,制度主要是作为一种生活方式而存在于学校教育当中的。在优良的学校制度生活当中,制度的制定、设计以及实施等,学生都不是"旁观者",而是"共同参与者"。优良的制度生活允许学生参与制度的制定、设计和实施,这本身也是非常重要的公民实践的机会。在这种独特的公民实践中,学生可以把自己看作是学校的主人、制度的主体,从而发挥出公民主体性。通过制度生活这样一个有效的实践平台,学校公民教育可以成为一种实践的教育或者活动的教育,它通过现实的、具体的制度生活来培育青少年学生的公民品格。以制度生活为依托的公民品格培育机制,将公民认知与公民行动结合起来,为培养健全的公民人格打下良好的基础。

二、学校制度生活培育公民的何种品质

学校制度生活通过隐性的课程机制对青少年学生的公民品格成长起到至关重要的作用。同时,学校制度生活还通过制度性的规范体系有效地保

障了公民权利与公民责任的均衡，推动了学生的公民实践，这有助于发展学生的公民身份认同，培养学生的公民品质。那么学校制度生活究竟能对学生哪些方面的公民品质起到促进作用呢？具体而言，笔者认为学校制度生活对青少年学生的以下几种公民品质的发展发挥着重要的作用：

首先，公民的法律—规则品质。为了更好地理解学校制度生活是如何促进学生的法律—规则品质发展的，我们可以先了解一下学校制度的类型。学校制度可以分为正式制度和非正式制度两种基本类型。正式制度是指“人们有意识创制的、具有强制力的一系列法律、法规和政策。它通常由公共权威机构制定，也可以由有关各方协商制定”①。学校的正式制度一般包含由国家权力机关颁布的义务教育法、教师法等法律、法规的体系，还包含由学校各方共同协商制定的规章制度，比如校纪校规、学生行为准则、教师行为准则等。学校的非正式制度主要是指学校生活中经由长时期积淀而形成的具有持久生命力的文化传统、道德观念、价值取向、风俗习惯等，概言之，主要体现为这个学校所具有的特殊的校园文化。对于学生的公民品质的发展而言，学校的正式制度体现着深刻的法律精神和规范精神，是国家法律意志以及学校公共意志的体现。这些制度和规范在无形中对学生进行法制教育以及规则意识的教育，推动学生法律精神和规范意识的成长。同时，学校中还存在着一系列以校园文化为核心的非正式制度，它们是道德观念、价值取向、风俗习惯、文化传统的综合体，对学生起到文化熏陶和道德规范的作用。这种规范虽然不像法律规范那么具有强制性和约束性，但是作为一种文化和道德的规范，它也可以促进学生的规则意识的成长。如果说学校的正式制度促进了学生的法律规范意识的成长，发展了学生的法律精神和品质，那么学校的非正式制度则无疑促进了学生的道德规则意识的成长，发展了学生遵守道德规则的基本意识和品质，而这些都是成为合格的社会公民所不可缺少的品质。

其次，公民的权利—责任的品质。学校制度生活可以培育学生的公民权责意识，使学生能够更好地理解公民权利与公民责任的辩证统一。在优

---

① 汪荣有.公共伦理学[M].武汉：武汉大学出版社，2009：99.

良的学校制度生活中，青少年学生会被要求积极参与学校或社会的公共生活，对学校以及社会的公共问题展开反思、批评、行动以及改造，从而认识和理解自身的公民责任，同时也维护和保障自身的公民权利，这无疑有助于青少年学生的公民权责意识的增强。青少年学生参与学校公共事务，比如学校规章制度的制定、学校卫生环境的优化、学生的奖励与惩罚等，可以不断地体验自身的公民权利与公民责任，加深对权利和责任的理解，从而形成权利—责任的辩证意识。另外，一种民主的学校制度生活，还将鼓励青少年学生积极参与服务社区、服务社会的实践活动，在社会参与中锻炼他们的公民能力。通过参加这些社会活动，青少年学生有了走出狭窄的学校生活的机会，可以在更为广阔的社会生活领域中认识、理解和体验自身的公民权利与公民责任。因为，青少年学生不仅是学校生活中的公民，同时也是社会生活领域的公民。社会公共生活为学生公民品质的发展提供了一系列的物质、精神和文化的支持，它赋予青少年学生基本的公民权利，同时也要求青少年学生承担必要的社会责任。通过学校制度生活的有效建构和积极参与，青少年学生可以加强自我与他人、自我与社会的联结，更好地理解自身的公民权利，践履自己的公民责任。由此，青少年学生可以不断提升自身的公民权责意识，为成长为成熟的社会公民奠定良好的基础。

再次，公民的理性—行动的品质。制度生活通过一种民主的生活方式的搭建，以及民主的制度体系对于人们的公民行动自由的保障，可以增进人们对于自身公民身份的理性认知，同时还可以提升人们的公民行动的能力和品质。在优良的学校制度生活中，青少年学生获得了改造和改组自身公民经验的生活空间，这不仅可以加深他们对于自身的公民角色的理性认知，同时还可以引导他们从抽象的、知性的维度走向理性的、行动的维度，获得全新的公民体验。通过公共性的制度生活，青少年学生可以将公民的认知付诸实践，从公共理性的思维走向公共理性的行动。在实践行动中，人们的内心世界因为与外部世界的实践性联结而产生了改变，人们的经验得到了改造或改组，由此人们不仅在认知理性的维度上成为公民，并且在实践行动的维度上也成为公民。这最终促进了公民的整体人格品质（理性—行动的品质）的发展。公共性的制度生活通过经由认知理性而走向实践行动的“理性—行动”功能，使得公民教育不再是一种“认知性”的公民教育，而成了一种“行动性”的公民教育。行动性的公民教育强调公民教育的基本目标是使公民成为具有实践能力和参与能力的公民，而不只是抽象的、知识理性的公民。它要求青少年学生积极参与公共活动，融入公民实践。“行动性”的公民教育主张公民教育不只是培养“消极的公民”（即认为公民只需要维护自身的权利不受侵犯，而不需要积极参与社会公共生活），而是要培养“积极的公民”，通过积极的公民行动捍卫社会的民主和正义，同时也通过积极的公民行动来锻炼和培育自身的实践能力。这种制度生活可以促进青少年学生的理性能力和行动能力的共同成长，培养他们的公民品格。

最后，公民的公平—正义的品质。从某种意义上而言，公平与正义表达了相近的意思，只是公平所指涉的更具体一些，正义所指涉的更抽象一些；公平是正义的实质化，正义则是公平的理念化；正义的理念更偏向于程序正义，公平的理念更注重实质正义。因此，人们一般认为，正义“作为制度基本价值的集合体，并不是一种局部性的或者特殊的价值观念，而是一种全局性的、根本性的价值观念”①，公平则是将这些根本价值落实到具体的生活当中。正如约翰·罗尔斯所指出的，正义是社会制度的首要价值，正如真理是思想体系的首要价值一样。② 评价一项制度是否合理，首先要看这项制度是否符合正义的要求以及是否能够给人们带来更公平的生存环境，即是否促进了社会的自由、平等和公正等核心价值的实现。并且，制度的公平以及正义，可以对生活于该制度中的人产生极强的教育作用，因为正义的制度可以培养正义的人，而不正义的制度会造就不正义的人；公平的制度让人们更愿意公平相待，而不公平的制度则会让人们侧目相向，以免在社会竞争和资源配置中处于劣势。对于学校制度生活而言，学校的整个制度安排必须体现出正义这一根本价值，学校和教师要始终以公平的方式来对待学生，不因为学生的个别差异（性别、种族、家庭背景、学业成绩等）而歧视某些学生。学校制度的公平或正义不仅是制度本身合理性的基础，而且它作为一种隐性价值观体系，也在无形中对青少年学生展开公民品质教育，促进学生的公

① 施惠玲.制度伦理研究论纲[M].北京：北京师范大学出版社，2003：152.

② 罗尔斯.正义论[M].何怀宏，等，译.北京：中国社会科学出版社，1988：3.

平—正义品质的提升。缺乏公平和正义的基本机制的学校制度生活，不利于造就具有公平和正义品质的公民；具有公平和正义的学校制度生活，则有利于培养青少年学生公平而正义的品质，两者是相互影响和相互促进的关系。

三、如何建构优良的学校制度生活

优良的学校制度生活为公民品质的培育提供了生活空间和制度基础，可以促进青少年学生的公民品质的全方位提升。但关键问题在于，如何促进当前学校制度生活的改进，从而使得优良的学校制度生活能够广泛地建立？这项工作的成败将在很大程度上决定公民教育的制度基础和生活基础的可靠性。笔者认为，建构优良的学校制度生活是一项系统工程，学校制度设计应以法律精神为基础，以自由、平等、公正等为核心价值范畴，以教师和学生的民主参与、共同治理为主要途径，最终实现青少年学生公民人格的健全发展。因此，建构优良的学校制度生活，应当包含以下几个方面的基本工作：

首先，以法律理念为精神基础，完善学校制度生活的法理规范性。一些学校在设计、制定和实施制度规范的过程中依然存在着不少违规甚至违背法律精神的行为。比如，有的学校规定教师有权随意翻看学生的日记，名义上是对学生的日常生活和心理状况进行监督，事实上这种做法侵犯了学生的基本权利——隐私权。有的学校要求所有女生一律不准留长发，否则以违纪论处，这事实上侵犯了学生的个人自由权利。[①] 还有的学校强制学生在学校食堂就餐，而学校则将食堂承包给个人，以远高于市场的价格售卖饭菜，从中赚取利润，这不仅有违教育的公益属性，同时也侵犯了学生的自由权利。事实上，这些年来类似事件时有发生，这说明当前的学校制度生活还欠缺法律精神，教育管理者、教师的法律素养还须提升，学校制度生活的法理规范性还有待加强。从完善学校制度的法理规范性的角度出发，有必要在学校、教师和学生中普及法律的基本理念，加强法治教育，促进教师和学生对宪法、教育法、教师法等法律条文的理解，从而使得教师和学生都能懂法知法，了解自身的权利，同时也了解自身的义务。学校制度在设计、制定

---

① 高德胜.道德教育的20个细节[M].上海：华东师范大学出版社，2007：46，90.

以及实施的过程中必须充分尊重宪法以及相关法律的基本精神，按照法律程序办事，不违反宪法以及相关法律的规定。同时，必须充分尊重儿童权利公约等国际公约对于儿童的受教育权利、健康权利、隐私权利等的保护。学校必须以法律为准绳来设计制度，在涉及学生的重要问题上，必须遵循法律的有关规定，坚决保证学校中的每一项制度规范都符合法律的要求，都没有逾越法律的界限。

其次，以自由、平等和公正为核心价值，构建学校制度生活的优良价值氛围。学校制度生活并不是为了约束人、规范人，而是为了给人以自由、平等、公正。通过传递自由、平等以及公正等基本的价值理念，学校制度可以更好地培养青少年学生的公民品质。从自由的角度而言，“当某个人摆脱某些限制而做（或不做）某事，并同时受到保护而免受其他人的侵犯时，我们就可以说他们是自由地做或不做某事的”①。自由往往是与法律和制度的约束、保障结合在一起的，正因为有了法律和制度，个人才能自由地做自己想做的事情而免受其他人的侵犯；也正因为法律和制度的约束，个人才不会在行使个人自由的过程中伤害到别人的自由或者被别人的自由所伤害。因此，学校制度不仅要尽量保障学生的个人自由，同时也要对学生的自由有所约束，使个人的自由不至于侵犯他人的自由。从平等的角度而言，学校制度生活中的平等意味着教师必须以完全平等的方式来对待所有学生，不会因为学生的性别、年龄、智力、种族、考试成绩等对学生进行歧视性的差别对待。② 平等的核心取向就是要求在法律和制度面前人人平等，共享权利，同时也共担责任。在学校制度体系中，不仅学生与学生之间是平等的，学生与教师之间也是平等的。教师作为教育者的威望并不会剥夺学生的平等权利，因为作为教育者的教师必须在尊重学生的平等人格的基础上来开展教育活动，而不是以蔑视平等人格的方式来开展教育活动，无视平等人格的教育活动本身也不会具有教育的效果。从公正的角度而言，学校制度应当成

---

① J.Rawls. *A Theory of Justice*[M]. Boston: Harvard University Press. 1971: 202-203.

② 米歇尔·W.拉莫特.学校法学：案例和观念[M].许庆豫，译.南京：江苏教育出版社，2006:7.

为一种公正的制度体系,它的目的必然指向实现人的自由和平等的权利,同时最大限度地保障教育资源配置的公平和正义。学校制度体系不是为某个人或者某些人设计的,而是为所有成员以及所有成员的公共利益设置的。公正的价值取向要求学校制度最大限度地提升人的自由、平等的权利,同时实现教育资源的更为公平、合理、有效的配置,从而最大限度地促进人的自我价值和公共利益的实现。总之,以自由、平等和公正作为核心价值的学校制度生活,可以更好地体现民主平等的价值精神,形成更优良的制度氛围,从而促进学生公民品质的发展。

再次,以治理为主要机制和途径,鼓励教师与学生的平等参与、共同治理。治理意味着学校制度生活中的权利主体是多元的,而不是单一的。也就是说,学校管理者、教师和学生共享学校治理的权利,成为学校组织中的共同治理者。不论是学校管理者,还是教师或者学生,都无权单独掌控学校的规章制度的制定、设计和实施,他们必须进行协商、对话和合作来共同管理学校公共事务,共同商讨学校的规章制度,从而促进学校制度和管理活动的优化。因此,以治理为机制和途径的学校制度生活,首先必然意味着学校管理者要向普通教师和学生放权,因为治理“必然强烈要求公民的参与和社群的自治,将公民参与和自治作为基本的策略”[①]。学校管理者不能独占学校的公共行政权力,而要进行适当的放权,要引导学生、学生群体、教师以及教师群体积极地参与学校的治理活动,实现内部的自治。在这种治理和自治的活动当中,学生以及教师的公民品质都将得到持续不断的锻炼,并且在这种实践中不断地走向成熟。治理也意味着普通教师和学生不能被动地接受自身的“无权”状态,而是要积极主动地向学校管理者争取自身的权利,这种权利就是教师和学生平等参与、共同治理的权利。这些权利的获得并不是施舍的结果,因为施舍的事物往往无法持久。教师和学生作为学校制度生活中的公民,作为学校公共事务的共同治理者,应该争取自己的权利,在学校公共事务中表达自己的意见。通过教师和学生对学校制度生活以及公共事务的平等参与和公共治理,制度生活将体现出更显著的民主色彩,而制

---

① 孔繁斌.公共性的再生产:多中心治理的合作机制建构[M].南京:江苏人民出版社,2012:33.

度的设计、实施也将更尊重教师和学生的权利，并且接受教师和学生的共同监督。这样的制度生活将更好地促进教师和学生的公民品格的成长。

最后，以促进公民人格的健全发展为最终目标，实现制度生活对于“人”的培育功能。正如康德在《论教育学》一书中所指出的，“人是唯一必须受教育的被造物”，“人只有通过教育才能成为人。除了教育从他身上所造就出的东西外，他什么也不是”。[①] 教育使人成为真正的人，学校教育塑造人的人性和人格，而不仅仅给出学业成就和考试成绩。学校制度生活本身也在教育人，优良的制度能够培养出优良的人格；健全的、公正的制度能够培养出健全的、公正的人。因此，优良的学校制度生活的建构，必须把这种“育人”的功能凸显出来，即制度生活并不仅仅是保障学业成绩和升学率的功利主义工具，而且是使人成为人的制度保障。在不少学校中存在功利主义的价值取向，有的“学校越来越不是一个‘教育’的机构，越来越少‘教育’的意味，逐渐地成为一个没有教育性的‘教学’机构、一种纯粹的职业预备或培训机构”[②]。而学校的制度设计也服务于这样一种功利主义的教育目标，服务于单向度的管理和考试升学率，而远离了健全的公民品质和道德人格的培养。显然，优良的学校制度生活的构建，必须超越这种功利主义的教育价值取向，必须重新回归到培养人、培养公民的轨道上来。学校制度生活要致力于保障人的权利，促进人的知识理性、道德理性的完善和发展，而不仅是知识理性的片面发展。优良的制度生活将引导学生参与制度的设计、制定和实施的过程，让青少年学生成为制度设计以及实施的主体，让学校制度反映学生的需要，最终促进青少年学生的幸福感和满足感的提升。学校制度不是异己的、控制人的规范体系，而是本己的、解放人的规范体系。青少年学生在制度生活中可以体会自身的尊严感、价值感和效能感，不是把制度当作约束自我的负向力量，而是当作促进自我实现的正向力量。通过学校制度生活来培育人、培育健全的公民，学校制度与青少年学生将走出更和谐的步调，制度的育人功能和公民教化功能也将得到更大限度的发挥，从而推动公民教育走向成功。

---

① 康德.论教育学[M].何兆武，译.上海：上海人民出版社，2005：3，5.

② 石中英.教育哲学导论[M].北京：北京师范大学出版社，2002：83.

第四节 治理理念下学校管理制度及权力导向的公共性建构

为了更好地实现学校组织制度的育人功能和公民教化功能,我们有必要对当前的学校组织制度进行公共性的建构,推动学校组织成为真正意义上的公民治理的组织机制。不少学校的组织制度呈现出"公共性"的缺乏状态。学校组织制度的"公共性缺乏",主要是指学校组织制度虽然在名义上是公共性的制度,但是在实质上却由于种种制约而呈现出"去公共性"甚至"反公共性"的特征,导致学校管理者、教师与学生被置于不平等的地位,大多数普通教师和学生缺乏参与学校治理的权利,从而损害了学校的民主和平等的公共价值取向。为了重建学校组织制度的公共性的价值取向,我们有必要从治理的理念出发,促使学校管理者、教师和学生从单向度的控制关系中解放出来,而形成一种主体间的公民交往和共同治理的关系,最终使学校成为公民教育的促进力量。

一、学校组织的管理结构:从"控制"走向"治理"

随着教师和学生公民主体意识和权利意识的觉醒,以"控制"为核心逻辑的学校组织管理模式遭到愈来愈多的批判。在控制型的学校组织模式下,教师与学生之间所形成的是控制与被控制、管理与被管理、灌输与被灌输的关系,它违背了学校教育的公共价值取向,不仅无法对学校进行有效的管理,还阻碍了学校教育的民主化发展,阻碍了学生公民品质的发展。与控制型的学校管理模式不同,治理型的管理模式是对控制型的管理模式的反思,它倡导治理主体的多元化,强调学校公共事务的协商对话机制,鼓励通过公民合作及伙伴关系来处理公共事务,实现交往主体各方的权利平等与权力共享。治理作为一种新型的管理理念与实践模式,它致力于革除学校组织中的权威主义、技术理性、强制灌输、心灵隔离等弊病,使学校组织回归到公共性与民主性的轨道上来。治理赋予教师与学生以平等的公民身份和治理权利,从而使学校和课堂成为一个民主治理的空间,提升和扩大学校组织的公共利益,稳固而持久地培育学生的公共精神和公民品质。

首先,治理模式对控制模式所形成的交往关系进行全面改造。在学校组织管理中,由于教师与学生在“身份”“权力”以及“权利”等方面的不平等,容易形成不对等的交往关系。正如詹姆斯·博曼(James Bohman)所指出的,“当权力和资源的社会分布损害到成功交往的条件的时候,交往就被扭曲了”①。如其所言,当学校组织中存在着身份、权力与资源的不均衡配置,违反了交往生活的平等原则和公共性原则的时候,师生交往也就被扭曲了。显然,学校组织作为一种社会组织机构,在权力、资源、身份的分布以及分配上也会出现不均衡,这对于师生交往关系也会造成伤害。一般而言,在学校层面上,学校管理者以及教师拥有大部分的组织权力,学校组织的管理权、决策权、课程权、教学权以及考核权等主要掌握在学校管理者及教师手中,而学生在这些方面的权力可以说微乎其微。在课堂生活的微观层面上,教师与学生也处于不对等的位置,教师作为教学资源的实际控制者,在教育活动中几乎处于主宰的地位,而学生则往往处于服从或者顺从的地位,由此导致了扭曲性的师生交往关系。显然,治理型的学校组织模式致力于对这种扭曲性的交往关系展开反思与批判。治理活动要求教师与学生均成为学校组织的治理主体,赋予他们同等的治理权利,允许他们共享学校的管理资源和教学资源。虽然学生在公民理性和思维水平上仍然是未成熟的,但这不能作为忽视学生的治理权利与公民身份的充分理由。治理理念赋予教师与学生平等的公民身份,倡导师生之间的平等交往,有助于完善学校组织中的师生交往关系,同时促进学生的公民品质的发展。

其次,治理模式是对控制模式所遵循的技术理性取向的全面反思,它倡导人性化的、民主的学校管理模式。控制型的管理模式追求对客体对象的全面掌控、机械化管理以及管理效率的最大化。弗雷德里克·泰罗(F.W. Taylor)、吉尔布雷斯(F. Gilbreth)等早期科学管理理论的倡导者都曾把管理过程视为通过改进工人的操作步骤和身体动作来提高生产效率的过程,管理活动所“关心的重点是那些靠肌肉的重复动作来完成的任务,其研究对

① 詹姆斯·博曼.公共协商:多元主义、复杂性与民主[M].黄相怀,译.北京:中央编译出版社,2006:101-103.

象是属于操作水平方面的问题,未涉及更深层次的问题”[1]。因此,管理过程成了一个技术理性的、非人格化的过程,它的重点是控制工人的操作方法、步骤和时间,以实现生产效率的最大化。在这种技术理性的控制过程中,工人被当作大机器上的螺丝钉,而不再是具体的、真实的人。虽然科学管理理论在后来遭到诸多管理学者的批判,但是在当代社会中我们依然能够看到这种技术理性主义对组织管理模式的深远影响,甚至可以说“社会控制的现行形式在新的意义上是技术的形式”[2],它同样倾向于把人当作技术的工具、机械的对象,而否定人的自由与权利。在当前的学校组织中,控制型的管理逻辑也试图通过技术理性的管理思维把学校管理者、教师和学生之间的复杂的、丰富的、人性化的交往关系简化为工具性、机械性的交往关系,把教师和学生当作学校组织机器中的一个个零部件,以此来高效地生产出所需要的人力资源产品(学生)。人性化、丰富的学校组织生活就在这种工具性、机械性的管理思维中被抹杀了。显然,学校组织的治理模式试图对这种控制模式展开彻底的反思与批判。治理模式要求以人性的、平等的、民主的方式来对待学生,给予教师与学生充分的交流、反思、对话和协商的空间,提升他们的自我尊严感和公民人格感。治理模式不是把教师与学生当作教学机器、知识容器或者工具,而是把教师和学生视为丰满的、复杂的、完整的人和公民,把学校组织视为一个民主的、平等的、人性化的生活空间,从而建构人性化的学校组织管理模式,实现公共性与民主性在学校组织生活中的“再产生”。

再次,治理模式是对控制模式所引发的“权威的幽灵”的全面批判,它主张建构民主与权威的辩证关系。学校组织中经常存在着一种对于教师权威的过度崇拜,过于迷信教师的能力和威望,使得权威就像“幽灵”一样悬浮在学校生活中,成为学校组织走向民主化的障碍。笔者认为,合理的教师权威是学校组织和教育活动所需要的,教师在知识、道德和管理中所具有的人格的、知识的、道德榜样的威信或威望可以对学生的人格发展起到积极的引导作用。[3] 但是,过度的权威性甚至成为一种权威崇拜则是完全不合理的,它

---

① 黄志成,程晋宽.教育管理论[M].上海:上海教育出版社,2001:24.

② 马尔库塞.单向度的人[M].刘继,译.上海:上海译文出版社,2006:8.

③ 叶飞.教师角色与权威的合理性探析[J].中国教育学刊,2008(3).

会损害学校组织的公共性，削弱学校管理和师生交往的民主性。雅斯贝尔斯曾说，“假如学校里游荡着‘权威的幽灵’，学生对此也不反抗的话，那么，权威的思想将深深地印在他们稚嫩可塑的本质里，而几乎不可变更。将来这样的学生在下意识里只知道服从与固执，却不懂得怎样自由地去生活”①。学校组织管理的控制模式夸大了教师的权威作用，束缚了学生的自由，使得“权威的幽灵”始终高悬于学生的头上。在这种管理模式下，学生将失去自由的思想乃至自由的梦想，甚至将失去反抗意识和自主意识，最终成为权威控制下的缺乏独立意识的顺从者。这无疑是与学校组织的公共性目标背离的。学校组织的治理模式致力于反抗这种使学生丧失公民品格和独立精神的控制逻辑，它反对这个“权威的幽灵”笼罩在学校组织生活之上，而是试图以自由、平等的公民生活来促使学生实现自主、自由的学习，同时以自由、自主的学习来实现自由品格和公民人格的成长。当然，治理模式也并不是反对任何形式的教师权威，而是希望把教师权威限定在可接受的、合理的、有益于教育的阈限之内，从而维持自由与权威的辩证关系。治理模式尊重学生对自由生活的诉求，同时又维护学校组织的稳定有序，因此既可以使学生成长为自由的、个性的公民，又可以使他们成为具有公共精神、法治精神和秩序意识的公民。治理模式把批判“权威的幽灵”视为重要任务，给予学生治理的权利和资格，让学生成为学校组织管理的共同治理者，这将更好地“解构”传统教育中的权威—控制关系，发展学校组织的公共性与民主性。

最后，治理模式是对控制模式所造成的“心灵隔离”的全面超越，它倡导教师与学生“我—你”的心灵对话关系的实现。如果说教育的本质是一种心灵沟通的过程，那么控制型的管理模式事实上是在把教育推向“异化”，它使得教师与学生之间产生心灵的隔离。控制型的管理模式使学生沦为被控制、被训练的“物”，成为失去主体精神的客体对象。在这种主客体的对立关系中，教师与学生相互封闭了内心世界，心灵的沟通与联系被割裂了，而教育的过程也就失去了心灵对话、精神沟通的可能性。与控制模式不同，治理模式试图打破这种精神闭锁，实现精神与心灵的有效沟通。治理模式让教

① 雅斯贝尔斯.什么是教育[M].邹进，译.北京：生活・读书・新知三联书店，1991：56.

师和学生展开平等的对话，这种对话是开放性的，是马丁·布伯所言的“我与你”的对话关系。“我与你”的对话关系是精神、心灵的敞亮与澄明，双方能够向对方敞开心扉去言说，从而向对方开放自我的心灵世界。治理模式打破了横亘在主体与客体之间的二元对立关系，使得教师与学生成为主体与主体的关系，从而展开充分的、平等的对话。同时，治理模式还可以通过“关怀他者”来取代控制模式的“蔑视他者”。在控制型的管理模式中，教师往往会认为自己高于“他者”(学生)，而一旦教师认为“自我”高于“他者”(即学生)，那么师生之间的平等对话和沟通将难以进行。[①] 而在治理型的管理模式中，学校空间本身就是一个自我与他者不断展开精神交流、心灵沟通的空间，教师不是“控制者”“权威者”或“灌输者”，而是以平等的公民身份来构筑与学生的治理关系。这可以促进教师与学生之间的精神对话，防止心灵隔离的发生，使得师生交往回归到心灵的契合。

总之，走向治理型的学校组织制度致力于将学校组织从控制型的管理模式中解放出来，让教师与学生均成为学校公共事务的治理主体，共享公民身份与治理权利，在公共管理、公共决策中发挥治理主体的作用，最终发展和增进学校组织的公共利益，建立学校组织的公共生活秩序。治理型的学校组织使教师与学生、学生与学生之间形成自由而平等的公民伙伴关系，他们可以在公民共同体的公共精神氛围中共同成长；而公民学习也将成为一种合作的学习、快乐的学习，而不是孤独的学习、痛苦的学习。通过治理理念的建构与实施，学校组织将不断提升公共性和民主性，稳固而持久地培育学生的公共精神和公民品质，从而更好地实现学校公民教育的目标与使命。

二、学校组织的权力导向：从“独占”走向“共享”

学校组织的“独占性”权力结构是一种金字塔型权力结构，这种权力结构的典型特征是垂直化、等级化和不均衡化，它导致了学校管理者、教师与学生之间的权力失衡。学校管理者和部分教师成了居于“塔顶的人”，他们享有学校组织中的大部分权力；而大多数的普通教师和学生则成了居于“塔

① 旷剑敏，袁怀宇. 自我与他者：教师的伦理责任与价值[J]. 道德与文明，2009(3).

基的人”，他们很少享有组织管理的权力，几乎没有参与学校治理的权力。这种权力结构使得“权力运作主要是自上而下贯彻上层的意图，而非表达公民的诉求”[①]。在这种情况下，学校组织的公共性在很大程度上被解构了，学校组织生活不再是一个公共的、民主的生活空间，而成为一个垂直型、控制型的权力领域，难以承担培养公共精神和公民品质的教育使命。这也违背了学校教育的公共价值取向，对学校组织的公共使命会造成极大的危害。因此，为了重建学校组织的公共性内涵，使学校组织真正成为培养公共精神和公民品质的场所，有必要改变这种“独占型”权力结构，建构学校组织的“共享型”权力机制，使学校成为一个更加民主、公正的公共生活空间，更有效地分享和传递公民价值观念。为了使学校组织的权力分配从“独占”走向“共享”，必须以治理理念为基础来重新构筑学校的民主生活基础，实现学校公共事务的共同治理。

首先，学校治理要求构筑多元的权力主体，使普通教师与学生在学校组织生活中分享组织管理的权力，而不是仅仅成为组织管理中权力压制的客体对象。治理理念要求打破单一权力主体的弊端，实现权力的共享。在这种权力共享的机制中，学校管理者、教师与学生的关系不是冲突和对抗的关系，而是合作、协商的公民伙伴关系。在班级生活或课堂生活中，教师也不再是把学生当作课堂权力、知识权力的控制对象，而是把学生看作班级治理的主体，与学生展开对话和沟通。治理的过程不是权力控制的过程，而是相互对话、共同协商以寻求道德共识或者管理共识的过程，“治理过程的基础不是控制，而是协调”[②]。失去了沟通、协调和对话，治理也就不成其为治理了。通过治理主体之间的对话、协商的交往关系，学校管理者、教师和学生之间所形成的不再是垂直型、独占型的权力结构，而是多元共享型的权力结构。通过权力共享和共同治理，学校组织可以发展成公民共同体，在共同体内部各主体之间共同分享着治理的权力。这种共享型的权力结构，“是为充分发挥全体师生员工的创造性能力而建立起来的柔性的、扁平化的、符合人

① 孙联荣.非行政性组织的创建——学校组织变革的实践探索[J].教育发展研究，2009(8).

② 俞可平.治理与善治[M].北京：社会科学文献出版社，2000：4-5.

性的、能持续发展的组织结构”[①]。在共享型的权力结构中,没有站在权力顶端的单一权力主体,也没有长期“沉积”于权力底部的普通教师和学生。学校组织的权力不再是独占型的权力,而是所有教师和学生共同分享的权力。这种共享权力结构是柔性的、网状的,互相沟通、联结的,它使教师和学生均成为组织网络中不可或缺的成员,共同行使着属于自己的治理权力,同时也通过网状的联结来形成公民共同体,在相互协调和沟通中共同促进学校组织的发展。因此,这种权力结构可以更好地使学校组织成为一个公共性与民主性的生活空间,使得普通教师与学生都能作为治理主体参与其中,发挥出更积极的公民主体性和公民影响力。

其次,教师与学生在课堂生活中均享有话语权,形成平等的公共交往关系。学校组织的权力共享期望把课堂生活构筑成一个共享话语权、平等对话的交往生活空间。从话语权的角度来分析,课堂几乎是一个微型的政治空间,其中隐含着各种各样的令人捉摸不定的权力关系。正如佐藤学所描述的:“在黑板和讲台前方整整齐齐地排着近 40 张课桌椅。在这空幻的空间里,只有时钟在刻画着空幻的时间。那种沉闷的、冷漠的权威与权力究竟在哪里呢? 当然,你可以在教室的每一个角落看到象征权力与权威的种种符号。”[②]这些权威与权力并不全然是教室的产物,也是社会权力渗透的结果。学校组织的治理理念期望将课堂生活从这种不平等的权力关系中解放出来,形成教师与学生之间的平等话语关系,让二者均能参与公共性的交往生活。为此,课堂生活必须成为一个真正平等的话语空间,赋予教师与学生平等的话语权利。而要赋予教师与学生平等的话语权利,则必须尽力避免师生对话中“虚假的对话”“僵化的对话”“无精神交流的对话”。虚假的对话不是一种真正尊重学生的公民主体性的对话,而仅仅是把学生当作完成某种教育任务或者考试任务的工具;僵化的对话只是塑造了一种“徒有其表”的对话模式(比如课堂中的一问一答),而没有真正把学生接纳为具有话语权利的公民;无精神交流的对话仅仅是技术理性的、工具主义的对话,教师

① 任光升.“人本化”的组织管理系统的构建[J].当代教育科学,2008(8).

② 佐藤学.课程与教师[M].钟启泉,译.北京:教育科学出版社,2003:104.

与学生封闭着各自的精神世界，在心灵之外进行“不痛不痒”的对话。显然，学校组织的治理理念要求赋予教师与学生平等的话语权利，反对前述三种虚假的、肤浅的对话模式，主张教师与学生进行真情实意的、鲜活的、直抵心灵的对话。在对话过程中，教师与学生相互敞开心扉，把对方当作课堂生活中的治理主体或者公民主体。这是一种教师与学生之间真实的心灵沟通。

最后，教师与学生共享课程权，课程知识的权力关系从“威权型”走向“共享型”。对于教师而言，课程知识往往被看作国家与社会所要求的法定知识，“教师作为知识内容的传递者和代言人，在社会和教育管理体系内部并没有什么权力”①。因此，课程知识往往成了外在的、强加的知识，它难以提高教师的参与热情和主体性，反而削弱了教师对于课程知识本身的创造兴趣。对于学生而言，他们更为直观的感受是课程知识是教师所强加的知识，知识中体现着强烈的权威性和“正确答案”色彩，而不是一种民主的、共享的知识。因此，不论是从教师还是从学生的角度出发，都可以看到传统的课程知识权力分配的缺陷，它阻碍而不是促进了教师与学生的主体创造性，它使得课程知识走向了非民主的权威性，课程知识因此而变得僵化、模式化、形式化。为了改变课程知识的权力关系，治理理念对于课程知识的权力关系进行了重新构筑。首先，治理理念反对课程知识权力高度集中于政府或者教育管理部门，鼓励教师成为课程知识的“实践反思者”，赋予教师反思课程知识、创新课程知识的权力，实现课程制定者与课程实施者之间的权力共享。其次，治理理念反对教师在课程教学中的过度权威性，主张让学生也成为课程的参与者和创造者，通过对学生的赋权来激发学生的课程兴趣，使学生成为课堂的主人。最后，治理理念还致力于为课程知识建构一个协商、交往的空间，让教师与学生在这个空间中就课程知识展开充分的对话和协商。教师不再因固守法定知识的阈限而丧失知识创造的热情，学生也不再处于被动的知识学习状态中，而是共享课程权力。这种课程权力的共享建构将使课堂生活和课程知识成为教师与学生的公共生活的重要组成部分，促进教师与学生的课程共享与权力共享。

---

① 李海英.课程权力：协商课程的一种追求[J].全球教育展望，2005(9).

第四章　治理与学校公民共同体的建构

学校既是一个知识传递的空间，也是一个公民培育的空间。通过学校的公民共同体生活，可以更有效地培育社会主义民主法治体系下的优良公民。公民共同体不是一个松散的、自发的集合体，而是经由公民之间的公共交往、公共治理而形成的共同体。一个真正的公民共同体，成员之间应有彼此尊重的伦理规则和价值氛围，它的首要特征是成员之间的公民身份的平等共享，以及对于公共事务的共同治理。这一点正如约翰·罗尔斯所说，那种缺乏整体运行规则的、自发的、缺乏共同理性的基础的群体只能称作自然的结合体，而公民共同体显然是经由平等的公民身份、理性的公共协商而建立起来的共同体。① 这种共同体在成员之间建立起了自由、平等而理性的紧密联系，它引导共同体成员基于公共理性规则展开交往、协商、治理和行动，促进共同体的共同发展。因此，公民共同体不仅是由公民所组成的共同体，同时也是造就公民的共同体。公民共同体的生活方式和实践逻辑本身就是一种很好的公民教育形式，它通过共同体的生活实践潜移默化地提升着受教育者的公民品质，提升着共同体成员的公民权利意识和责任意识。在学校生活中，教师和学生展开着公共的交往、协作和治理等活动，使彼此更好地理解公民身份的内涵，增强自身的公民德性和公共精神。

第一节　共同体与学校公民共同体

学校共同体生活不仅实现着知识传递的功能，也实现着公民理念及价

---

① 约翰·罗尔斯.政治自由主义[M].万俊人，译.南京：译林出版社，2000：225.

值观的传递功能，只不过这种传递是一种隐性的传递。在学校生活中，“一种更加民主和广泛的交往就像知识的大面积传播和使用一样，是近代工业生产和民主社会对人的需要，是出于人们和平共处的社会普遍伦理的需要”[①]。这种民主而平等的交往生活和治理活动打破了传统的知识传递模式，致力于把正义、理性、权利、责任、自由等公民价值观念传递给学生，而这种传递是持久而有效的，它的效果甚至超过直接的、显性的公民教育。因此，为了更好地实现公民教育的目标，我们有必要重建学校共同体生活的公共属性，发展学校的公民共同体，提升学生对公民共同体的精神归属感和价值归属感，并通过公民共同体和公民生活的构建，不断地增强学生的公民身份认同，培育他们健全的公民品质，最终达成培育未来优良公民的教育使命。

一、“共同体”的含义及思想演进

“共同体”(community)是人类群体生活的一种特殊形式。但是，并非人类的群体生活都是共同体，那些没有公共伦理和公共利益需求的群体生活只能说明“大家生活在一起”，而不能说明大家组成了一个“共同体”。一旦我们把“共同体”理解为“生活在一起”，那么“共同体”这个概念就多余了，它完全可以被“群体”(group)、“联合体”(union)等概念取代。因此，为了避免对“共同体”这个概念的肤浅理解，我们必须更深入地探析这个概念的基本内涵，理解这个概念之所以产生的学术依据。追溯根源，事实上我们可以在古希腊文化中清晰地看到共同体的观念以及共同体的生活实践。古希腊哲学家亚里士多德把城邦看作是一个“共同体”，城邦的政治生活向所有公民开放，从而形成城邦政治的公共生活空间，它使公民团结一致共同来处理城邦的公共事务，保卫城邦的公共利益。这可以看作是共同体的早期原型。

事实上，最早对“共同体”这一概念进行学术界定的学者是斐迪南·滕尼斯(Ferdinand Tonnies)。滕尼斯把“共同体”定义为：“共同体是对人的生存和生活方式的一种概念化描述，它表示一种具有共同利益诉求和伦理取

① 毛景焕.班级作为一个共同体：成员的相互平等和资源共享[J].教育研究与实验，2003(2).

向的群体生活方式。”[①]在滕尼斯看来，构成共同体的核心要素是公共伦理和公共利益诉求。共同体生活可以区分为三种基本类型：一是血缘共同体，二是地缘共同体，三是精神共同体。在滕尼斯看来，不论哪种共同体生活，都会在共同体成员之间形成习俗、规范、文化观念和价值观念的共同氛围，这些都将影响共同体成员的道德发展。因为，共同体生活不仅为个体提供了共同生活的社会基础和伦理背景，同时还具有显著的道德教化的功能（尤其是“精神共同体”，其成员是因为共同的精神取向和道德信仰而组成共同体的，因此这种类型的共同体生活对人的道德教化功能更加显著）。道德的共同体生活可以培养出更高尚的人。滕尼斯的定义让我们注意到，人类的共同体观念也是处于不断的演进和发展中的，从最初的血缘共同体、地缘共同体逐渐过渡到精神共同体，共同体生活的精神内涵日益明显。同时，滕尼斯也告诉我们，共同体生活是一种渗透着深刻的知识、习惯、风俗、价值、信仰等的生活空间，它对共同体成员具有显著的道德影响。

当代哲学家麦金泰尔也曾一度想回归到亚里士多德以及滕尼斯所倡导的精神共同体的传统。麦金泰尔认为，现代西方伦理生活的无序化、碎片化已经到达了顶点，“当代道德话语最显著的特征乃是它如此多地被用于表达分歧；而这些分歧在其中得以表达之各种争论的最显著的特征则在于其无休无止性”[②]。之所以会有这些无休无止的争论，最重要的原因就是现代生活中已经不存在亚里士多德时代的共同体生活，现代生活被自由主义和个人主义所笼罩，而共同体的温馨情感、价值传统和精神纽带则已经断裂，人们失去了精神的归属感以及统一的以公共善为基础的价值标准及价值追求。因此，为了解决现代伦理生活中的无休止的分歧和争端，就必须重视共同体的生活，培育公民的德性品质，以共同的善来联结个体和共同体。当然，在齐格蒙特·鲍曼（Zygmunt Bauman）看来，麦金太尔的共同体理论不仅无助于解决现代性社会的伦理问题，反而会加深这种问题。因为，我们显然已经无法回归往昔的共同体传统，这只是一种乡愁的情感而已。在流动

① 斐迪南·滕尼斯.共同体与社会[M].林荣远，译.北京：商务印书馆，1999:285.

② 麦金太尔.追寻美德：伦理理论研究[M].宋继杰，译.南京：译林出版社，2003:7.

性的现代社会里(鲍曼认为现代社会已经进入了“流动的”状态,一切东西都失去了稳固的基础,包括人的精神及道德信仰),我们不能期望再用传统的共同体生活来束缚人的肉体和精神,而是必须构筑新型的共同体生活,这种新型的共同体生活是以承认人的自由和个性为基础的,它是基于平等的权利和对人格的尊重而建立的共同体;共同体并不凌驾于个体之上,而是与个体处于平等的位置。这种共同体生活可以称之为以自由个性为典型特征的共同体生活,因为它把个体的自由和权利摆在至关重要的位置。

事实上,在杜威的教育思想中,我们也可以看到其对共同体生活及公民教育之间关系的重视。杜威认为,在教育过程中,共同体生活实现着人们的目的、信仰、期望和知识的共享,它增进了人们的知识和经验的交流,因而促进着人们的知性及道德价值观的发展。并且,共同体生活过程本身就具有教育作用,“这种共同体生活,扩大并启迪经验,刺激并丰富想象;对言论和思想的正确性和生活性担负责任”①。可以说,在民主的社会中,公民就是依靠在共同体生活中不断接受公共价值观、公共理性以及公共经验的刺激、锻炼和改造,才最终成长为一名优秀的社会公民。因此,对于学校教育而言,不仅要重视知识的传递和学习,更为关键的是要注重学校共同体生活的改进和完善,从而通过共同体生活来促进青少年学生的公民品质和道德品质的发展,完成教育的社会使命。

总而言之,共同体生活是一种基于公共伦理和公共利益诉求而形成的生活方式。在现代社会,共同体生活的核心要素是公共伦理、公共价值以及公共精神,而并不是血缘、地域以及私人情感。正是共同的伦理价值观以及精神信仰,才使得人们形成了共同体的生活方式,共同来追求公共的利益。此外,从演进和发展的角度而言,共同体经历了血缘共同体、地缘共同体和精神共同体这几个基本阶段的发展,后一阶段的发展并不是对前一阶段的彻底否定,而是一种哲学上的扬弃,是精神理念上的螺旋式上升。在当代社会,正如杜威和齐格蒙·鲍曼所告诉我们的,共同体已经愈益成为尊重个性与自由的共同体(我们可以称之为“公民共同体”),它不仅具有精神、理念和

---

① 约翰·杜威.民主主义与教育[M].王承绪,译.北京:人民教育出版社,1990:11.

信仰的共同性，而且是以对人的公民权利和公民人格的尊重为基础的。它倡导的是一种民主而联合、自由而个性的生活方式，共同体成员在生活中共享公民权利，共同承担公民责任，以平等的公民身份为基础构成民主而自由的共同体生活。

二、共同体生活的三种基本范型

学校共同体生活对于青少年学生的公民品质的培育发挥着重要的作用，正义而道德的共同体生活本身就是一种隐性而深远的公民教育，它在潜移默化中为社会培养着优良的公民。那么，学校应该建构一种怎样的共同体生活，才能更好地增进青少年学生的公民品质呢？正如很多学者已经注意到的，学校共同体生活可供选择的基本范型有三种，我们可以把这三种范型划分为：滕尼斯的"亲密情感的共同体"，杜威的"民主联合的共同体"，鲍曼的"自由个性的共同体"。当前我们的共同体理论以及学校共同体生活的相关思想，往往与这三种范型有着紧密的联系，从某种意义上说，正是这三种范型的演进和延伸。因此，我们在探讨学校共同体生活的有效构建之前，首先要将这三种共同体范型的内涵和特征分析清楚，从而在吸收和借鉴的基础上更好地发展学校的共同体生活，最终促进学生的公民品质的培育。

（一）滕尼斯的"亲密情感的共同体"

事实上，"共同体"这一概念最早是由斐迪南·滕尼斯于1881年在其《共同体与社会》一书中提出来的。滕尼斯所指的"共同体"区别于一般的松散的社会组织，它是以血缘情感、地缘关系或者精神关系为依托而建立起来的一种联合体，"它是积极的、现实的、有机的生命；使人拥有一切亲密的、秘密的、单纯的公共生活"[①]。血缘共同体是因为成员之间共同的血缘关系和本能情感而发展起来的，它体现为成员之间因为血缘的纽带而构筑起来的亲密关系；而地缘共同体是因为相互之间地缘上的接近而形成的共同体，它超越了血缘的本能联系，而表现为共同居住在一起的人与人之间的亲密情谊；精神共同体则比血缘共同体和地缘共同体更进一步，因为它是"心灵的

① 斐迪南·滕尼斯.共同体与社会[M].林荣远，译.北京：商务印书馆，1999：52.

生活的相互关系”，它是“作为在相同的方向上和相同的意向上的纯粹的相互作用和支配”。[①] 也就是说，构成精神共同体成员之间联系纽带的，不再是血缘和地缘，而是精神和心灵的相互归属和有机联结。因此，精神共同体是“真正的人的最高形式的共同体”[②]。它是共同体成员在精神上的相互理解和有机联结。

概括而言，在滕尼斯的共同体理念中，真正意义上的共同体生活都具备两个方面的基本特征。一方面，共同体成员之间有着一种亲密的情感联系。在血缘共同体和地缘共同体中，共同体成员的亲密情感是基于血缘或者地缘之间的接近，反映的是人们的一种本能的或者自然的情感。而精神共同体生活中，成员之间也有着亲密的情感联系，只不过这种情感联系是基于成员之间共同的精神取向和信仰。另一方面，共同体生活还表现出一种非常强烈的精神归属感。在血缘共同体中，这种精神归属感是父母子女、兄弟姐妹之间的体现着本能的精神需要；在地缘共同体中，这种精神归属感往往体现为邻里之间的精神上的相互支持和友爱关系；而在精神共同体中，这种精神归属感则更为纯粹，它是共同体成员基于共同的价值观和信仰而相互联结的精神关系。共同体成员的这种精神归属感，正如滕尼斯所指出的，它强烈地表现为成员之间的“相互的占有和享受”，“占有和享受的意志就是保护和捍卫的意志”。[③] 正因为有了这种情感和精神上的相互占有，同时也是一种共同的幸福和享受，成员之间才互相支持，保护彼此，捍卫共同生活，从而联结成一个情感亲密的、相互依存的、相互归属的共同体。因此，滕尼斯的共同体观念，更多的是基于一种亲密的情感联系和精神联系，共同体成员对共同体有内在的忠诚和归属感，他们之间的有机的、紧密的联系发展成为一种共同体生活。

（二）杜威的“民主联合的共同体”

杜威对于共同体生活的认识，在很多方面超越了斐迪南·滕尼斯的共同体理念。在杜威的时代，民主生活和民主教育已经取得了显著的效果，而杜威

---

① 斐迪南·滕尼斯.共同体与社会[M].林荣远，译.北京：商务印书馆，1999:65.

② 斐迪南·滕尼斯. 共同体与社会[M].林荣远，译.北京：商务印书馆，1999:65.

③ 斐迪南·滕尼斯. 共同体与社会[M].林荣远，译.北京：商务印书馆，1999: 76.

也通过自身对于民主的共同体生活的研究而形成了新型的共同体观念，这种共同体观念倡导的是一种民主而联合的共同生活方式。作为一个倡导民主主义与民主教育的现代思想家，杜威特别重视民主生活、民主教育与公民品质之间的关系。因此，相较于滕尼斯的共同体思想，杜威所阐释的共同体有更多的"民主联合"公民伦理取向，而少一些亲密情感的私人伦理倾向。简要而言，杜威的共同体生活的思想，主要包含了以下几个基本方面：

第一，共同体以及共同体的交往生活是人们的存在基础，它对人们产生重要的教育影响。在杜威看来，每个人的成长都离不开共同体的交往生活和知识传递，"社会不仅通过传递、通过交往继续生存，而且简直可以说，社会在传递中、在交往中生存"①。共同体的交往生活使得人们可以相互传递信息和经验，同时也能传递思想和价值观，而这可以促使人与人之间形成共同的知识、价值观和信仰，从而联结成为共同体，"人们因为有共同的东西而生活在一个共同体内；而交往乃是他们达到占有共同的东西的方法"②。通过共同体的交往生活，人们分享着彼此的价值观、目的、期望和信仰，接受着不同的价值观和生活经验的熏陶，从而在知识的传递和价值观的学习中不断地成熟和成长。因而，共同体生活本身就是一种非常重要的教育形式，它对受教育者产生着潜移默化而深远的影响。

第二，共同体生活是自由而平等的人们共同来追求公共利益的生活。共同体生活要求成员能够广泛地参与公共问题的解决，承担公共责任，从而为社会的公共利益做出贡献。共同体生活中"有许多共同的利益有意识地相互传递，共同参与；和其他联合方式有许多不同的和自由的接触"③。通过公共的利益，共同体生活使得成员进行自由而平等的联结，鼓励公民的参与。杜威还说："人们参与一种有共同利益的事，每个人必须使自己的行动参照别人的行动，必须考虑别人的行动，使自己的行动有意义和有方向，从

① John Dewey. *Democracy and Education* [M]. Carbondale: Southern Illinois University Press, 1980: 7.

② John Dewey. *Democracy and Education* [M]. Carbondale: Southern Illinois University Press, 1980: 7.

③ 约翰·杜威.民主主义与教育[M].王承绪，译.北京：人民教育出版社，1990:93.

而打破阶级、种族和国家的壁垒，而这些壁垒会使人们看不到他们行动的重要意义。”[①]正是通过对公共利益的参与和追求，公民可以超越狭隘的个体的、阶级的或者种族的视野，而获得更为广阔的公共生活视野，形成对自我、他者、社会以及国家的公共利益的持续关注，最终改造原有的知识、经验和观念，形成更为稳固的公民观念和公共品质。

第三，共同体生活是一种民主而联合的生活方式。杜威认为，人们可能而且必须聚拢在一起解决大家共同的问题，而共同体的成功正是依赖于以一种民主的方式来寻找共同的善。[②] 共同体生活不是为了“教育一些人成为主人，却教育另一些人成为奴隶”[③]。如果仅仅如此，它就失去了共同体所应当具有的民主内涵，它就无法培养真正的公民。共同体生活的民主价值取向，体现为它支持为了公共利益而展开的自由而平等的交往活动，它反对一切形式的强制和灌输。在杜威看来，“民主主义不仅是一种政府的形式，它首先是一种联合生活的方式，是一种共同交流经验的方式”[④]。也就是说，民主要真正深入人心，它不能仅仅停留于政府的行政指令和控制，而是要深入每个人每一天的日常生活当中，使人们在保护自身的自由个性的同时，能够以民主的方式联合在一起，共同追求公共的善。基于此，民主也就成了人们的一种生活方式。通过这种民主而联合的共同生活，人们可以展开充分的交往，扩大和改造公民经验，并且使得他们的价值观与生活世界真正紧密地联结在一起，从而在民主而联合的生活中培育真正的公民。

（三）鲍曼的“自由个性的共同体”

齐格蒙特·鲍曼看来，现代社会已经进入“流动的现代性”时期，流动的现代性以个体化、消费化为主要特征，虽然人们可以在其中享受自由的个性和消费的愉悦，但是人们也将因此“陷入一个取消控制、灵活多变、充满竞争和普遍存在着不确定性的流动的、不可预料的世界，人们在这样的世界中独

---

① John Dewey. *Democracy and Education* [M]. *Carbondale*: Southern Illinois University Press, 1980: 93.

② 王成兵.再论杜威的共同体观[J].学术论坛，2009(12).

③ 约翰·杜威.民主主义与教育[M].王承绪，译.北京：人民教育出版社，1990:94.

④ 约翰·杜威.民主主义与教育[M].王承绪，译.北京：人民教育出版社，1990:97.

自承受着焦虑和不安”①。流动的现代性给予人们愈来愈多的自由和个性，但是也带来一个全新的问题，即人们在获得自由个性的同时也将逐渐失去共同体生活所带来的安全感和归属感。因此，现代人往往面临着艰难的抉择，“失去共同体，意味着失去安全感；得到共同体，如果真的发生的话，则意味着将很快失去自由”②。

为此，齐格蒙特·鲍曼认为，在这样一个充满不确定性的现代性社会当中，个体化的、自由个性的生活方式已经成为了主流，它已经抛弃了传统的共同体取向。传统的共同体以血缘关系和地缘关系为基础，它在给人以安全感和归属感的同时也极大地限制了人们的自由和个性。对于现代人而言，传统的温情脉脉的共同体生活已经不再适合人们的期望和梦想，而血缘和地缘纽带的断裂也使得传统共同体逐渐走向消亡，成为“我们无法再栖息其中的天堂”③。鲍曼认为，我们必须从对往昔的乡愁中解脱出来，不再幻想回归传统共同体的“温柔乡”之中，因为“我们恰好生活在残酷无情的时代里，而这是一个充满竞争的时代，在这个时代里，我们周围的人看来都是守口如瓶，很少有人会急着要帮助我们”④。在这样一个时代，我们不能为了确定性和安全感而放弃自己的个性和自由，而是要通过直面竞争、直面确定性的丧失，在自由和个性中寻找新的内心归属。

鲍曼认为，在建构自由个性的共同体生活的过程中，我们必须尊重差异和多元，从而避免“隔离区”的出现。流动的现代性由于其不确定性等，给人们带来了很多的焦虑和担忧，惊恐不安、瞬息万变的生活使人们对于共同体生活中的安全问题特别关注，对于“共同体安全”的过度关注使得现代人倾向于把“自我”和“陌生人”隔离开来，“不要和陌生人说话”成了现代生活的一种常态。这种隔离陌生人、阻止陌生人的“共同体生活”，在人们之间构筑起了一道充斥着铁丝和栅栏的“隔离墙”，它使得和我们“不一样的陌生人”被隔离在高墙之外，使得墙内的人似乎感觉到了“共同体”的安全和舒适，但

① 胡寅寅.现代性语境下的共同体悖论——鲍曼共同体理论研究[J].学理论，2014(7).
② 齐格蒙特·鲍曼.共同体[M].欧阳景根，译.南京：江苏人民出版社，2003:7.
③ 齐格蒙特·鲍曼.共同体[M].欧阳景根，译.南京：江苏人民出版社，2003:5.
④ 齐格蒙特·鲍曼.共同体[M].欧阳景根，译.南京：江苏人民出版社，2003:150.

是，这种隔离他者、否定差异的“共同体生活”并非真正意义上的共同体生活，只是另一种形式的“监狱”而已：监狱是有围墙的隔离区，而隔离区是没有围墙的监狱。这种监狱式的隔离区表面上构成了同质的、稳固的共同体生活，给人以安全感和可靠感。但事实上，由于它隔离了他者、否定了差异和多元，而成了一种虚假的共同体生活，因为“一群唐璜并不能形成一个共同体”[①]。真正的共同体是肯定差异、肯定他者的，共同体的自由、个性正是建立在差异和多元的基础之上的，否定了差异，事实上也就否定了共同体成员的自由和个性。

最后，按照鲍曼的观点，在这样一个流动的现代性社会，我们所能够建构的共同体生活只能是一种尊重差异和平等相待的共同体生活。这可以看作是共同体生活的基本原则。我们必须承认，人与人之间有着显著的差异，不论是种族的差异、文化的差异还是个性的差异，都需要我们予以尊重、平等以待。我们必须在尊重差异的基础上分享彼此的价值观、理想以及信仰，通过这种价值分享和平等对待来增进彼此的心灵交流，而这种心灵交流显然是共同体生活的精神基础。同时，人与人之间平等相待、互相尊重，使得人们之间的隔阂得以消除，使得平等的公民身份得以产生。因此，鲍曼指出，现代社会的个体化生存方式注定了传统的“共同体”梦想的破产，如果说在这个个体化的世界上仍然存在着共同体的话，那么它只可能是“一个用相互的、共同的关心编织起来的共同体；一个由做人的平等权利，和对根据这一权利行动的平等能力的关注与责任编织起来的共同体”[②]。这样的一种共同体，既保护了共同体成员的自由和个性，尊重了做人的平等权利，同时也能尽可能地促进人与人之间的相互关心，使人们获得精神的归属感和安全感。所以，简单来说，鲍曼所理解的共同体生活区别于传统共同体的首要特征即在于它是以相互的关心以及平等的公民权利为基础的，它是一种自由而个性的共同体生活，而不是为了归属感和安全感而丧失自我、丧失个性的共同体生活。

---

① 齐格蒙特·鲍曼. 共同体[M].欧阳景根，译.南京：江苏人民出版社，2003：63.

② 齐格蒙特·鲍曼. 共同体[M].欧阳景根，译.南京：江苏人民出版社，2003：186.

三、学校公民共同体的构建：基于杜威和鲍曼的理念

学校共同体生活不仅需要亲密的情感联系，更需要杜威所说的民主联合和鲍曼强调的自由个性。教师与学生之间亲密的情感联系可以增进共同体的凝聚力，但是不足以形成教师与学生之间的自由而平等的公民关系。因此，在学校共同体生活的建构过程中，笔者认为应该结合杜威的“民主联合的共同体”和鲍曼的“自由个性的共同体”的理念，把学校共同体建设成一个“公民共同体”，即肯定教师和学生在学校公共生活中的公民身份，倡导民主、平等和个性的共同体生活，从而实现学校公民教育的目标和追求。简要而言，学校公民共同体生活具有以下几个方面的基本特征：

首先，学校公民共同体生活不仅分享着温馨的、亲密的情感，而且更充满着对公民的自由和个性的尊重。随着市场经济的迅猛发展、公民主体人格的不断觉醒，传统的共同体生活已经逐渐被现代意义上的“公民共同体”所取代。按照齐格蒙特·鲍曼的理解，现代社会的个体化生存方式已经注定了传统的共同体梦想的流产，如果说在这个个体化的世界上仍然存在着共同体的话，那么它只可能是“一个由做人的平等权利，和对根据这一权利行动的平等能力的关注与责任编织起来的共同体”[①]。这事实上正是鲍曼心中的“公民共同体”，它倡导的是人与人之间的平等的人格和权利。在杜威看来，学校的共同体生活应该是一种塑造人与人之间平等关系的生活，通过平等的交流，知识、信息、价值观和信仰得以传递。如果我们把鲍曼、杜威的共同体观念用于分析学校生活，我们会发现，教师与学生不仅应分享彼此情感上的关心和温情，同时更应基于平等的公民身份相互确认彼此的权利与责任，即相互之间拥有平等的“做人的权利”以及“公民的权利”。在学校的公民共同体中，教师与学生之间不但有着情感上的相互依赖、教学上的相互促进关系，同时作为公民共同体的成员，他们之间还有着平等的公民身份，在教学活动中必须尊重彼此的公民自由与权利。也就是说，教师无权在教学活动中侵犯学生的基本的公民权利，比如教师不得侵犯学生的隐私权、表

---

① 齐格蒙特·鲍曼.共同体[M].欧阳景根，译.南京：江苏人民出版社，2003：186.

达权、人身自由权、健康权等等。课程教学活动都要尊重学生的权利，保障和维护学生的权利。当然，学生也无权侵犯教师的公民权利，比如教师的教学权、生命权、表达权、合理的惩戒权等等。学生对于教师的权利和人格的尊重，不仅仅是基于情感因素，同时更是基于公共伦理的要求以及平等的公民身份的诉求。在相互尊重对方的公民身份以及公民权利的基础上，教师与学生可以形成相互承认（而不是相互排斥）的公民关系，他们之间所形成的公民交往将超越传统意义上的师生交往，而成为一种具有公共性内涵的公民交往生活。在公共性的交往生活中，教师与学生共享着公民权利，也分担着公民共同体中的公民义务，从而促进学校公民共同体的发展与完善。

其次，学校公民共同体生活倡导一种民主而联合的生活方式，推动教师与学生之间展开公民协商和价值对话，构筑学校的民主生活空间。当教师和学生之间处于身份不对等、权利不平等的状况的时候，民主联合的生活方式将遭到严峻的挑战。失去了民主的价值取向，处于强势地位的教师容易对处于弱势地位的学生形成价值观上隐性或者显性的强迫，而学生也可能在不知不觉间认可自身被压制、被灌输的地位。显然，这种价值观的灌输和强制违背了公民共同体和公民教育的基本理念，构成了学校的非民主生活，剥夺了学生公民品格的成长机会。学校公民共同体的理念要求，共同体成员是民主生活中的成员，他们可以自由、平等地展开公民之间的对话和协商。如果教师是价值观的灌输者，而学生仅仅是被灌输的对象，那么学生不仅失去了道德主体的权利，同时也失去了公民主体的权利，教师与学生之间平等的公民身份也遭到了破坏。正如杜威所倡导的，学校公民共同体必须要革除非民主、强制灌输的弊病，让学生成为组织的主体，让学生成为价值选择的主体，让学生参与价值观的讨论、协商和对话，从而使学校共同体生活成为一种民主而联合的生活。事实上，学校的这种民主而联合的公民共同体生活将在价值观的协商、对话等方面发挥出重要作用：一是为教师与学生、学生与学生之间创造出协商、对话、讨论的公共空间，使得彼此能够在相互尊重对方公民身份的基础上进行价值观的对话和商谈，对话的目标不是用某种价值观来压倒另外一种价值观，而是尽可能地提供价值观的多元选择机会，尽可能地尊重不同的价值选择，发展学生的独立性与自主性；二是为价值观的讨论提供理性的程序和步骤，即通过共同体生活来鼓励学生以公共理性的方式和程序来思考和探讨道德价值观的问题，在理性思考的基础上展开彼此之间的协商对话，以形成理性的对话机制；三是为获得价值观的共识奠定基础，使教师与学生在协商对话、民主讨论的基础上形成理性的共识，这种共识不是经由强制而是经由理性讨论获得的共识，可以成为公民共同体的公共规范或伦理准则。

最后，学校公民共同体生活推动教师与学生分享教育的公共价值，使教育成为教师、学生和家长的共同事业，而不是只关乎知识考试、学业竞争的事务。很多时候，我们会看到学校主要被看作一个知识学习、考试竞争的场所，而不是一个民主的公共生活空间。正如有学者所指出的，很多学校及班级教学主要扮演着肤浅的知识传授者的角色，学校生活“所应该具有的让学生学会民主和平等交往的功能没有得到应有的重视”[①]。在现实的教育环境中，不少教师也没有充分重视民主平等的交往生活的重要性，没有把培养学生的公民品格当作一项至关重要的教育任务来看待。一些学生沉陷于知识考试的漩涡之中，在很大程度上失去了参与公共生活、体验公共生活的机会。在这种情况下，学生无法真正去理解公民教育所倡导的公共价值。学生与学生、学生与教师仍然被分割开来，相互之间难以进行公民价值观念的沟通与传递，难以形成真正意义上的公民共同体。事实上，学校公民共同体的建构，正是试图改变这种人与人之间的割裂状态，将学生与教师以平等的公民身份联系在一起，在学校和班级生活建立起一种以民主平等为基本特征的公民共同体生活。公民共同体的生活以理性、规则、公共的伦理关系为基础，让学生在更大限度上理解公共理性规则，在平等、公正、相互尊重的基础上建立一种更加民主和广泛的交往。在这种公民共同体的生活中，学生将有机会分享公共生活中的基本价值，比如自由、民主、平等、权利、公正、友爱、合作、参与、尊重等等。当学生能够在学校生活中不断地体验、理解和践行这些价值的时候，学校生活就是在无形中开展着公民教育，引导着学生的公民品质的健康发展。学校将不再是一个学习僵化的公民知识理念、开展

① 毛景焕.班级作为一个共同体：成员的相互平等和资源共享[J].教育研究与实验，2003(2).

考试竞争的空间,而是一个不断体验公共价值、追求公共福利的空间。它能引导学生走出自私自利的“私民”心态,而成长为具有公共精神和公共品德的公民。学校的公民共同体及其生活实践,事实上为学生提供了一个体验、理解和分享公共价值的生活空间,它鼓励学生不断地去理解知识考试、升学竞争之外的公共世界,并且在体验、理解和实践的过程中逐渐成长为优秀的社会公民。

总之,通过学校公民共同体生活的建构,教师和学生能够更好地认识、理解、体验和确认自我的公民身份,同时也能够以公民身份更好地参与到学校公共生活的对话、协商、讨论和行动的过程中,维护自身的公民权利,履行自身的公民义务。它使得人与人之间的隔阂得以消除,使得人们能够以相互尊重和平等对待的方式进入公共生活领域,共同探讨以及解决公共问题。通过这种民主而联合的共同体生活模式的建构,学生的共同体意识和精神归属感将不断得到巩固和增强。同时,学校的公民共同体生活也将发挥出更好的公民教育功能。作为一种隐性的课程机制,它可以通过持续不断的公民生活向学生有效地传递公民价值观念,实现潜移默化的公民教育影响。这不仅有利于公民教育与生活世界的融合,同时也有利于学生的公共精神和公共品德的培育,最终促进学生公民品质和道德品质的健全发展。

第二节　学校公民共同体与公民教育的构建

正如齐格蒙特·鲍曼提出的,当代社会和当代教育日益走向个体化、碎片化,竞争性的个人主义观念把自我和他者割裂开来,导致了民主而联合的共同体生活的消失。具体到学校教育当中,我们看到学校生活空间由于长期缺乏这种共同体的联合生活方式,导致一些学生封闭自我,以孤独、分裂的态度来对待学校生活,来应对学校生活中的激烈竞争,这种竞争包括知识竞争、考试竞争、排名竞争、升学竞争等等。这种孤独的、竞争主义的学校生活难以培育学生的公共精神和公民品德,而主要是鼓励学生在竞争中击败他者,争取个人的排他性的学业成功。在这种学校生活和教育模式下,学校教育所造就的更多的是“孤独的公民”,而不是合作的、分享的公民。“孤独的公民”只关注个人的生存而忽略他人的生存，只关注个人的利益而很少关注他人、学校以及社会的公共利益。这使得学校生活空间中越来越缺乏公共精神和公民关怀意识，缺乏一种公共性的价值导向。也正因为如此，在现代学校空间中重新构筑共同体生活显得愈来愈紧迫而重要。为了更好地应对学校生活的个体化、孤独化、分裂化的弊病，我们有必要重建课堂生活的公共性，构筑学校生活的民主性，保障学校与社区生活的联系性，来形成一个真正意义上的学校公民共同体，通过公民共同体生活来促进公共精神与公民品质的发展。

一、构筑课堂生活的共同体实践

构筑课堂生活的共同体实践，首先要将学生从个人主义的、孤独的学习方式中解脱出来，促进课堂生活中的合作学习。在不少人看来，学习是个人的事情，学习的过程最好是一个不受其他人影响的过程，学习者在安静的、孤立的环境中进行自主的学习，探究知识，最终通过独立思考把课程知识吸收进自己的知识结构，从而提高学习的效果。这是一种比较传统的学习观念，它使得学习成为一个静态的、孤独的过程，而不是一个动态的、合作的过程。可以说，这是一种“孤立的学习”，而非“合作的学习”。它虽然可以提高教师的教学效率和学生的学习速度，却使得课堂生活被割裂成“碎片”，学生只得生活于孤独的“碎片”之中。美国学者大卫·布莱克（David C. Bricker）曾把课堂学习分为两种基本类型：“合作学习”（collaborative learning）和“孤立学习”（studying alone）。他认为，合作学习与孤立学习是两种相对的学习方式，孤立学习是个人主义支配下的一种孤独的学习，它强调了个体的学习体验和学习方式，而忽略了学习在很多时候是需要相互合作的，并且相互合作本身就是每个学生在课堂生活中所应该学会的内容。“孤立的学习会给孩子们一个错误的暗示，即学习是个人的事情，而与其他人无关。”[①]事实上，这种错误的暗示将导致学生把学习仅仅理解为个人的事情，只与个人利益相关，而忽视了学习本身是对于人类集体的知识和文化的继承，学习的目标

① David C. Bricker. *Classroom Life As Civic Education* [M]. New York: Columbia University Teachers College Press, 1989: 50.

关系社会的利益以及文化的进步。孤立的学习使得学生很难理解学习的根本意义，即学习不仅是学得课程、教材上的知识，更是一种学会与他人相处、与他人合作的过程。

显然，大卫·布莱克的分析切中了“孤立学习”的弊病，而为了克服这种弊端，人们愈来愈注意课堂学习中合作精神的重要性。“合作学习”理念的提出，正是对这种孤立的学习方式的反思和批判。合作学习倡导人与人之间的合作，并且通过相互合作来沟通和共享知识观念和价值观念，形成更加亲密的人际、情感关系。在课堂生活中，可以有多种方式来促进学生与学生之间的合作学习。首先，课堂生活可以鼓励学生更多地与身边的同学开展学习交流，让学生能够在与其他同学的交流和沟通中打破原先那种孤立的学习方式，进入一种相互交流、相互合作的学习状态。这是使学生从原有的比较狭隘的、封闭的学习空间中走出来的一种重要方式，它可以发展学生与他人沟通、对话、交往和协作的能力，促进学生与学生之间的亲密的交往。其次，可以在班级、课堂教学中适当地成立各种类型的“学习小组”或者“兴趣小组”，引导学生在学习小组或兴趣小组中展开学习活动。小组的团体学习方式可以让学生以开放的心态面对班级中的其他同学，并且在参与小组讨论和学习的过程中培养他们的团队精神，提升他们的合作意识和能力。此外，还可以在课堂生活中开展一些以团队为基础的竞赛活动或者讨论活动，学生以小组或者小团队的形式参与课堂活动，并且在团体的活动中形成合作精神，培养相互沟通、相互协调以及相互关怀的意识。如此，课堂将不再是一个孤独的学习空间，不再是一个记忆僵硬的课程知识或考试知识的空间，而成为学生与学生之间相互合作、相互促进的生活空间。学生作为学校“小社会”中的公民，在课堂生活中经历了最初意义上的公民合作和公民交往，这将促进他们的公民合作意识的萌生和发展，使得他们在未来更好地成为具有团队精神和合作意识的公民。

构筑课堂生活的共同体，还要使学生形成分享观念，避免占有式的竞争主义观念。不少学校一直在倡导竞争的理念，不论是教师还是家长，都在有意或者无意地要求孩子在知识学习和考试竞争中击败对手，成为教育竞争中的优胜者。这种极端的竞争主义观念把学习看作是一场与对手的竞争和搏斗，打败对手成为学校生活和课堂生活中的隐性“号角”。学习的目的仿佛就是为了击败对手，而不是提高自我、发展自我。这种极端的竞争主义观念使得学校及课堂生活偏离了正常的轨道，也使得学生的心理状态恶化，甚至对学校教育和学校生活产生深深的恐惧。在极端的竞争主义观念下，孩子们往往生活于巨大的精神压力之下，他们害怕自己在学校生活中处于竞争的劣势地位，害怕自己成为考试竞争的失败者，害怕遭受教师与同学的歧视，害怕因为考试竞争的失败遭受父母的责骂。这种竞争主义观念显然已经不是一种良性的竞争意识，而是一种恶性的、病态的竞争意识。学校及课堂生活应该防止这种竞争主义观念的泛滥，引导学生理性地对待其他同学，把学习看作是一种发展自我的途径，而不是击倒敌人的途径，形成一种理性的竞争观念，祛除竞争主义的病态心理。理性的竞争理念要求学校和教师鼓励每一个孩子去发现他人身上的优点，不把击败他人视为学习的唯一目标，而是学会去欣赏他人，同时悦纳自我。学校教育应该避免陷于考试竞争和学业竞争，而是要让每个孩子树立学习信心，让孩子们在课堂生活中体会到学习的快乐和满足，分享知识、分享成长，而不是进行激烈的考试竞争，争夺考试排名。

课堂生活应当告诉学生，课堂不是一个“占有知识”的场所，而是一个分享知识、分享快乐、分享人生经验的场所。如果课堂仅仅教会学生不断地去占有知识、占有分数、占有地位，那么，“为了占有最大的份额，必须展开斗争，个人与个人之间充满着竞争与对抗”[①]。学生在这种占有式的课堂生活中很难有快乐的、平等的、分享的姿态，往往更多是斗争的、对抗的、占有的姿态。课堂生活中的过度竞争和激烈对抗，会使孩子远离身心全面发展，远离对公共道德和公共生活的关心，难以与其他孩子形成友善的伙伴关系，难以在学习生活中实现互助合作。在这样一个充满对抗和斗争的生活环境当中，孩子们将因为缺乏分享、缺乏合作、缺乏快乐而陷入学习的困境、心灵的困境。显然，我们不希望未来的孩子们继续去过这样一种竞争主义的、缺乏幸福快乐的学习生活。我们希望孩子们不仅学习知识，同时也学会合作、学

① 埃里希·弗罗姆.占有还是生存：一个新社会的精神基础[M].关山，译.北京：生活·读书·新知三联书店，1988：120.

会分享，学会愉快地面对他人以及生活中的各种事件，保持平和、友善、慷慨的公民之心。作为未来社会的公民，学生应该学会尊重他人、平等对待他人，与他人展开合作。同时，在人与人之间的合作、学习和分享中，学会不断地完善自我的品格，使自己成长为健康的、友善的、有德性的公民。这是竞争主义的、孤立的学习方式无法提供的，却正是合作式、分享式的学习方式最看重的。

构筑课堂生活的共同体实践，还应当通过组织各种公民实践活动来完善课堂知识教学，实现公民知识与公民行动的有机融合。在传统的课堂生活中，课堂的主要功能就是传递知识，知识教学的效果几乎是评价教师的唯一标准，而知识学习的效果则是评价学生的几乎唯一标准。在这种课堂中，民主生活和公共交往功能往往被忽略了，公民的实践活动也几乎在课堂中“绝迹”，因为一切与知识学习无关的实践活动都会被排除出课堂。事实上，从公民教育的角度而言，公民的成长不仅是知识能力和智力水平的成长，同时更是公民能力和公共品质的成长。课堂生活对于学生的更为广泛的公共交往和民主实践的忽视，会导致公民共同体和民主生活方式在课堂中的消失，导致学生在缺乏实践活动的课堂背景下难以成长为合格的公民。我们在课堂中经常能够看到，教师要求学生端坐在课桌前，“不许动、不许说话、不许提问”，不鼓励甚至是禁止学生参与课堂实践，剥夺了学生在课堂中展开民主生活的权利。民主的生活方式在课堂中消失了，而没有了民主的生活方式，课堂也就只能是缺乏公民意识的课堂，缺乏公民实践的课堂。这无疑会阻碍学生公民品质的发展。因此，为了重构课堂生活的共同体实践，促进学生的公民品质和公共精神的成长，我们必须让民主的生活方式重新进入课堂，必须让公民实践活动成为课堂生活的重要组成部分，从而打破知识教学的课堂中心地位，更好地实现课堂实践与课堂知识的融合。为此，我们必须对课堂生活进行相应的改组和改造。首先，课堂应该是一个能够进行对话的课堂，这种对话可以发生在学生与学生之间，也可以发生在教师与学生之间。课堂对话应该允许学生在课堂中提出疑问，并且在课堂生活中就这种疑问进行相互交流。教师不应该禁止学生对于课堂生活和课程知识的发问，而是要鼓励这种发问，鼓励学生基于问题的独立思考。其次，课堂还应该是一个允许学生进行辩论的空间，学生不应该是一个被动的知识接受者，不应该是一个毫无辩论或者抗辩权利的客体对象。当课程中出现了一些学生无法认同的知识或者观点的时候，学生可以提出质疑，讨论课程知识的有效性和合理性；当课堂生活中出现不公平的事件或者现象时，学生可以在课堂中展开论辩甚至抗辩；当某些学生遭受歧视，应该允许这些学生对自己所遭受的不公平的待遇发出声音。显然，民主的课堂和教师允许这种对话、质疑和辩论。只有当学生能够在课堂生活中展开对话、发出声音、进行合理的辩论，课堂生活才可能是一个公民的生活空间。最后，课堂生活还应当打破传统的“静态”的知识课堂模式，使课堂成为一个可以活动的、实践的课堂。课堂生活不应该仅仅是一个知识学习、知识演绎和知识记诵的课堂，而应该成为一个鼓励学生作为公民主体积极参与其中的课堂。静态的课堂束缚了学生的手脚、思维、主体性和创造力，而实践的课堂、活动的课堂才能解放学生的身体、思维、主体性以及创造力，使得课堂达到知识与行动的统一，实现由“静态的课堂”向“动态的课堂”的转化。动态的、实践的课堂通过各种体现着民主生活方式的公民活动或游戏活动，可以让教师与学生共同参与其中，开展对话、讨论以及合作。这样，课堂生活将打破僵硬的、静止的知识学习模式，打破传统课堂教学的封闭性和压抑性，从而使课堂生活真正成为民主生活的构成部分，促进课堂生活的实践性、动态性与多元性，使课堂生活能够更好地承担起培养公民的责任，更好地实现公民教育的目标。

总而言之，构筑课堂生活的共同体实践要将学生从孤立的、个体化的、分裂的学习生活方式中解放出来，避免极端的竞争主义观念对学生的负面影响，引导学生走向合作。课堂生活应该是一种合作学习的生活，在合作学习中学生们分享着共同的学习成就和学习快乐，同时也分享着共同的公民价值观。课堂生活并不只是一个知识学习、考试竞争的空间，从根本意义上说它更是一个公民生活、公共实践的生活空间，它是一个培养未来公民的场所。因此，我们必须对传统的课堂理念加以革新，应当鼓励以公民实践活动来完善课堂的知识教学活动，改革课堂单纯传递知识的教育模式，从更深刻的意义上来理解课堂生活作为民主生活的场所的课堂理念，并且把这种课堂理念在现实教育语境下加以落实，从而更好地培育和锻炼学生的公民品格和公共精神。通过民主的、公共的课堂生活空间的建构，学生的民主能力和公民品质能得到更好的成长，而课堂民主生活也将促进公民共同体的培育，促进公民团结和公民合作。

二、构筑民主的学校公共生活

为了培育学生的公民共同体意识，使学生作为共同体中的公民参与学校的公民活动，必须在学校中构筑起民主的生活氛围，允许学生积极参与学校的管理活动，形成民主的公民共同体。民主的学校公共生活，并非没有任何权威关系的学校生活，而是一种权威与民主形成合力的公共生活。从辩证的角度来看，“民主”与“权威”是相互对立又相互依存的关系，没有无民主的权威，也没有无权威的民主，民主恰恰体现在对权威的法理限制和有效平衡之中。德国社会学家马克斯·韦伯在《经济与社会》一书中区分了三种权威及其合法性的不同来源：一是传统型权威，其合法性来源于对传统的神圣性的确信；二是魅力型权威，其合法性来源于个人在知识、能力、人格等方面所具有的令人折服的影响力；三是法理型权威，其合法性来源于公众所认可的法律及规章制度。传统型权威在很大程度上失去了对权威以及权力的有效制衡，破坏了民主与权威之间的辩证关系，因而不符合现代生活的需要。法理型权威维护了民主与权威的辩证关系，通过法理制约了权力的滥用，因而它不仅无损于民主，反而可以促进民主的发展。显然，学校的民主生活需要法理型权威来维护，用法理的权威来保障民主生活的有序和稳定，巩固民主与权威的辩证关系。同时，学校的民主生活还可以吸收魅力型权威的某些优势，因为学校管理者和教师的人格魅力，也可以对学生形成有效的道德感召力，促进学生的道德人格的发展。当然，学校的民主生活必须警惕传统型权威的危害，因为传统型权威往往与专制相伴，成为学校的民主生活和公民教育的障碍。因此，学校公共生活的民主建构，必须把权威与权力限制在法律或者公共规范所允许的限度之内，让自由、民主的精神成为公共生活的灵魂。当然，学校公共生活的民主建构，并非是要排斥一切的权威要素，而是要对权威加以理性的限制。事实上，在教师与学生的交往关系中，教师需要承担起道德教育、知识教育、班级管理的重要任务，这要求教师具备一定的道德上、知识上以及管理上的权威（或者威信）。[①] 只不过这种权威必须受到民主生活的规范限制，不能逾越学校公民共同体的实践要求，不能滥用权威，从而妨碍学校的民主生活。权威只有在合理的限度之内，接受民主程序和法理规范的检验，才能符合学校民主生活和公民教育的需要，才不会由于过度膨胀而侵犯学生的公民权利，损害学校公共生活的民主建构。

构筑一种民主的学校公共生活，必须使学校生活处于民主与权威的辩证关系当中，权威受到法理的有效规范，民主成为真正的灵魂和核心。在这个民主的生活空间中，学校要进行民主的管理和民主的决策，引导教师和学生参与学校管理，以此来培养学生的民主精神，同时也使教师和学生在共同的活动中更好地形成公民共同体的关系，促进教师与学生的合作。学校的民主生活，可以促进学生的民主意识的发展，同时也可以提升学生在学校公共生活中的公民行动能力，发展他们的公民共同体意识。通过民主生活的培育，一方面可以促进学校管理的民主化，有利于提升学校的管理水平；另一方面，也可以促进学生以公民共同体的方式参与到学校的管理、决策、讨论等公共生活中，使学生成为勇于行动、敢于行动、有能力行动的公民，同时也使整个学校生活中充满公民共同体的氛围，形成一种民主、公共的学校生活方式。在这种公共生活中，学校的组织管理是开放的，它摈弃了传统学校管理的封闭性、等级性，实现了管理权力的民主变革。众所周知，传统的学校生活往往是一个比较狭窄、封闭的空间，管理体制的核心是控制和教化，学校在领导者、普通教师与学生之间树立起了一道“厚厚的墙”，学校领导者、普通教师与学生不是作为公民共同体的成员来参与学校的管理生活，更多的是作为管理生活中的对立面而出现的。这种管理上的对立至少体现在两个方面。一方面，在学校管理者与普通教师之间，管理权力主要集中于学校的管理者，学校的重人事务的研讨、论证和决策，主要是在管理者中进行，而大量的普通教师和学生并无参与学校管理、决策的权力。普通教师的管理权力的弱化，使得教师群体内部形成了分化：一部分教师进入领导者阶

---

① 叶飞.教师角色与权威的合法性探析[J].中国教育学刊，2008(3).

层，成为学校公共事务的管理者，另一部分教师则主要从事日常教学工作，几乎没有参与学校管理决策的权力。于是，学校的公民共同体首先在教师群体中走向了分裂，共同体在教师内部瓦解了。另一方面，在教师与学生的交往关系中，管理权力（不论是学校层面的管理权力，还是班级层面的管理权力）主要集中于教师，大多数的学生并无参与学校管理以及班级管理的权力。这就使得教师与学生出现了管理权力的分化，作为"有权者"的教师享受了大部分的管理权力，而作为"无权者"的学生则只能成为被管理的对象，接受教师的管理和控制。于是，学校的公民共同体再次走向了分裂。教师与教师、教师与学生之间的交往关系走向了分裂，公民交往关系面临着解体的危险。由于权力的不平等以及民主关系的解体，学校生活及其管理方式失去了民主的灵魂，学校组织的成员之间无法展开平等对话与合作，学校的公民共同体也难免成为"虚假的"共同体，而无法成为真正意义上的公民共同体。

为了促进公民共同体在学校生活中的生成，必须形成一种民主、开放的管理体制，让教师和学生都能够参与其中。在这样的学校管理体制中，不论是普通教师还是学生，都应当有权成为学校管理决策的参与者和讨论者，都可以对学校的发展、变革提出自己的意见，发出属于自己的声音。从教师的角度而言，学校应当尽可能地把所有的教师都纳入管理者的团队中，以"教师代表大会""全体教师会""教师工会"等形式来邀请普通教师参与学校公共事务的管理决策。在学校的管理生活中，普通教师不再是局外人，而是管理团队的组成部分，是学校管理的重要参与者。这可以促进教师对学校公民共同体的认同，使教师感觉到自己也是学校管理生活中的重要成员，也可以通过自身的行动来影响学校的管理决策，甚至影响学校的变革与发展。这无疑可以提高教师的公民效能感，使教师感觉到作为公民主体的力量感和荣耀感。公民效能感的提升只能来自于实实在在的公民权利的展现，而不可能依靠空洞的公民口号和虚假的"赋权"。只有当教师充分掌握了管理的权力，并且真正地参与到学校的管理活动当中，他才可能真正形成公民效能感。从学生的角度而言，学校必须引导教师、家长以及学生从传统的观念中走出来。这种传统的观念把学生看作"知识人"，而不是"公民"。"知识人"的教育信条使得知识成为学校教育所唯一看重的，使得学生的生活世界成为“意义缺失的世界”[①]，除了知识以及知识学习之外，教育似乎无其他事情可做；除了促进学生的知识和智力发展之外，学校似乎无其他追求。在这种“知识人”的教育信条之下，这个世界不是一个充满意义与信念的世界，而是一个枯燥、苍白的知识世界。显然，一旦学生的生活世界被压缩为狭隘的知识世界，那么学生的人格发展也就被知识化了，学生极有可能成为“单向度”的人，而不可能成为“整全”的公民。为了防止这种“单向度化”，为了让学生更好地形成公民责任感、权利感以及意义感，学校必须把学生纳入由所有教师和学生共同组成的公民共同体，让学生参与学校的民主管理生活。学校要对学生进行赋权，给予学生权利，促进学生参与，允许学生在知识学习之外开展各种公民实践活动，鼓励学生参与组织各种社团，通过社团活动来参与学校公共生活乃至社会公共生活，在促进学校与社会发展的同时，也提升他们的公民意识和公民素质。社团生活可以引导学生进入学校公共生活以及社会公共生活的广阔领域，更好地成长为合格的社会公民。为此，学校应该致力于纠正教师、家长和学生的一些不合理观念，这种观念认为学生的任务就是学知识，教师的任务就是教知识，除此之外一切都是不重要的。显然，这种教育观念忽视了公民实践活动、社团组织活动、社会公共生活对于学生成长的重要作用。学校教育不仅仅是培养知识人，更为重要的是培养未来社会的合格公民。因此，学校必须关注公民实践活动的开展，重视社团组织、慈善活动、志愿者活动等的意义。学校要鼓励学生成立各种社团组织，比如公益社团、志愿者社团、社会服务社团等，参加各种公益活动、志愿者活动，来锻炼学生的公民实践能力，培育他们的公民品质。

总之，通过教师和学生的共同参与，通过学校公民共同体的建构，以及各种类型的慈善活动、社团组织活动、志愿者活动等，学校生活将不再是充满管理与被管理、规训与被规训的生活，而是体现着民主精神和公共精神的公民共同体生活。在公民共同体生活当中，教师与学生享有平等的公民身份，共同参与学校的公共管理和公共实践。这不仅可以使教师的公民品质得到有效的提升，也可以使学生的公民品质和公共精神得到有效的增强，而

① 鲁洁.一个值得反思的教育信条：塑造知识人[J].教育研究，2004(6).

教师与学生共同组成的学校公民共同体也将在民主的生活方式中得以发展，最终实现学校生活的民主建构。

三、构筑学校生活与社区生活的有效联结

构筑学校生活与社区生活的有效联结，意味着我们必须改变传统的公民教育模式，这种模式下我们总是把目光聚焦于公民知识的讲授以及公民理论的构建，而忽略公民的实践能力以及社区治理能力的培养。事实上，社区生活为公民教育提供了学校生活以及课堂生活无法提供的方面，它是培育健全的公民人格的重要基础。一旦学校教育屏蔽了社区生活的影响，在狭窄的范围内搭建起与世隔绝的“乌托邦”，那么这种学校生活以及学校教育本身就是不健康、不健全的，也是不真实的。不真实的学校生活和学校教育很难培养出合格的公民。而要让青少年学生成长为合格的公民，就必须让他们回归真实的生活，对于学生而言，社区生活就是他们的真实生活的重要组成部分。这事实上已经在告诉我们学校生活与社区生活紧密联结的重要性。作为培育未来公民的场所，学校不只是为学生提供知识与理性的准备，同时还应当提供实践和行动能力的准备，这就需要学校不仅要让青少年学生乐于在学校中生活和学习，还要引导他们超越学校的生活和学习，进入更为广阔的社区生活领域，从而成长为合格的社会公民。从这一点而言，学校公民教育必须要扩展自身的工作范围，通过多种途径来实现自身与社区生活的有机联结。

首先，学校公民教育必须走出学校生活，走进社区生活，从而为青少年学生提供更为丰富的生活实践，夯实他们成长的基础。社区生活是公民实践活动的重要组成部分。公民教育通过引导学生参与社区生活、社区服务，开展“服务学习”，可以更有效地提升公民教育的效果，促进公民共同体的发展，增强学生与学生之间的团结协作精神。“社区服务”的理念可以更好地联系公民教育与社区生活，实现公民课程知识与社区生活服务的结合，从而超越以知识讲授和理论学习为主导的公民教育模式。学生参与社区的公共生活，比如参与社区的公益事业，成为社区活动的志愿者，承担社区的公共事务等，不仅可以为社区的发展做出力所能及的贡献，还可以在社区服务中感受到自己作为社区公民的权利和义务，锻炼自己多方面的公民品质和公

民能力，包括社会参与能力、团队合作精神等。通过社区公共生活的实践平台，学生将有更多的机会接触真实的公民生活，从而避免内心世界与外部现实世界、知识理论与生活实践的分裂，增强公民教育的体验性，使学生有更为真切的情感、态度以及价值观的体验。同时，在社区服务中，学生作为公民共同体中的一员，可以更好地培养自身的共同体意识，包括权利意识和责任意识。不论是对学生的共同体意识还是主体意识而言，社区服务都是非常重要的，因为只有通过社区服务以及社区生活实践，学生才能走出课堂和教室，感受现实的社会生活，并且在社区以及社会生活中体会公民身份、公民主体性、公民的权利与责任以及公民共同体的归属感。在没有踏进社区生活以及社会生活之前，这一切都只能停留在学校、课堂以及教材之中，都只是虚幻的概念和理论，而不能真正成为实践的、具体的、真实的公民观念；只有通过社区以及社会生活实践的洗礼，学生的情感、意志、信念和行为能力才能真正得到发展，他们也才能成为真正的具有价值信念和实践能力的社会公民。也正因如此，公民教育必须与社区生活建立起有效的联结，将课堂带入社区生活之中，同时也将社区生活引进课堂，以“社区服务”的理念来重构公民教育的实践模式，实现公民知识与公民实践的融合，培养学生更为完善的公民品质。

其次，公民教育应当为社区活动寻找更广泛的支持（尤其是来自家庭的支持），从而实现学校、家庭和社区的有效联结，共同促进青少年学生的公民品质的成长。青少年学生的公民品格的发展，离不开学校生活和社区生活的支持，同时也离不开家庭生活的支持。事实上，如果家长不支持社区活动，单纯依靠教师的力量，便无法真正引导青少年学生进入社区生活，并在社区生活中得到成长。愈来愈多的证据表明，学校、家庭和社区的合作对于青少年的成长非常重要，不论是学校、教师、家长还是学生，都能从这种合作中获益。家长对于学校公民教育的有效参与，“是对许多学校和家庭问题的特定回应，旨在改善学校和家庭教育，沟通学校的教育目的和个人的教育目的，使学校和学生获得成功”[①]。而一旦学校教育和社区治理活动缺少了家

① 郑富兴.现代性视角下的美国新品格教育[M].北京：人民出版社，2006：200.

长的支持和认可，那么不仅对于学校和教师是一个很大的打击，也会限制和影响学生参与的积极性，使得教育的目标难以有效地达成。因此，在促进学校生活和社区生活联结的过程中，我们必须重视三个方面的联系和沟通。第一是学校与家庭的联系和沟通。学校必须让家长知情，学校不得向家长隐瞒社区活动，而是要让家长了解整个社区活动的计划、方案、时间、地点以及安全保障等，从而让家长清楚地知道社区活动的目标、方法和内容，以避免误解。通过学校和家庭的有效沟通，可以避免两者之间的冲突、矛盾，从而更好地形成合力，共同推动社区治理和公民教育活动的完成。第二是家庭和社区的联系和沟通。家庭并不是社区活动和公民教育的被动接受者，家长也可以通过社区中的活动资源为学校提供便利，或者为学校提供相应的咨询意见，从而成为社区活动的积极参与者。对于学校所提出的社区活动方案、时间、地点以及安全保障等方面的重要问题，家长可以参与协商和沟通。在必要的情况下，学校还可以邀请家长参加社区活动，学生、教师和家长共同参与社区生活。这可以更有效地促进青少年学生的公民品质的发展。第三是学校和社区的联系。学校应当与周围的社区保持良好的关系，了解周围社区的具体情况，关注社区的公共问题。通过对社区生活的详细了解，以及与家长的有效沟通，学校可以更好地寻找符合学生发展需要以及公民教育需要的社区活动项目，从而为开展社区公民教育活动奠定良好的基础。通过学校、家庭以及社区的合作和沟通，学校生活与社区生活将获得更好的联结，从而促进青少年公民品质的发展。

最后，学校有必要组织和建构经常性的社区活动项目，通过这些经常性的社区活动项目来持续不断地对青少年学生的公民品质施加影响，同时促进青少年学生在这些社区活动项目中团结合作，从而增进其共同体精神的发展。大体来说，适合青少年学生的年龄特征和能力特征的社区活动有以下几种类型：一是生态环保项目，二是公益慈善项目，三是公共物品的保护项目。从生态环保项目的角度而言，教师可以引导学生保护社区的生态环境，促进社区生态的改善。比如社区中的河流出现了水污染问题，社区中的植物绿化遭到了人为的踩踏和破坏，社区中的垃圾焚烧、工业废气排放、汽车尾气排放污染了空气，等等。教师可以引导学生去分析和研究水污染的原因以及水污染的危害；分析空气污染是如何造成的，是因为工厂的废气排放，还是因为汽车尾气；分析植物绿化被踩踏和破坏的具体原因，并且寻找解决问题的方法；等等。通过对社区的水污染、空气污染、绿化破坏等问题的分析研究，以及向管理部门提供相应的意见建议，学生可以从中获得社会经验，提高公民实践能力。同时，教师还可以引导学生参加社区的公益慈善活动，比如帮助社区中的孤寡老人，定期给这些老人提供饮食起居上的帮助，在精神上鼓励和安慰老人；还可以通过为敬老院、孤儿院做义工等形式来参与公益慈善事业，让青少年学生更好地成长为有公共关怀意识和社会责任意识的合格公民。教师还可以引导学生参与公共物品的保护活动，激发他们的公共秩序意识和保护公共物品意识。社会上公共物品被破坏的现象屡见不鲜，比如在旅游景区随意刻字、随意破坏公共设施等时有发生。引导学生去保护公共场所的公共物品，一方面可以让学生参与公共生活，履行公共责任，从而为保护社会公共财物做出力所能及的贡献；另一方面也可以让青少年学生亲身接近和观察破坏公共物品的行为，让他们对这些行为产生道德上以及情感上的憎恶心理。这也是对青少年学生的一种社会公德教育，这种教育不是知识的、书面的教育，而是生活的、实践的教育。通过这些鲜活的社区活动和教育实践，青少年学生将更好地形成公共意识，并且在维护社会公德的团体活动中，发展团结的意识，运用团体的力量来维护公共秩序，保护公共利益。这对于青少年学生公民品质的成长具有非常重要的意义，可以发挥出非常重要的公民教育效果。

总之，为了更好地促进学校公民共同体的建构，学校教育有必要通过各种途径来形成学生的团体意识，营造民主的生活氛围，使学生超越孤独的、个体化的、分裂的生活而走向公民共同体的生活实践。学校公民共同体的培育，需要教师与学生在课堂生活中均发挥出主体性。课堂并非完全由教师主宰的生活空间，而是由教师与学生共同构成的生活空间；学校公共管理也不仅仅是少数管理者的事情，而是大多数教师和学生的公共事业。学校和教师还应引导学生参与社区生活，为社区公共问题的解决贡献力量，同时也在社区实践中更好地履行公民的权利与责任。通过这几个方面的整体建构，教师与学生将通过公共生活来分享公共价值，形成公民权利、公民责任和公民关怀意识，这可以更好地培育学校的公民共同体，并且通过共同体生活来促进学生的公共精神与公民品质的发展。

第三节　学校公民共同体的协商机制与师生关系的重构

在以公共价值为准则的学校公民共同体生活中，师生交往是一种基于平等的公民身份以及人格权利的交往关系，它体现出交往生活的民主性、平等性以及协商性。这种基于公共价值准则的交往生活，可以对学生展开一种稳固而持久的生活教育、实践教育，有助于学生公民品格和公共精神的发展。但是，在现实的教育中，很多时候教师与学生之间并没有形成真正意义上的基于公共价值准则的交往生活，他们在“公民身份”(citizen identity)、“课程权力”(curriculum power)以及“话语权利”(discourse rights)等方面仍然处于不对等的地位，因此师生之间很难形成真正意义上的公民共同体。教师与学生之间缺乏平等的人格尊严，难以分享课程教学的权力，同时也难以共享公民权利。在此背景下，师生交往无法摆脱权威性、扭曲性的束缚，无法真正成为公民教育的促进力量。因此，如何改造这种不对等的师生交往关系，无疑是重建学校生活空间的公共价值准则、发展民主的师生交往关系的关键所在。

一、扭曲的师生交往及其不良影响

扭曲的师生交往主要是由教师与学生的公民身份、课程权力以及话语权利的不对等而造成的。它在教师与学生的交往中制造了阻隔，把教师与学生分隔开来，使得“教师的世界”与“学生的世界”出现了分裂。扭曲的交往关系对学生的价值观、个性、人格品质等都将产生不良的影响，同时也将损害学校生活的公共价值导向。具体而言，扭曲的师生交往关系对学校生活以及学校教育的危害至少体现在以下几个方面：

首先，扭曲的师生交往形成了教师与学生的公民身份的不对等，危害了学校生活的平等性，造成了教师与学生之间的畸形关系。在扭曲的交往关系中，教师与学生所拥有的不是平等的身份关系，而是不对等的、扭曲的身份关系。在扭曲的身份关系下，教师觉得自己高于学生，而学生也极易在教师面前产生自卑心理。于是，学生面对教师时总是觉得自己“低人一等”，而教师在面对学生时则容易产生凌驾于学生之上的优越感，甚至产生歧视性的心理。有的学者曾把教师对学生的歧视心理称为“倭化”。“倭化”意味着处于支配地位的教师会对学生进行歧视性的对待，“倭化他人的好处在于，一旦我们将他人视为另类，我们就无礼遇、信任他们的责任，就可以随心所欲地甚至粗暴地对待他们而不受良心的自责”①。于是，教师把学生当作不需礼遇、不需平等对待的客体对象，而不是平等的公民，甚至会用挖苦、讽刺等歧视性语言或行为来对待学生。而当学生遭受来自教师的歧视时，由于他们的自卑心以及对教师权威的恐惧心理，他们几乎不敢对教师的歧视行为展开回击。这就造成了师生交往关系愈加扭曲。扭曲的交往关系使得强势者(教师)对弱势者(学生)的歧视获得了合理性，而弱势者的人格尊严和心理需要也不再是被关切的对象，而是可以忽略的。最终它会使教师与学生愈益缺乏平等的公民意识，而走向人格以及心灵的扭曲。

其次，扭曲的师生交往导致教师与学生的课程权力的不对等性，使得师生交往成为一种“权威者”与“无权者”的不对等交往，这阻碍了教师与学生对课程权力的共享。课程权力，简要而言是指“教师和学生在课程研究、课程开发和课程实施中对课程具有的权力”②。课程权力的大小取决于教师与学生参与课程研究、开发和实施的权力和资格。在当前的教育体制和课程机制中，学生的课程权力往往是被忽视的，他们几乎可以说是学校课程体系中的“无权者”。学生在很大程度上只是课程的被动接受者，他们无法享有课程开发、设计和选择的权力，这加剧了教师与学生关系的不对等。教师与学生关于课程教学的沟通与交流很少，在课程问题上教师与学生形成的不是对等的公民协商关系，而是不对等的“宣讲者”与“接受者”、“灌输者”与“被灌输者”的关系。课程权力的不对等性导致了课程不是经由教师与学生的共同协商、讨论审议与实践反思的结果，而是自上而下的课程权力分配的

① 高德胜.知性德育及其超越——现代德育困境研究[M].北京：教育科学出版社，2003：109.

② 李海英.课程权力：协商课程的一种追求[J].全球教育展望，2005(9).

结果。因而,课堂空间也就无法成为一个真正意义上的协商交往的公共空间。在这种情况下,学生只能放弃自身对课程权力的诉求,被动地接受教师传授的课程以及知识。这种课程权力的不对等性也加剧了师生关系的不对等性,使得教师与学生失去了在课程教学中展开民主讨论、协商交往的机会。

最后,扭曲的师生交往造成了教师与学生的话语权利的不对等性,导致了师生交往成为一种独白式、强制式的交往关系,而非协商民主的交往关系。当前,教师仍然是师生话语关系中的支配者,学生在教师的强势话语面前往往只能保持沉默,难以发出自己的声音。这导致了教师的权威地位在教育活动中不断膨胀,最终使得师生之间的平等交往难以得到保障。笔者认为,教育工作虽然需要教师具备一定的知识、道德以及管理的权威性(或者说威望),但是这种权威性必须服务于教育的平等性。一旦权威性凌驾于平等性之上,那么平等性的公共价值诉求将遭到弱化,而教师与学生也很难再共享话语权利,师生之间的理想的话语情境也很难建构。按照哈贝马斯的观点,在理想的话语情境中,“每个人都有权介入对话讨论,任何人都不得独占发言的机会……以此为基础来彰显自由、平等、真理与正义”①。但是,在独白式的学校话语空间中,教师与学生展开平等对话的理想话语情境被破坏了,教师成为了唯一的“说话者”,而学生只能成为“沉默者”。课堂的话语权利被教师控制,而学生仅仅是教师的话语对象,很少有机会发出属于自己的声音。这意味着在学校生活当中,学生无权作出解释、论证、批判和反思,无法充分表达个人的情感、好恶和愿望。在这种情况下,学校生活空间无法成为民主的公共生活空间,也难以促进学生的人格品质的健全发展。

二、师生的协商交往及其公民教育功能

如前所述,扭曲的师生交往关系中充斥着公民身份、课程权力以及话语权利的不对等关系,阻碍了教师与学生的平等交往,导致了学校生活以及学校教育的去公共性危机。而要重建学校生活以及师生交往关系的公共价值

① 胡军良.哈贝马斯对话伦理学研究[M].北京:中国社会科学出版社,2010:137.

导向，无疑需要我们以“协商交往”来取代“扭曲交往”，通过公共性的协商交往来重新塑造学校公共生活的民主性与平等性。正如詹姆斯·博曼(James Bohman)所指出的，公共性的协商交往意味着“公民通过自由而平等的对话、讨论、审议等方式，参与公共政策和政治生活”[①]。公共协商交往赋予教师与学生平等的公民身份与权利，鼓励教师和学生作为主体参与学校公共生活的对话、讨论、审议等民主协商过程，可以更好地促进学校生活的公共性建构，培育和发展教师、学生的公民身份认同和公民品质。师生的协商交往具有显著的公民教育功能，具体如下：

一方面，公共性的协商交往可以保障教师与学生的平等公民身份，发展公民权利与公民责任的辩证关系，促进公民身份的认同。在扭曲的师生交往关系中，学生的公民身份认同在不对等的交往关系中遭到损害，这不利于学生的公民意识和公民品质的发展。但是，通过公共性的协商交往，学生与教师可以就共同关心的课堂生活以及学校生活中的问题展开公共性的对话，这种公共对话可以让学生更好地认识、理解和确证自己在学校公共生活中的公民地位，形成对公民身份的有效认同。正如罗尔斯在《政治自由主义》一书中所指出的，公民身份的一个基本特征就是，“它是一种自由而平等的公民关系，这些公民作为一个集体性实体来行使终极的政治权力”[②]。在公共生活和公民关系中，不论教师还是学生都是自由而平等的公民，教师和学生之间可以基于公共协商原则展开理性的商谈和对话。如果教师仅仅把学生当作客体对象、当作可以任意加以命令、加以强制甚至加以歧视的人来看待，那么他所遵循的只能是扭曲性的交往原则，而不是协商性的民主原则。显然，协商交往通过对自由而平等的公民身份的认可，保障了学生的公民权利，同时也为学生形成正确的公民身份认同奠定了基础。通过公共性的协商交往，教师和学生可以更好地认识、理解自身的公民权利与公民责任，同时维护公民权利、履行公民责任。在公共性的协商交往过程中，教师与学生以平等的公民身份参与交往实践，有助于他们更好地意识到参与学校生活、课堂生活、班级管理等不仅是自己的公民权利，同时也是自己的公

① 詹姆斯·博曼. 公共协商[M].黄相怀，译.北京：中央编译出版社，2006:1.

② 罗尔斯.政治自由主义[M].万俊人，译.南京：译林出版社，2000:32.

民责任。此外,在交往生活以及教育实践中,学生还可以摆脱对于公民权利以及公民责任的抽象认识,回归生活实践,回归日常生活世界。这将推动学生更好地理解和体验自身的公民权利,也更好地在实践中履行自身的公民责任。它避免了公民权利与公民责任的分裂与疏离,从而有助于学生形成更加完整的公民身份认同。

另一方面,通过师生之间基于公共性原则的协商交往,可以促进学校生活以及课堂生活的民主建构,加深学生对公民理念及其价值观的认识和理解。我们知道,在扭曲的交往关系中,学生对于"公民"理念的认知往往只是停留在理论的、抽象的层面上,而缺乏实际生活和实践理性的支撑。甚至在很多时候,学生会发现公民理念与公民实践是脱节的,因而无法真正理解"公民"的内涵,并且在公民理论与公民实践的悖论中陷入深深的困惑。笔者认为,要解决公民理论与公民实践相脱离的困境,有必要重新建构学校生活的公共性,以实现公民理论与公民生活实践的有机融合。而要达成这一目标,则必须重建师生交往的协商民主性。在协商交往中,"可以让学生参与学校重大公共问题的讨论和交流过程,这可以增强学生对公民理念与公民精神的实践认同,提升他们的公民行动能力"①。通过协商交往,学生不仅在课本、教材中学习民主、平等的公民理念,同时也在日常生活实践中按照这些理念来行动。公民行动不仅使学生获得了提升公民素质的机会,还能促进团体、学校和社区的公共生活的改善。正如詹姆斯·D.费伦所指出的,一个团体或社区的人们在做出集体决策之前进行讨论和协商,有助于提高参与者的公民素养和知识水平;同时在团体的监督下促进决策的合理性和可行性,使得做出"正确的事情"具有更大的可能性。② 协商交往不仅为学生提供了公民品质发展的公共生活空间,推动了公民素养和公民能力的全面提升,同时也可以通过学生的协商合作和治理活动来促进学校以及社区的公共生活的建设和改善,从而实现共赢的效果。因此,不论是对学生的个体发展还是对学校、社区的整体发展而言,在师生之间建构协商交往生活都具

---

① 叶飞.公民教育:从"疏离"走向"参与"[J].全球教育展望,2011(8).

② James D. Fearon. *Deliberation as Discussion* [A]. Elected from Jon Elster Edited[C]. *Deliberative Democracy*. Cambridge University Press, 1988:44-68.

有显著的益处。如果缺少协商交往生活，公民教育将在很大程度上失去公共生活的基础，公民教育的效果也将很难得到保障。

三、师生的协商交往：公共规则的分析

如上所述，教师与学生之间所展开的协商交往有助于学校公共生活的建构，有助于学生公民品质的培育。值得注意的是，协商交往并不是主观性的、任意性的交往对话，而是一种以理性的、公共的规则为基础的交往对话。哈贝马斯曾在《道德意识与交往行动》(*Moral Consciousness and Communicative Action*)一书中归纳出协商交往所应遵循的三个基本规则：(1) 每一个具有言说与行动能力的主体均可参与对话；(2) 每个人均可对任何主张提出质疑；(3) 任何人均不得因讨论之内或之外的支配性强制而被妨碍去体验其在(1) 与(2) 中所确定的权利。[①] 根据哈贝马斯对协商交往的基本规则的分析，结合师生交往生活和教育活动的特殊性，笔者认为师生协商交往也应遵循一些基本规则。笔者认为，可以把师生协商交往所应遵循的规则归纳为三个基本方面，它们分别是平等性规则、批判性规则和无强制性规则。

首先，平等性规则。师生交往的平等性规则意味着“每一个具有言说和行动能力的主体均可以参与对话”，即每个人都是平等的主体，都有参与交往、对话、协商讨论的权利。平等性规则赋予教师与学生以平等的公民资格与公民权利。平等性规则是对不平等的师生交往关系的一种反思，它力图避免教师与学生之间的“权威者”—“无权者”、“控制者”—“被控制者”的身份对立，同时也避免教师对学生的歧视性对待。平等性规则所彰显的是公民身份的平等性，它把教师与学生导向理想的、平等的协商情境。在缺乏平等的师生交往关系中，学生与教师往往处于心理上的相互对抗、相互冲突的关系当中，这既不利于教学行为的展开，也不利于师生的协商对话、平等交往关系的形成。而通过平等性的师生交往规则，每一个人都能享受平等的协商对话、民主参与的权利，这有助于师生之间形成相互承认的公民关系，既认可对方的公民身份，同时也确认自我的公民

---

① Jurgen Habermas. *Moral Consciousness and Communicative Action* [M]. Boston: The MIT Press, 2001: 89.

身份。这就使得平等交往、相互承认和共同参与的公民权利与公民资格得到保障。

其次，批判性规则。批判性规则意味着“每个人均可对任何主张提出质疑”。在传统的学校生活或课堂生活中，学生对于教师的质疑几乎是不可想象的，传统课堂剥夺了学生“说不”的权利，同时也压抑了学生提出质疑的勇气。发展学生的批判性思维需要尊重学生的反思和批判的权利，允许学生在公共场合中提出不同的意见。由此，学校生活或课堂生活将不再是“独白式”的生活空间，而可以成为“协商式”的生活空间。教师与学生可以就课程问题、教学问题、纪律问题、评价问题等展开讨论和协商，展示自身的思考能力和批判能力。批判性思维不仅从事着“批判与解构”的工作，同时也可以激发起“建构”的力量。教师与学生在批判反思的过程中，不仅解构了传统教育理念，同时也可以经由理性的商谈而形成新的教育共识，从而对教育活动起到积极的建构作用。这种新共识是批判性反思的结果，它使“从一种由传统确定的共识转变为一种通过交往或商谈而获得的共识”成为可能。[①] 在协商交往中，教师和学生可以对学校生活中的制度、纪律、规范、习惯等进行反思，以此来建构更为平等、民主的学校生活空间。由于每个人（教师与学生）都平等地参与了协商交往的过程，都贡献了自身的思考和建议，这将促进学校生活的改进和发展，同时增强学生的公共意识与批判精神。

最后，无强制规则。无强制规则意味着“任何人均不得因任何的支配性强制而被妨碍去体验交往过程的平等性与批判性”，也就是说任何人均不得被强制剥夺平等参与和协商交往的权利，同时也不得被强制剥夺批判反思和批判的权利。在学校生活中，无强制规则意味着学生可以平等地参与协商交往的全部过程，学生参与协商交往的行动是自由而平等的，它是学生作为公民的基本权利。同时，学生的批判权利也不应被强制剥夺，学生有展开批判和反思的权利，有进行自主价值选择的权利，只要这种价值选择不违背公共规范或法律准则。在无强制性的协商交往中，价值强迫和伦理灌输是不被允许的，教师和学生只能基于协商交往来形成价值观念的认同，这种价

① 哈贝马斯.交往行为理论：行为合理性与社会合理化（第一卷）[M].曹卫东，译.上海：上海人民出版社，2005：244-250.

值观念的认同是“建立在主体间对于可以批判的有效性要求的相互承认基础上的”[①]。教师和学生不再是强迫者与被强迫者的关系，而是平等的公民关系，他们将展开商谈、对话、批判与反思，形成理性的协商共识。理性的协商交往摈弃了传统的权威式交往关系，把师生交往导向了一条更加民主的路径。在此背景下，学校生活空间成为一个更加民主、平等的公共生活空间，师生交往也体现出更多的协商民主性，这有助于学生公民品质和公共精神的发展，有助于学校公民教育效果的提升。

四、走向“协商交往”的师生关系

扭曲的交往生活使得教师与学生被隔离在“两个世界”当中，并且因为这种隔离而使得平等的公民身份被不对等的交往生活所扭曲和损害，从而导致学校生活和学校教育呈现出“去公共性”的危机。为了使学校教育摆脱公共性危机，师生交往必须从“扭曲交往”中摆脱出来，逐渐走向以公共性与民主性为基本特征的“协商交往”，从而重建学校生活与师生交往关系。显然，学校生活和师生交往关系的公共性重建，其任务是繁杂而艰巨的，它必须保障师生的平等话语权利，维护课堂生活的协商民主性，促进学校生活的公共参与性，并且允许学生展开独立的批判反思活动，等等。具体而言，师生之间的协商交往机制的有效建构，必须做好以下几方面的基本工作：

首先，要赋予学生以平等的话语权利，给予学生表达意见、建议和愿望的机会。赋予学生平等的话语权利意味着教师要对学生赋权，与学生展开真诚的对话，摆脱各种虚假的对话形式。虚假的对话表面上给予学生说话的权利，但是这种话语权利依然是在教师的掌控和分配之下的，不是真正的自由而平等的话语权利。虚假的对话仅仅是把对话视为对学生施加压力的手段或工具。[②] 在虚假的对话中，“教师很少考虑学生需要什么，在教师面前学生只是知识的容器，没有情感”[③]。这种对话不是教师对学生的赋权，而是

① 哈贝马斯.交往行为理论：行为合理性与社会合理化(第一卷)[M].曹卫东，译.上海：上海人民出版社，2005：118.

② 张华.反思对话教学的技术主义倾向[J].教育发展研究，2011(20).

③ 徐明刚.从独角戏走向交往合作[J].中学政治教学参考，2011(12).

教师把学生当作操纵和控制的对象。在此情况下,教师与学生之间的对话也就失去了应当具有的民主性和公共性,学生也无法享有真正的话语权利。显然,要赋予学生真正的话语权利,教师必须改变这种虚假的对话模式,与学生进行真诚的、平等的对话。为了保障学生的话语权利,课堂生活中的话语表达要摆脱教师单方面控制的状态,给予学生更多的自主权。一方面,必须保证学生有权在课堂上发表自己对于课程设计、教学安排乃至教师的意见或建议,以此来彰显学生的公民身份与公民权利,同时也对教师的教学行为起到规范和监督的作用。另一方面,要限制教师的话语权力的过度膨胀,避免教师的话语权力对学生话语权利的压制。课堂教学必须逐步改进话语分配权力高度集中于教师的做法,更多地赋予学生以自主的话语权利。因为,教师的话语分配经常会出现不公平的状况,如少部分优秀学生占有大量的话语机会,而大部分的普通学生则失去了话语机会。显然,我们必须让学生享有更多的主体话语权利,让大多数学生都能在学校生活和课堂生活中进行自由的话语表达。只有当学生获得了更加均衡的话语机会,可以平等地参与课堂生活和学校生活的时候,教师与学生才能进行真正意义上的心灵沟通,有效的师生协商交往也才可能产生。

其次,要保障学生参与课程协商的权利,使得学生与教师能够就课程教学中的重要问题展开协商,从而促进课程教学的合理化。在课程的设计和实施过程中,学生应享有参与协商讨论的权利,课程不应该仅仅是国家的课程、学校的课程或者教师的课程,还应该是学生的课程。学生的课程权利不能被忽略,课程权利的被剥夺某种意义上也是学生一部分公民权利的被剥夺。为了鼓励学生参与课程教学的协商交往,澳大利亚学者布莫(G. Boomer)和利特(N. Leater)等人在20世纪80年代曾提出协商课程(Negotiating Curriculum)的理论设想,他们认为课堂中的课程权应该在教师与学生之间进行合理的分配,鼓励学生参与课程设置、课程安排以及课程实施的对话讨论,从而使得课程更具公共性和民主性。① 布莫和利特的课程构想对于我们具有借鉴意义。在学校教育不断走向民主与公共化的今天,公民品质的培育

① G. Borner, N. Leater, J. Cook, (Eds.). *Negotiating the Curriculum: Educating for the 21st Century*[J]. London: The Falmer Press. 1992(5):15-31.

正变得愈来愈重要，愈来愈紧迫。课程不应当仅仅是向学生灌输知识或者价值观的过程，同时更应当是公民学习与公民教育的过程。学生在课程活动中学习如何成为合格的社会公民。如果课程是给定的、强制性的，那么学生在课程学习中所接受的只是强制式的教育，而非民主的公民教育。因此，我们必须让学生参与课程协商的过程，通过课程协商来培育他们的公民主体性，发展他们的公共精神。同时，我们还应当引导学生积极参与学校公共生活的对话、讨论和决策等实践活动，从而更有效地培育他们的公民品质，推进学校公民教育基本目标的实现。

最后，要建构一种具有反思性与批判性的公共生活空间，允许学生对学校生活进行批判。在"独白式""扭曲性"的学校生活和课堂生活当中，学生是不被允许对学校生活、课程教学进行批判的，要求学生成为顺从的、被动的学习者，而不是主动的、批判性的反思者。如果学校教育不允许学生进行反思和批判，那么它所进行的只能是虚假的公民教育，它也无法培养合格的公民。协商交往理念主张赋予学生反思、批判的权利，鼓励学生成为具有主体性、反思性的公民。为了更好地发展学生的批判性思维，学校和教师应当为学生建构进行反思和批判的生活空间，鼓励学生进行独立自主的思考和批判。具体而言，学校可以通过建构公共的讨论空间和公共的议事机构等，为学生的反思和批判活动提供平台和机会。公共的讨论空间，其目标是为学生创造一个超越课堂知识空间的对话场所，通过学生与教师之间的平等对话、公共讨论来反思学校生活中的公共问题，形成解决公共问题的思路和方法，直至最终解决这些公共问题。如果说教师和学生在课堂知识空间中的主要任务是知识传授和学习，那么在公共的讨论空间中，教师与学生的主要任务则是开展公民教育。此外，在公共的议事机构中，学生不是作为被管理的客体对象，而是作为公民主体，作为议事的代表参与学校公共问题和公共决策的协商、讨论、决策过程。在协商、审议和决策的过程中，学生可以提出批判性的意见，为学校公共事务的有效管理做出力所能及的贡献，同时在批判和参与的过程中提升自身的公民能力。总之，通过各种形式的协商交往和公共参与，学生的批判、反思与创造能力将得到不断的增强，而其公民精神和公民品质也将得到更有效的提升。

第五章　治理理念与公民教学

公民教学不仅是公民知识的传递和学习活动，更是以公民治理和公民行动为基础的、以发展青少年学生的公共理性和公民品格为目标的实践活动。从治理的视角出发，公民教学不只是公民概念或理论知识的讲授，更是一种以参与学校以及社区的公共治理活动为基础的教学活动。通过参与治理活动，青少年学生的公民认知与公民实践将更紧密地结合在一起，其公民品格也将得到更健全的发展。因此，为了更好地推进公民教学与治理活动的有机融合，我们有必要展开公民教学的治理型建构，即以治理活动为基础来重构公民教学。一方面，学校组织要改革传统的金字塔型组织模式，以一种多元民主、平行网络的治理逻辑来建构学校组织的公共性与民主性，从而使得学生成为学校组织管理的治理主体，成为自由而平等的公民。通过积极参与学校组织的治理活动，青少年学生的公民理性和公民品格将获得稳固的发展，从而实现公民教学的目标。另一方面，公民教学有必要进入更为广阔的社会生活领域，通过与社区治理活动的有效联结来陶冶和培育青少年学生的公民品格。以社区治理为核心内容的公民教学，不仅可以增进公民教育与社会生活的有机融合，同时还可以通过扎根社区的治理活动，更有效地培育青少年学生的公民理性和公共精神，完善他们的公民品格。

第一节　治理视角下公民教学的重构

当前，我们的学校教育体系中虽然没有专门的公民教育课程及公民教学的设置，但是有关公民品格的教育、教学活动却广泛地存在于基础教育的课程教学体系当中，比如中小学的“品德与生活”“品德与社会”“思想品德”

“思想政治”等课程。在国家教育政策层面,《品德与生活课程标准(2011 年版)》明确提出基础教育必须“培养学生良好的公民道德素质和勇于探究的创新精神与实践能力”;《品德与社会课程标准(2011 年版)》也指出要“培养学生的良好品德,促进学生的社会性发展,为学生认识社会、参与社会、适应社会,成为具有爱心、责任心、良好行为习惯和个性品质的公民奠定基础”①。由此可见,从国家教育政策及基础教育学校的课程教学角度来看,公民教育已经成为基础教育的重要任务,公民教学也成为一线教学实践的重要组成部分。

但是,从公民教学及品德教学的现实状况来看,基础教育学校中公民教学的实效性依然不够理想,青少年学生的公民道德素质虽然有所提高,但是显然还没有达到当前社会发展和教育发展所需要的水平和标准,而青少年学生“认识社会、参与社会、适应社会”等方面的社会性发展更是成为基础教育中的一个难题。因为,在长期比较封闭的教育理念和教学实践的影响下,青少年学生往往很少参与社会生活和学校治理,公民教学往往停留于书本和教材层面上,而没有真正进入青少年学生的日常生活和社会实践。于是,青少年学生的公民认知与公民实践往往处于相对分离的状态,其作为个体的公民与整个社会生活也处于疏离和割裂的状态。在这种情况下,公民教育往往成为一种理性与行动、认知与实践相分裂的教学,难以有效地培养青少年学生的公民情感、公民态度、公民价值观以及公民效能感,从而也就无法培养健全的公民品质。

为了更好地解决此问题,笔者认为,我们有必要引进治理的理念,促进公民教学与治理实践的融合,通过引导青少年学生参与学校生活、社会生活中的各种治理活动和服务活动,培养他们更加健全的公民品质。通过治理活动,公民教学不再只是“教知识”,而且还“教行动”,从而在行动上促进学生公民品质的发展,实现青少年学生的社会性发展。

---

① 参考:中华人民共和国教育部.品德与生活课程标准(2011 年版)[M].北京:北京师范大学出版社,2012:1;中华人民共和国教育部.品德与社会课程标准(2011 年版)[M].北京:北京师范大学出版社,2012:5.

一、基于治理理念超越公民教学的学科知识中心

治理理念要求公民教学以治理实践及公民活动为基础，来改造单纯的“以学科知识为中心”的公民教学模式，建构一种以生活世界和治理实践为核心的治理型的公民教学模式。这种新型的公民教学模式可以形成一种隐性的公民教育机制，在教学活动和治理实践中不断地陶冶青少年学生的公民品质，持久地促进学生公民素质的成长，从而极大地提升公民教学的效果。

事实上，公民教学本应该是一种实践的、行动的教学形式，并非纯知识的教授。但是，在近现代的教学思想的发展中，以学科知识为中心的教学理念长期占据主流地位，这导致了公民教学以及品德教学也逐渐转向“学科知识中心主义”，形成了与实践、行动的割裂。这种学科知识中心的教学理念可以追溯到斯宾塞(Herbert Spencer)的思想。斯宾塞在《什么知识最有价值》一文中提出了一种关于课程教学的新理念。他认为“课程”是一个静态的、外在于学习者体验的知识内容系统，是具有严密的逻辑性和理论性的知识体系，而教学就是把这些系统性、理论性、逻辑性的知识内容传授给青少年学生。因此，教学应该是以学科以及学科所内含的知识体系为中心的，它强调的是教学的系统性、逻辑性和理论性，而非教学的生活性、行动性与实践性。显然，斯宾塞的教学思想在很大程度上把教学与生活进行了割裂处理，主张教学就是讲授系统性的学科知识，教学与具体的生活实践是可以(甚至必须)分离的。这种观点对之后的教学思想的发展产生了重要影响。随后，博比特(F. Bobbitt)、泰勒(R. Taylor)、塔巴(H. Taba)等人继承并发展了斯宾塞的这一课程教学理念，强调教学是对于既定的、以学科知识体系为中心的知识内容的讲授，最终形成了“以学科知识为中心”的教学模式。在学科知识中心的教学模式下，公民教学也往往倾向于以学科逻辑和知识体系为中心，强调公民概念体系和知识内容的传授。教师主要是以直接的知识教学的方式来展开公民教学，青少年学生则是公民知识的被动接受者。

于是，公民教学与青少年学生的生活世界之间产生了分裂和隔离，这影

响了青少年学生对公民教学的亲近，也阻碍了公民教学向青少年学生的靠拢。一方面，随着学科中心主义的公民教学占据主导地位，公民教学逐渐转向采用纯粹讲授知识、灌输价值的教学模式，而不再采用以生活化、实践化为主要途径及方式的教学形式，这导致青少年学生在心理上无法认同，使得青少年学生对公民教学失去亲近感，甚至产生逆反心理，从而降低了公民教学的实效性。另一方面，以学科知识为中心的公民教学，其自身也远离青少年学生的需要，造成公民教学与青少年学生的日益分离。学科知识中心的教学模式强调的是学科知识的体系性和逻辑性，它的出发点是知识及逻辑，而非学生的情感及需要。以学科知识为中心的公民教学愈来愈成为“死知识”的教学，而非注重实践、行动、情感与体验的鲜活的、丰富的教学实践。如果公民教学远离青少年学生的需要，青少年学生对公民教学产生疏离感，公民教学必然很难完成预期的教学目标，难以达成公民教育的使命。

以“治理”理念为核心的公民教学模式，正是试图打破这种学科知识中心模式，使公民教学重新采用以公民治理、交往实践为核心的教学形式，推动公民教学与青少年学生的治理实践的统一，使公民教学真正成为生活世界中的教学，全面提升公民教学的实际效果。

一方面，以治理理念为核心的公民教学，试图通过把青少年学生引入学校生活以及社会生活的治理活动当中，使公民教学不再是理论性、概念性、抽象性的公民知识教学，而成为现实的、具体的、鲜活的实践教学，以此来促进公民知识与公民实践的融合。在传统的、以知识灌输为主导的公民教学中，抽象性、概念性的知识讲授往往成为公民教学的核心，它片面地强调青少年学生对公民知识及公民理论的学习，而忽略了这些知识与理论的学习应当具有更加坚实、具体的生活基础。以治理理念为核心的公民教学事实上是要改变知识灌输的教学模式，重构公民教学的生活基础，重建公民教学与生活世界的“本真”联系。青少年学生可以在治理活动中体验公民生活，并且在生活实践中检验所习得的公民知识、公民概念以及公民理论，从而在更深刻的意义上理解和体验这些知识、概念及理论。通过这种基于治理活动及生活实践的理解、体验，这些公民知识将不再是“死知识”，而是青少年学生生活世界中的“活知识”；公民教学也不再是呆板的、僵硬的知识性教学，而是鲜活的、具体的实践教学。总之，通过治理活动，公民教学获得了与实践相结合的最好的也最自然的形式。

另一方面，以治理理念为核心的公民教学，可以通过开展以学生为主体的治理活动，摆脱学科知识中心模式的强制性和压抑性，赋予青少年学生更多的行动主体性和价值选择性，从而重塑公民教学的主体性与反思性。在学科知识中心的教学模式中，学生是被动接受公民知识及理论概念的客体对象，教学中带有强制性，也带给学生一种压抑感。以治理活动为核心的公民教学则是力图把学生从这种压抑的、强制的教学氛围中解放出来，使学生积极参与治理活动及公民实践，允许学生展开主体性的思考、探索、反思和批判。它致力于发展教师与青少年学生的自主性与批判性。因此，这种公民教学不仅推动学生成为公民行动的主体，同时也使学生成为自主思考、反思批判的主体。学生可以在治理活动、公民行动中重温以往习得的公民知识及理论，在实践的基础上进行自主性的、批判性的建构，从而使自己真正成长为独立自主、具有批判意识的公民主体。而这正是学科知识中心的教学模式所难以实现的。

总而言之，通过“治理”活动，可以更好地推动公民教学摆脱学科知识中心模式的束缚，使公民教学与青少年学生的生活世界、内心世界实现紧密的联系，促进公民教学与生活世界的有机融合。这可以避免公民教学的知识化、空洞化和灌输化，增进公民教学的主体性、反思性与批判性。基于此，青少年学生的公民理性、主体性、批判性等将得到全面的提升，最终促进青少年学生的健全的公民品质的成长。

二、基于治理理念建构公民教学的隐性机制

公民教学不仅是为了传递那些显性的公民知识及概念（显性知识），更是为了传递那些具有隐蔽性和缄默性的知识及价值观念（隐性知识）。正如哲学家波兰尼（Micheal Polanyi）所指出的：“人类有两种知识。通常所说的知识是用书面文字或地图、数学公式来表述的，这只是知识的一种形式。还有一种知识是不能系统表述的，例如我们有关自己行为的某些知识。如果我们将前一种知识称为显性知识的话，那么我们就可以将后一种知识称为

缄默知识。”[1]显然，治理理念可以通过倡导以学生为主体的治理活动，建构一种隐性的公民教学机制，潜移默化地向学生传递公民价值观念，发挥出深刻的影响。

如果说学科知识中心模式的公民教学可以传递显性知识，那么以治理活动为基础的公民教学则不仅可以传递显性知识，而且可以更好地传递隐性知识。而真正有效的公民教学，不仅要传递有关公民的显性知识，也要传递有关公民的“隐性知识”；同时还需要实现显性知识与隐性知识在青少年内心世界中的有机联系，然后才能真正达到预期的教学效果。显然，学科知识中心的教学模式虽然可以传递显性知识，但很难有效传递隐性知识。而真正能够传递隐性知识的，是以治理行动与公民实践为中心的教学模式，我们也可称之为“公民的实践教学”。这种实践教学“通过实践的途径使青少年学生对课堂中所学的知识有更深刻的理解和应用”[2]。通过治理行动和公民实践来展开公民教学，可以更好地实现公民教育的目标和使命。

一方面，通过治理行动和公民实践，可以增进公民教学的实践性和行动性，在实践与行动中有效地传递公民价值观念。以治理理念和公民实践为核心的公民教学，通过引导学生参与各种类型的公共生活及公共事务的治理（比如学校管理决策、社会公益活动、环境保护活动等），为公民教育提供了一种新的教学模式。这种新教学模式的主要关注点是，公民教育不能只是传授书本上的公民知识、概念及理论，而是要注重把真正有意义的、又极其隐蔽的公民价值观念有效地传递给青少年学生。以治理为核心的公民教学，更加重视实践和行动在公民教学中的重要意义，也更加重视教学活动中的隐性价值元素对于公民教育的重要作用。它强调，公民教学本就应该是一种以治理实践及公民活动为核心的教学，通过实践培养学生全方位的公民素质和能力。也唯有通过实践的教育，公民所获得的知识、观念和能力才是真实的，否则只能停留于理论的、逻辑的层面，而无法经受实践的检验。也正因为如此，把青少年学生纳入具有实践性和行动性的治理活动中来，才能在实践的基础上更好地锻炼和培育青少年学生的公民理性、公民品德及

① M. Polanyi, *The Study of Man*[M]. London: Routledge & Kegan Paul, 1957:12.

② 石中英.知识转型与教育改革[M].北京：教育科学出版社，2001:241.

公民行动能力,提升公民教学的实效性。

另一方面,治理行动和公民实践可以拓宽学生的公民生活视野,从而培育整全的公民人格。以治理为基础的公民教学,主张公民教学不是"课堂内的""教室内的"教学,而是涵盖更为广阔的交往生活实践的教学,它不仅包括了课堂生活、学校生活,同时还包括了更为广阔的社会生活。因此,公民教学不能仅仅停留于课堂或者教室,而是需要不断地向外拓展,寻求更广阔的生活基础。事实上,青少年学生所过的生活本身就是包含着课堂生活、学校生活以及社会生活等完整样态的生活。以往的公民教学往往会排除社会生活,把公民教学局限于学校及课堂内部,这事实上是不合理的。如果公民教学把社会生活排除在外,那么它只能为青少年学生提供片面的、割裂的生活样态,而无法提供真正意义上的整体性的公民生活。引导青少年学生积极参加学校以及社会生活中的治理活动,其主要目的就是为青少年学生提供整体的公民生活,同时使公民教学与青少年学生的整体生活世界形成良好的对接,从而更好地发展青少年学生的公民品格。因此,以治理实践为基础来建构的公民教学,将超越单纯的课堂教学,把课堂生活、学校生活以及社会生活都融入公民教学当中,为公民教学提供更为深厚的生活基础。基于此,公民教学能够拓宽青少年学生的公民生活视野,同时为青少年学生的公民品质发展提供更为广阔的生活空间。这无疑是公民教学的一种重要革新。

第二节　学校治理与公民教学

引导学生参与学校的民主治理,本身就是最好的公民教学。它是一种实践性、行动性的公民教学。通过学校的民主治理,学生可以更具体而直观地领会民主、平等、尊重、对话等价值观念,而公民教学的效果也就自然而然地得到了实现。因此,学校是否已经建立以民主治理为核心的管理结构显得尤为重要。如果学校的管理结构是一种垂直型的权力控制结构,那么公民教学所倡导的公共性与民主性的价值观念就无法获得学校管理结构的支撑,公民教学也就失去了组织结构和制度体系的保障。只有当学校的管理结构是一种民主型的管理结构时，它才能更好地对学生开展公民教育，实现公民教学的目标。因此，为了更好地实现公民教学的目标，我们有必要改革学校组织的管理结构，可以用一种多元民主、平行网络的治理逻辑来实现学校管理。我们可以把这种学校组织管理称为“学校治理”。学校治理不是把教师和学生当作管理和控制的对象，而是把他们当作学校治理的主体。这不仅可以实现学校治理主体的多元化，同时还可以打破旧有的控制与被控制、管理与被管理的非民主的管理主义理念。通过实施学校治理，民主的价值观念和生活方式将在学校生活空间中扎根，学校组织本身将成为公民教学的主体，在潜移默化中把公民价值观念传递给青少年学生。

一、学校治理的内涵及意义

在治理理论中，学校是社会组织中的重要类型，它不仅作为一个育人场所而存在，同时也作为一个社会组织机构而存在。因此，它同样适用于治理理论，正如公司、企业等社会组织机构一样。社会组织机构的治理问题最早是出现在公司运营中，1975 年威廉姆森首先提出了“公司治理”(corporate governance)这一概念，它的意思是“控制和监督经理人员行为以及保护股东利益、保护包括股东在内的相关利益者利益”[①]。公司要经过民主、合理的程序来完成治理，从而保护整个公司及其员工的公共利益。与公司不同，学校作为非营利的组织机构，它不像公司、企业那样涉及经济利益、物质利润等问题。但是，这并不意味着学校组织就不需要“治理”。事实上，学校组织面对着与公司一样的需要依靠民主治理模式来保护公共利益的问题，因为学校“需要将有限的资源通过体制和机制的改革与创新，实现学校教育利益和效益的最大化，更好地满足人们对优质教育和多元化教育的需求”[②]。随着学校法人地位的不断加强，学校的自主办学权得到了愈来愈多的重视，因而学校组织的整体运营和发展模式也面临着突破略显陈旧的教育管理理念的需要。也可以说，为了更好地实现学校组织利益和相关利益者(教师、学生以及家长)的公共利益的最大化，学校组织同样面临着从行政化、控制化

---

① 李维安.公司治理学[M].北京：高等教育出版社，2009：11.

② 杨琼.治理与制衡：学校法人论[M].北京：教育科学出版社，2011：175-176.

的管理模式向民主化、多元化的治理模式的转型，这就“需要完善学校治理结构，提高学校管理绩效，保障学校自主办学的权利”①。

在《国家中长期教育改革和发展规划纲要（2010—2020年）》中，我们也看到了对于学校治理转型的纲领性阐述。该规划纲要要求推进政校分离、管办分离，“建设依法办学、自主管理、民主监督、社会参与的现代学校制度，构建政府、学校、社会之间的新型关系”②。

不论是从政府的宏观政策，还是从社会以及学校的改革与发展的角度来看，学校从管理向治理、从“单一行政管理”向“多元民主治理”的转型已经成为一种趋势。学校作为一个非营利性的、公共性的教育组织机构，承担着公共教育的使命，它应当成为民主治理的公共机构，而不是行政管理的附庸机构或者维护私人利益的机构。随着公民主体意识的觉醒和学校管理改革的推进，教师和学生越来越需要共享学校公共治理的权利，同时也共同承担学校公共治理的责任。在此基础上，学校组织可以更好地保持自身的独立自主性，维护和扩大学校组织的公共性，从而为社会提供更优质的公共教育服务，培养社会所需要的优质公民。

为了更好地阐明学校治理的观念，我们可以把学校治理的内涵大体归纳为以下几个方面：

第一，学校组织的治理主体是多元的。治理主体的多元性意味着在政府与学校的关系中，政府不是唯一的治理主体，不是唯一的权力中心，学校自身也可以成为治理主体；从学校内部而言，学校管理者不是唯一的治理主体，而应赋予教师、学生以平等的治理权。这是一种多中心的管理体系，意味着多元的治理主体展开着“多中心”的公共行动”。③ 这一多中心的治理体系鼓励学校建立自主的管理网络，实现民主的治理。学校治理的多元主体，其意义在于它认可了普通教师、学生以及学校管理者具有同等的治理权，承

① 杨琼.治理与制衡：学校法人论[M].北京：教育科学出版社，2011：175-176.

② 中华人民共和国教育部.国家中长期教育改革和发展规划纲要（2010—2020）[M].北京：人民出版社，2010：41.

③ 胡伶.地方教育行政部门的职能转变——基于公共治理视角的分析[J].教育发展研究，2010(12).

认他们都是学校组织中的治理主体，从而推动学校管理的民主合作和治理权力的公平共享。治理主体的多元化和治理权的共享可以促进学校组织的公共性变革，使得学校组织成为更具民主精神的公共空间，而不是垂直型权力机构。

第二，学校治理的对象是公共事务，其目标是最大限度地追求公共利益。治理活动不会侵入私人生活领域，不妨碍公民的个人自由。但是，学校组织中凡是涉及公共利益的事务，都应纳入治理的范围，经由民主治理的程序加以管理，防止组织内部的权力失衡和民主缺位。这可以避免学校公共管理成为少数人的事情，以少数人的利益掩盖大多数人的利益，从而导致学校组织管理的失败以及对公共利益的忽视。学校治理并不是为了提升私人的利益，不是为了某个人或者某部分人的利益，而是为了整个学校组织的公共利益。通过学校治理，公共问题将得到更有效的解决，而治理的民主程序也有利于问题解决的效果和效率，从而最大限度地提升学校公共利益。

第三，学校治理的过程是一个协商、合作和建立伙伴关系的过程。学校治理不是将学校管理权和决策权视为少数决策者的专利，而是将学校管理视为所有教师和学生的共同权利。因此，管理活动不是某个人或某几个人的命令、讲话或者指示，而是治理主体在公共空间中的对话、协商以及合作，它“以协商为基本的教育决策机制”①。通过学校治理活动，作为治理主体的教师和学生获得了一个参与学校管理的平台，同时也获得了履行公民权利与公民责任的机会，这可以增加协商、交往和合作，增进学校组织内部的民主价值的生成和发展，最终使得学校组织生活成为真正意义上的公民生活，而这种公民生活将在潜移默化中促进青少年学生的公民品质的成长。

二、青少年学生参与学校治理的必要性

青少年学生参与学校治理之所以是必要的，首先在于学校治理是学校民主生活和民主管理的基础，也是推进公民教学的基础；缺少这个基础，学校的民主管理及民主教育将无法得到落实和发展。青少年学生作为学校生

① 王晓辉.关于教育治理的理论构思[J].北京师范大学学报(社会科学版)》,2007(4).

活中的主体,他们对于学校生活的参与体现出学校的民主价值取向。长久以来,很多学校的教育比较忽略学生作为公民的主体权利,仅仅把学生当作被管理的对象,把提高学业成就和升学比例作为最高的教育目标。正如佐藤学教授所言,现代学校组织"以追求效率的标准去划一地控制儿童多样的学习,压抑每一个人的个性和创造性","学校与其说是形成学习的亲和、实现民主主义的场所,不如说是发挥着通过排他性竞争,酿造优越感与自卑感,扩大阶级、种族、性别的社会文化差异的场所"①。在这样一种学校模式中,学生被当成了"产品",学校成了制造"产品"的工厂,因而学校以整齐划一的标准来培养学生、管理学生、控制学生,而这种管理、控制的机制使得学生的个性和创造性遭受了极大的压抑,同时也使得公民教学所倡导的自由、平等的价值观遭受了严重的挑战。为了得到学校的认同,为了通过统一标准和管理模式的考核,学生不得不以排他性竞争的方式来专注于学业竞争和考试竞争,降低了公民教学的效果。这最终导致了学校民主精神的衰落,导致了公民教学效果的衰落。学生仅仅成了学校管理以及控制的对象,成了人力资源的"产品",而不是具有丰富的个性、健全的公民主体性的人。因此,学校的这种管理模式和控制模式无助于形成学校生活中的民主氛围,无助于公民教学的开展,它剥夺了学生的管理权利、参与权利甚至公民权利。这种管理模式虽然表面上提高了学校的管理效率,但其真实管理效果值得怀疑。当学校管理仅仅把青少年学生当作物、当作机器来看待的时候,管理本身也就走向了异化,成了对人的技术控制方式,而不是科学的、民主的治理方式。它是反公民教育的,它会阻碍学生的公民成长。

青少年学生参与学校治理的必要性还体现为,它是提升学生的公民品质、培养健全公民的必要条件。青少年学生的公民品质的成长,并不只是理性和知识的成长,还需要把理性与行动、知识与实践相结合。从公民品质的整体构成来看,知识、理性是构成公民品质的知识基础,可以提升公民的认知理性;而公民实践和公民行动是构成公民品质的实践基础,可以提升公民的实践理性。完整的公民,是认知理性与实践理性的结合,缺少任何一方,

---

① 佐藤学.学习的快乐——走向对话[M].钟启泉,译.北京:教育科学出版社,2004:77.

都只能成为“片面的公民”。因此，在公民教学的过程中，必须重视学生的参与，要通过引导学生参与学校生活以及社会生活的治理活动以及各种类型的公民活动，鼓励和引导他们将公民知识付诸实践，在实践中锻炼他们的公民品质。通过青少年学生对于学校治理活动的积极参与，还可以发展学生的公民身份认同，尤其是使他们认同积极公民的理念，成为主动的、有担当的、负责任的公民。那种认为公民教学只需要培养“消极的公民”(即认为公民只需要维护自身的权利不受侵犯，而不需要积极参与公共生活)的观点，事实上是不符合逻辑的。因为，只有通过公民的积极行动，共同维护公共价值观念，公民个体的权利才能得到保障。公民作为个人，虽然只是庞大社会中的一个微小成员，但是有保卫社会的公共理性和公共道德的责任。公民有必要维护社会的稳定和团结，因为只有这样，最终才能维护自身的权利免受侵犯。也正因为如此，公民教学应引导学生积极主动地参与学校治理活动，这不仅可以增进学校的公共利益，同时也是培育敢于担当、积极负责的公民品质的重要途径。

三、青少年学生参与学校治理的实践建构

学校治理作为一种新型的学校管理理念，要求在学校组织内部实现教师和学生的平等的治理权利，鼓励青少年学生作为公民主体参与学校的治理活动，这不仅可以促进学校管理的民主化和合理化，也可以在治理行动中提升青少年学生的公民品质，培养他们健全的公民人格。因此，鼓励和引导青少年学生参与学校治理不仅是一种增进管理民主的有效途径，同时还是一种独特的公民教学途径，实现着公民教育的重要功能。那么，如何来引导青少年学生参与学校管理，实现学校组织的治理型建构呢?

笔者认为，这至少需要包含三个方面的基本工作：一是实现学校的民主管理，引导青少年学生参与学校的管理生活；二是实现课程教学的协商民主，鼓励教师与学生在班级生活中的民主协商和公共对话；三是鼓励学生社团组织的建立和自治，实现学生的公民合作和自主管理。通过这三个方面的工作，学校治理空间的公共性与民主性将得到显著的提升，从而促进青少年学生的公民品格的健全发展。

（一）学校公共事务的民主管理

学校公共事务的民主管理，需要学校和教师改变旧的教育观念，这种观念认为学生是被管理和被灌输的对象，而不是具有主体性和创造性的人。学校和教师要尊重学生的公民主体性，在学校公共管理决策中引入民主讨论和民主参与的机制。青少年学生作为学校公共生活中的成员，有权利也有责任参与学校的公共事务管理，以实现学校公共管理秩序的民主性和合理性。在参与学校管理的过程之中，青少年学生的公民品质和公民实践能力将得到有效的提升。为了更好地鼓励和引导青少年学生参与学校公共事务的民主管理，学校和教师需要做好以下几个方面的基本工作：

首先，学校和教师必须改变自己的教育信条，从塑造“知识人”走向培育“公共人”。一些学校和教师认为，学校教育最主要的任务就是把知识有效地传递给学生，以使学生获得更好的学业成绩。这种教育信条使得学校教育沦为纯粹的知识教育，而不是人格教育，学校生活也成了“知识生活”。这种“知识人”的教育信条对于青少年学生的人格发展是极其不利的，它使得学生的生活世界成了一个“意义缺失的世界”①。这个“意义缺失的世界”中，没有道德人格的关怀，失去了公民价值的培育。显然，为了更好地引导青少年学生参与学校公共事务的管理，不能把学生视为知识人，而要把学生视为学校共同体中的公民，鼓励他们参加学校各种公共活动，承担公民责任，维护学校的公共利益。正如杜威所指出的，学校公共生活与公民品质的成长是紧密联系的，学校和教师必须保障“各方面的共同利益的自由而平等的交往”②。如果学校和教师剥夺了学生参与学校公共管理的权利，显然也就是剥夺了学生成为学校生活的主人的机会，学生的主体意识的发展将失去基础。真正意义上的学校民主生活，必须把学生纳入学校公民共同体，让学生参与学校公共事务的管理。学校和教师要对学生进行“赋权”，给予学生参与学校公共事务管理的权利，允许学生开展各种公民实践活动，在促进学校发展的同时，也促进学生的公民品格的发展。

其次，学校必须实行民主管理和民主决策，对于关涉学生权益的公共管

---

① 鲁洁.一个值得反思的教育信条——塑造知识人[J].教育研究，2004(6).

② 杜威.民主主义与教育[M].王承绪，译.北京：人民教育出版社，2005：94.

理事务，学校应该以民主的形式邀请学生参与，听取学生的意见，实行民主协商与讨论。科尔伯格在探索“公正团体学校”的时候已经注意到，学校“得以增长学生的公民参与经验的最基本途径，就是通过民主参与过程来管理自身。要使学生学会民主管理，发展他们这方面的品质，就必须让他们参与或管理某种管理机构，有权力影响管理机构，使管理机构变得更加公正”①。科尔伯格的这个观点告诉我们，学生的公民经验和公民能力需要通过参与学校的具体管理才能更好地发展起来，培育学生的公民品质的最基本途径、最佳教学方式，就是在学校内部实行民主管理；最好的公民教学，就是在学校生活中让学生像公民一样去管理、去实践。在涉及学生利益、学校利益等重大公共问题上，比如校规校纪的制定、重大奖励惩罚的实施、退学处分的实施等，学校有责任召开包括教师、学生以及家长的代表会或者听证会，或者开展有关这些公共问题的公开讨论会，来对学校生活中的公共问题展开公共协商，以实现民主管理和民主决策。通过积极参与学校公共管理，青少年学生的公民意识将得到更快速的发展，公共精神将在他们的内心世界扎根，他们对于自身的公民身份的认识和体验也将更为深刻。这可以培育他们良好的公民品质和公民参与能力，使他们成为优良的社会公民。

最后，从更为具体的角度而言，学校公共管理还有必要创建新的途径和方式，为青少年学生提供参与学校管理的平台。有些国家的基础阶段教育学校成立了“学生治理委员会”“学生申诉委员会”等关注学生权利、保障学生利益、鼓励学生参与的机构。这些机构的主体是学生，是专门为学生的利益以及学校公共利益而创设的学校治理机构。这些机构对学生参与学校公共管理、保护自身权利能发挥积极作用。“学生治理委员会”鼓励学生参与学校公共事务的治理，赋予学生参与学校管理的权能。当学生认为学校公共事务中的某些方面存在问题时，比如学校餐厅的食品价格太高了，超过了市场定价，学校的公共活动场所无法满足学生的集体活动的需要，学校的篮球场、足球场经常被校外人员占用，使得校内学生失去体育锻炼的机会，等等，就可以通过“学生治理委员会”向学校管理部门提出意见，并且有权督促

① 科尔伯格．道德教育的哲学[M].魏贤超，译.杭州：浙江教育出版社，2000:303.

学校管理部门尽快解决这些公共问题。因此，“学生治理委员会”事实上是学校公共管理中的重要机构，为学生管理公共事务提供了更为便利的平台，使得学校事务不再仅是校长或者教师的事情，而是校长、教师和学生共同的事情。这无疑可以促进学校公共管理的民主化，同时也是对学生的一种重要的公民教育。此外，学校还可以与学生一起组织和设立“学生申诉委员会”，它的主要职能是给予学生“权利救济”，保护学生的合法、合理的权益免遭侵害。当学生觉得学校的某项政策措施或者某个惩罚措施损害了自己的权益的时候（比如，学生因为考试中的一次不合规范行为而被学校处以退学的惩罚），学生可以通过“学生申诉委员会”对自己的权益进行申辩。学生把自己的申诉提交给“学生申诉委员会”后，委员会有责任组织校长、教师代表、学生代表以及家长代表等召开会议，对学生的申诉进行讨论、协商以及投票，在此过程中当事学生可以提出自己的申辩意见，最后由委员会来做出最后的表决和判定。显然，通过这些管理机构的运行，学校的公共管理将更加符合程序民主和实质民主的需要，从而在保护学校组织的正义和学生权利方面做出重要的贡献。同时，学生也成了公民主体，并且在参与管理中不断接受着价值观的教育，从而在不知不觉中实现着公民教育的目标。

（二）课程教学的协商与合作

青少年参与学校公共治理的另一个重要方面，正是参与课程教学的治理。通过参与课程的治理和协商，学生也可以接受价值观的教育和教学。课程教学与学生每天的生活息息相关，而学生真正拥有参与课程教学的治理权，则深刻地体现出学校管理的民主性，体现出学校对学生公民身份的认可和尊重。事实上，早在20世纪70年代，澳大利亚、美国、英国等国的课程研究者就提出了“协商课程”（Negotiating the Curriculum）这一概念。正如澳大利亚课程学者加思·布莫（Garth Boomer）在1982年出版的《协商课程：师生间的伙伴关系》（*Negotiating the Curriculum: A Teacher-Student Partnership*）一书中所指出的，传统的教育关系所形成的是教师、学生以及课程之间的不平等的权力关系，而协商课程意味着教师和学生可以就共同关心的课程问题展开平等的交流、对话和协商，从而保障教师与学生平等的课程权利，推动教师和学生在课程协商中建构平等协商的伙伴关系。布莫的这本书及其观点不仅在澳大利亚的教育学界产生了影响，还使得“协商课程”理念影响到了美国、英国等国家的教育学研究。尤其是在公民教育研究领域当中，众多学者把公民课程、教学中的协商对话作为主要途径和方法，强调通过协商课程和对话教学来发展学生的公民主体性，推动学生的公民理性能力和行动能力的发展。

当前课程教学领域中的协商对话氛围仍显不足。比如，课程教学往往是以教师的灌输和控制为主，而学生很难有参与课程教学协商对话的空间和平台。这对于公民教育是非常不利的。因此，为了更好地促进教师和学生在课程教学中的协商和合作，通过课程协商来达到公民教育及教学的效果，我们必须对传统的课程教学理念进行改造。

首先，必须改变灌输型、控制型的课程教学模式，重塑教师和学生的平等关系。传统的课程教学往往倾向于对学生进行垂直的控制和灌输，因而学生在课程实践中往往缺乏真正意义上的权利与主体性，课程活动所体现的是教师的主体权利和课程权力，形成了教师与学生的不平等关系。在这种不平等关系中，教师是课程的控制者和支配者，而学生是课程的接受者和被支配者。这种支配与被支配、控制与被控制的关系会影响学生的公民身份认同，使得学生的公民权利意识、责任意识、主体意识以及批判精神被潜在地压抑了。协商课程理念的提出，正是期望打破这种控制型的教育和教学方式，支持教师与学生之间的平等互动，使课程空间成为伙伴交往式的合作空间。正如布莫所指出的，我们“应把教师与学生同样视为具有主观性与内在能力的有机体，他们都无法以独断的方式来支配任何一方，亦无法受任何其他力量的独断支配，我们唯有以共创经验的方式来看待他们之间的互动才具有真实的意义”①。因此，协商课程所倡导的是教师与学生之间的协商交往，通过协商交往来形成师生之间的平等合作。通过协商交往，学生可以更好地理解社会，更好地理解正义、平等、自由和权利等公民伦理及价值观念。协商交往的过程本身就是公民教育的过程，通过学校以及课程生活中的协商交往，学生可以形成民主协商意识，同时在协商对话中确认自我与

① 李宝庆，樊亚峤.协商课程理论评析[J].全球教育展望，2011(2).

他者的平等的公民身份，从而形成正确的公民身份认同。通过对课程、知识等的协商对话，学生可以在课堂生活中发展自己的公民能力，展现自己的批判性与创造性，并且形成教师与学生之间的民主协商关系，促进公民课程以及相关课程的民主变革。

其次，学校和教师必须对学生"赋权"，鼓励学生参与课程开发和教学改革，赋予学生参与课程开发、教学创新的权利。在传统的课程教学观念中，学生并不具有参与课程的权力，课程权力高度集中在政府教育主管部门。随着基础教育课程改革的推进，地方课程和校本课程不断出现，地方和学校拥有了一部分课程权力，而教师也在课堂中拥有部分的课程权力，但是，学生的课程权力在现实的教育实践中并没有得到充分的重视。在协商课程理念中，课程权力是教师与学生共同拥有的权力，课程权力事实上是"教师和学生在课程实施中重构课程的权力，这种重构是师生在已有经验的基础上，通过共同协商交流、实践反思等手段实现的"①。协商课程就是要通过协商交往活动来重新把课程权力归还给教师和学生，对教师进行赋权，同时也对学生进行赋权。在课程教学过程中，教师是课程的引导者，是课程权力的拥有者，同时学生也是课程权力的拥有者，学生拥有对课程提出建议甚至提出质疑的权力。学生应被纳入课程设置、教学实施以及评价的过程，并且参与课程教学的各种讨论和决策，以此促进学生对课程教学的理解，赋予学生改造课程的权力。同时，协商课程让教师和学生对课程展开充分的对话，帮助教师理解学生的愿望和需要，也帮助学生理解教师的构想和期望，从而形成教师与学生之间的相互理解。正如索尔基德森、诺兰等学者所指出的，"当学生理解他们被期望做些什么，他们的工作得到认可，他们能够迅速从自己的错误中学习以及在改善其表现方面得到指导时，学生的学习才能得到巩固"②。在公民课程和教学的过程当中，学生也同样需要了解自己被期望塑造成什么样的公民，有哪些地方需要改进，有哪些错误的观念需要得到纠

---

① 李海英.课程权力：协商课程的一种追求[J].全球教育展望，2005(9).

② Thorkildsen, Theresa A., Nolen, Susan B. and Fournier, Janice. *What is Fair? Children's Critiques of Practice that Influence Motivation*[J]. *Journal of Educational Psychology*, 1994, 86(4): 475-486.

正。同时,如果他们能将自己的愿望和需要告诉教师,引起教师的关注和重视,他们的公民学习将更有效果。这正是协商课程所期望达到的效果。协商课程的理念试图通过教师与学生之间的协商与对话,赋予学生平等的课程权力,让学生成为课程的协商者、计划者、参与者和创造者。通过公民课程及教学活动中的协商对话,学生可以更好地成为合作的、参与的、主体的公民,学生对公民课程以及公民教学的兴趣将不断增强,公民学习的效果也将不断提高。

最后,教师要转变自身的角色观念,成为具有反思性、创造性与公共性的公民教育实践者,而不是威权式、专制式的主宰者。教师角色在协商课程理念下面临着根本性的转变,教师不是控制者、主宰者,而应成为协商者、对话者。教师不是一个独断者,不是学校生活和课堂教学的控制者,而学生也不是学校教育和课堂教学的被动接受者。教师和学生作为平等的公民在课堂教学中展开着自由而平等的对话、讨论,进行审议,做出决策,最终使得公民课程及教学活动成为教师与学生共同开发、创建、共享、共赢的活动,这体现着公民交往的对话性、协商性和平等性的原则。虽然学生在课程学习、公民学习中需要教师的帮助,但是教师无权支配学生,教师只能是课程教学的支持者和促进者。[①] 教师必须意识到,课堂不是一个威权课堂、专制课堂,而是一个民主的课堂、对话的课堂。民主协商的课堂消解了不合理的教师权力,消解了教师在课堂空间中实施专断的、反民主的教学设计、课程安排和课程实施的基础。教师的课程活动和教学行为必须以协商交往为前提,充分尊重学生的权利。为此,教师在课堂实践中必须尽力避免滥用权力,从而在保障自身的课程权力的同时,不做出损害学生的课程权力和公民权利的行为。按照巴赫拉奇和巴拉茨(Bachrach & Baraz)的理论,教师在课堂教学活动中可能存在四种权力的滥用:威权、影响、胁迫和暴力。[②] 具体而言,作为一种"威权"的教师权力依赖于自身的权威身份来向学生施加压制,控

---

① 姜哲.协商课程:走进民主课堂之路[J].教育理论与实践,2006(7).

② Bachrach, P., & Baratz, M. S. Power & Poverty. *Theory & Practice*[M]. London: Oxford University Press, 1970. 转引自杨兰.权力、协商与教师的课程决策[J].教育发展研究,2009(20).

制学生的观念和行为；作为一种“影响”的教师权力试图通过自己在学校组织中的影响和身份资源来获取个人利益；作为一种“胁迫”的教师权力利用自己所掌握的条件来胁迫学生，使学生屈从于教师的个人目标或个人决策；作为一种“暴力”的教师权力则采取体罚、变相体罚等暴力形式来迫使学生服从于教师的权威。显然，协商课程通过协商交往机制的建构，其所期望建立的是新型的教师角色认同以及新型的师生交往关系。它坚决反对这四种教师权力的滥用，鼓励教师由课堂教学的控制者、权力的操纵者转变成为反思性的、民主性的教育实践者，实现课程权力的均衡配置。作为具有反思性的公民，教师必须避免使用威权、胁迫、暴力等不正当的权力手段，来迫使学生屈从于自己的决策和权力，来压制学生的话语权利。教师应以公共性的协商交往方式来满足学生合理的课程诉求，实施与学生的有效对话。在协商课程中，教师和学生均是协商参与的主体，是课程的共同创建者、实施者、维护者以及评价者。教师与学生的相互支持和相互合作可以有效地促进公民教学的发展，同时促进学生的公民品格的发展。

（三）社团组织的建立与自治

学校组织中的社团交往主要是指学生基于公共的兴趣或共同的目标而组成社团组织的交往实践活动，它采取民主决策、民主管理的方式来追求社团的公共目标。社团自治倡导通过在学校组织内部建立起以学生为主体的公益性或互益性的公民组织，形成学生与学生之间的平等交往关系，促进学生的公民身份认同以及公民实践能力的发展，从而完成公民教育的使命。从当前基础教育阶段学校的社团活动来看，社团组织活动还有待完善。一些学校的学生社团没有真正体现出作为学生的自治组织的独立性、公益性和公共性，在发挥公民教育功能的过程中还存在着诸多问题。第一个问题来自于学校中社团组织和社团交往活动的缺乏，这导致中小学的公民教学更多停留在课本和教室当中，无法进入社团生活实践，使得学生缺乏一个锻炼和发展自身的公民品质的有效平台。第二个问题来自于社会以及学校生活的公共性匮乏，导致学校中的社团组织缺乏必要的公共性内涵。第三个问题来自于考试和升学竞争的压力。学习压力过重，导致青少年学生只得把绝大部分的时间和精力用于追求考试竞争的成功，而不愿意或者没有精力去参加与公共利益相关的社团组织或者公益组织。这种竞争压力使得他们更倾向于从公共生活中退出，而不愿意去参与公益事业、慈善活动、志愿者活动等社团组织活动。从培养公民的角度出发，我们必须对上述的问题及障碍展开反思，通过在学校中成立更多的公益性和自主性的学生社团组织，鼓励学生以学校的规章制度和公共伦理为准则来创建学生社团、制订社团章程、开展以协商对话为基本方式的社团活动，以此来保障学生社团组织的公共性和民主性，最终更好地实现公民教育以及公民教学的目标。

首先，学校应鼓励学生会、学生代表委员会等制度性的社团组织的建设，鼓励学生或者学生代表定期地、有序地组织社团活动，参与学校的公共管理。学生社团对学校管理的参与可以分为“直接参与”和“间接参与”两种类型。“直接参与”主要是指全体学生以及学生社团直接参与学校管理决策，获得决策席位，在学校重大公共问题或公共政策方面起到直接的决策作用，成为学校公共事务的决策者之一。“间接参与”主要是指学生选举代表来参与学校管理决策，行使决策权和参与权。显然，不论是直接参与还是间接参与，其核心都是保障学生的参与权利，促进学校管理决策的民主化，并在参与的过程中培养学生的公民品质。公民参与“是实现民主权利的基本途径，它既是一种价值，也是公民的一种美德”①。鼓励学生积极参与学校管理决策，既维护了学校生活的公共氛围与民主价值，同时也可以培育学生的公民伦理美德，推动他们维护自身的公民权利，同时履行自身的公民责任。因此，在学校管理决策的提出、讨论、决策以及执行等不同的阶段，学校都有责任组织各种类型的决策会议，邀请学生社团或者学生代表参与管理决策。学生或学生代表在决策会和听证会中，可以听取校方的论证，进行讨论和质疑，以公开的方式发表自己对于学校政策的合理性以及实效性的评议。这个过程一方面有助于实现学校公共事务的公开和透明，保障学校管理决策的民主化、科学化；另一方面，也有助于维护学生的公民权利，因为它允许学生参与学校公共管理事务，允许学生对学校管理提出建议、质疑甚至反对意见，从而真正地实现对学生的赋权，使学生成为学校公共生活中“真实的”公民。

---

① 贾西津.中国公民参与：案例与模式[M].北京：社会科学文献出版社，2008：10.

其次,学校要鼓励学生社团自治,提高学生以及学生社团的自主性。社团的章程、制度、规范等由社团组织成员共同讨论、决定,社团的公共事务也由社团组织成员共同决策,实行真正意义上的自治。“社团作为学生自编、自导、自演的舞台,能使学生在自我管理、自我服务、自我教育、自我判断的过程中,认识到自己是一个独立自由、和他人地位平等的人,有自己独立的权利、行为责任和人生价值;……认识到应自觉地按照法律和道德来规范自己的行为,对自己负责、对公众负责、对社会负责,从而形成自己的独立人格,增强主体意识。”①社团组织使得学生能够实现自我管理和班级自治,可以引导学生参与班级生活,在班级范围内实现自治。班级自治一方面要求学生以主体身份参与班级的管理活动,协助班主任和任课教师来管理班级事务,比如班级卫生的打扫、班级奖惩的实施、班级规章制度的建设、班级会议的召开、班级事务的讨论等等。班级自治不仅可以减轻班主任和任课教师的管理压力,同时也可以发挥学生的公民主体性,培养学生的公民品质。班级自治还要求学生以及学生社团进行自我管理,不仅成为班级管理的公民主体,也要服从班级的管理制度和规范,实现自我约束和自我管理。通过社团活动,学生不仅实现了自治和自我管理,同时也实现了学校组织生活的公共治理。通过对学校公共事务(诸如卫生、环境、制度等方面)的积极参与,学生成为学校公共事务的治理主体,促进学校公共管理改进的同时,也提升了自身的公民品质。

再次,学校要积极组织学生参加社团中的选举活动。选举和被选举权是学生在社团组织生活中的基本权利,同时也是学生在学校组织生活中的基本权利,它是群体生活中的“公权”。社团所组织的选举活动可以分为两种基本类型,一是社团内部的选举活动,二是社团外部的选举活动。社团内部的选举活动要求社团组织以民主程序来选举社团的主要领导者,来决定社团组织中各个岗位的人选。社团组织中的每一个成员都有选举权和被选举权,可以按照一定程序来参与选举投票。学校还要组织学生参加社团外部的选举活动,比如:班级层面的班干部选举活动,学校层面的学生会干部

---

① 顾成敏.社团在学生公民意识培养中的作用[J].中国职业技术教育,2006(4).

的选举活动、学校决策委员会的学生委员的选举活动,以及少部分已经达到法定年龄的学生在社会政治层面上的选举活动,等等。这些选举活动,可以让学生更充分地认知、体验和理解公民的选举权和被选举权,并且培养他们行使选举权和被选举权的意识和能力。学校中的选举活动,其目的不是让学生了解选举的形式,而是要让学生真正去获得和体验民主选举的权利。学校中的选举活动,一方面可以维护学校生活的程序民主,使得学校生活以及社团生活能够按照民主的程序来运行;另一方面,从更深层次的意义上来说,也是为了保障学校生活以及社团生活的实质民主,维护学生的公民权利、学校的民主价值观,从而塑造民主的学校公共生活。

最后,学校还应当规范和促进公共论坛、公共媒体等非制度性社团活动的发展。非制度性的社团活动虽然没有严格的制度体系的建构,但同样是社团活动的重要形式。学校和教师可以组织公共讨论会或公共论坛,鼓励学生对学校生活中的公共问题展开对话和讨论。正如布鲁斯·阿克曼和詹姆斯·菲什金所指出的,"如果我们想维护和深化我们的民主生活,我们必须将未来掌握在自己的手中,我们必须建立一种确保公民参与和公众对话的机制"①。在公共对话以及公共讨论中,学生可以就学校公共生活中的问题展开民主的对话。只要不违反法律、法规以及学校有关管理条例的规定,学生有权对感兴趣的学校公共问题展开讨论,提出自己的意见甚至质疑。学校应允许学生对学校事务进行监督。在信息网络社会,学生以及学生社团能够运用的公共媒体愈来愈多样化(包括学校报刊、校园网络、学生杂志、学生电台等等),学生越来越多地运用这些公共媒体来发表自己的观点,展示自身的思想和建议,从而形成公共舆论,对学校生活和社会生活展开舆论监督。众所周知,在学校这个特殊的公共领域中,学校与教师往往以权威者的面目出现,这会影响学生公民身份认同的形成,也阻碍了学生公民权利的正常行使。为了促进学生的公民成长,学校必须使自身成为更加民主的公共领域,允许学生通过多样化的渠道表达意见。正如哈贝马斯所言,"公共领域最好被描述为一个关于内容、观点、意见的交往网络;在那里,交往之流

---

① 布鲁斯·阿克曼,詹姆斯·菲什金.协商日[A].詹姆斯·菲什金,彼得·拉斯莱特.协商民主论争[C].北京:中央编译出版社,2009:9.

被以一种特定方式加以过滤和综合,从而成为根据特定议题集束而成的公共意见或舆论"①。在学校生活领域中,当学生的观点、意见以及舆论能够顺利形成的时候,学校空间作为公共领域的属性才真正得以显现。在学校公共领域中,学生可以来用各种渠道,包括公共媒体(如学校的报纸、杂志、电台、网络等资源),展开合法而又自由的舆论监督。学生的舆论监督,其监督对象可以是学校生活中的公共问题,也可以是社会生活中的公共问题。学生可以依据自己的理性思考,根据相关规定发表自己的意见,提出改进的建议。学生的舆论监督。可以充分展示出公民的反思性与批判性。学校应允许学生对学校或者社会层面上的公共问题提出反思和质疑,形成批判性的观点或者意见,这有利于学校乃至社会公共问题的改进,同时也可以增进学生的公民主体性,促进他们的公民品质的发展。

第三节　社区治理与公民教学

从治理的视角来看,公民教学有必要走出狭窄的课堂生活和学校生活,进入更为广阔的社会生活领域,在社会生活的治理活动与实践活动中陶冶和培育青少年学生的公民品质和公共精神。对于青少年学生而言,如果说社会生活还是过于广阔和抽象的话,那么社区生活无疑是非常适合的一种活动空间和生活领域。青少年学生每天都生活在社区当中,接触到社区生活的公共问题,对社区生活有着直观的、具体的理解。因此,公民教学以社区公共治理为基础,可以引导青少年学生积极思考社区的公共问题,形成公民责任感和公共参与能力,这可以为他们成长为合格的社会公民奠定良好的基础。通过参与社区治理,公民教学可以克服公民知识与公民实践隔离和分裂的弊病,增强公民教学的生活性、体验性和实践性。以社区治理为核心的公民教学,不仅可以有效地革除当前学校公民教育的弊病,增进学校公民教育与社区治理的融合,同时还可以更好地培育青少年学生的公民参与意识和公民行动能力,发展他们的公民品质。

---

① 哈贝马斯.在事实与规范之间[M].童世骏,译.上海:上海三联书店,2003:446.

一、社区治理的内涵及意义

为了更好地认识和理解青少年学生参与社区治理对其公民成长的重要意义，我们首先需要对“社区治理”这一概念的内涵及其特性加以分析和把握。社区治理作为一种新型的管理观念正愈来愈为大家所熟知。在西方国家，伴随着治理理论和公民参与理论的兴起，社区管理理念已经上升到治理的框架体系当中，原有的“社区管理”也逐渐被“社区治理”所取代。社区居民在参与社区治理的过程中，不仅更有效地管理了社区的公共事务，同时发挥了公民的主体性，保障了公民权责意识与公民行动品质的共同发展。

而对于当代中国而言，“社区”也正在代替“单位”成为社会治理的基本单位，社区自治作为基层民主的一个重要方面不断得到发扬。[①] 20 世纪 80 年代，“社区”以及“社区服务”这两个概念进入国家政策当中，1989 年，《中华人民共和国居民委员会组织法》第一次将“社区服务”引入法律条文；1991 年，国家民政部又提出“社区建设”这一概念，并在全国范围内开展社区建设活动。[②] 2000 年以后，社区建设逐渐从“社区管理”向“社区治理”转变。社区治理模式倡导把社区的自治权归还给社区，让居民自己决定社区内的公共事务。从“社区管理”向“社区治理”的转变，并不只是文字表达方式的改变，更是深层次的观念意识的转变，即民主治理和公民权利的理念愈来愈深入人心。如果说“社区管理”是持着管理主义、效率主义、控制主义的观念，把社区居民当作被管理对象加以管理的话，那么“社区治理”则意味着一种多元主体的民主治理活动。在治理过程中，公民的主体意识得到充分的尊重和发挥，社区的正义、秩序和公民的基本权利得到更好的保障。社区发展正在经历从“政府单一管理”向“多元民主治理”的发展。在“政府单一管理”阶段，社区的管理主体主要是政府，社区居民在社区管理中处于从属的地位。而在“多元民主治理”阶段，“社区管理”走向了“社区治理”，引入了包括政府、公民、企业、社会组织等的多元主体，社区管理生活不再是被动的、消极的，而成为多元治理主体的民主治理生活。

---

① 贾西津.中国公民参与：案例与模式[M].北京：社会科学文献出版社，2008：80.
② 贾西津.中国公民参与：案例与模式[M].北京：社会科学文献出版社，2008：80.

概而言之，“社区治理”从本质上区别于“社区管理”，它体现出社区建设的新趋势，在内涵上可以概括为：社区治理是基于治理的精神内核，在社区这一基本单元或层面上，由社会各类组织，包括基层政府、公民、企业以及各类社会组织实行的多形式的合作治理，是政府管理与社会自主治理的统一。[①] 因此，社区居民以及各类公民的社会组织均是社区治理的主体。在社区治理中，公民可以发挥出治理的主体性，通过个人或组织的形式来参与社区的公共事务，对社区生活发挥出影响。社区治理对于社区乃至社会的发展以及公民教育都具有重要的意义。

一方面，从社区以及社会发展的角度而言，治理通过多元主体的民主参与，可以最大限度地调动社区生活中各方主体的积极性，从而实现社区的有序发展。社区治理强调了治理主体的多元性，这使得政府之外的更多社会力量加入社区发展当中，避免了单一的政府管理，使得社区管理主体走向了多元化，即政府、公民、企业单位、社会团体等都可以成为治理活动的主体。通过纳入多元的治理主体，社区可以更好地协调多元主体的需求和利益，发挥多元主体的治理力量，从而在兼顾各方利益的基础上更好地追求社区的公共利益，促进社区的整体发展。同时，多元的治理主体和民主参与可以更好地实现社区管理的民主化，实现决策的民主化和合理化。经由社区治理而形成的公民参与，不仅赋予公民参与制订社区政策的权利，同时可以促进“公民对政策执行的参与，即公民不仅参与政策的制定，而且一旦政策被采纳，公民也参与政策的实际操作，进入公共项目的实际管理过程”[②]。这就在最大限度上保障了管理决策的民主性和合理性，同时能发挥出公民的主体性与积极性，使得他们觉得自己的权利是受到尊重的，自己的参与对社区的建设是重要的，从而增进他们的公民效能感。

另一方面，社区治理对于居民的公民意识的成长能产生重要的影响。社区生活是社区居民每天都要接触的，民主的参与活动不仅建设着社区、推动着社区的民主进程，同时社区的发展、社区的民主进程本身也在影响着社

① 麻宝斌.公共治理理论与实践[M].北京：社会科学文献出版社，2013：211.

② 约翰·克莱顿·托马斯.公共决策中的公民参与[M].孙柏瑛，等，译.北京：中国人民大学出版社，2010：3.

区居民的心理和观念，促进着社区居民的公民人格的形成。没有了社区的治理活动和民主生活，社区居民的公民意识将失去生活的土壤，而公民品质的培育也将因此而缺乏生活的基础，从而导致公民观念的发展障碍。因此，社区作为一种观念意识和文化习俗的聚集地，事实上起到了非常重要的隐性的公民培育作用，甚至可以说社区生活本身就在进行着一种隐性的公民教育，它在不知不觉中阻碍或者促进着公民的德性发展。对于青少年学生而言，他们对于社会的理解也首先是基于对社区的理解，社会的文化、习俗以及观念，也首先是通过社区的文化、习俗以及观念对青少年学生产生影响。因此，社区事实上是学校之外的“第二教育基地”。也正因为如此，我们必须重视社区的文化建设和民主建设，重视社区的多元治理模式的发展，通过社区治理来推进社区的发展，从而在培育青少年学生的公民品质中发挥积极的教育作用。

二、青少年学生参与社区治理的必要性

青少年学生作为未来社会的公民，需要承担起自己的社会责任，同时也要能够理解和维护自身的权利。显然，青少年学生不能仅仅学习一些公民知识或公民理论，他们还必须具备参与社区公共生活、履行社会责任的公民实践能力。如果说青少年学生在学校中过着校园生活，接受学校教育的话，那么他们在社区中则过着社区生活，接受着社区生活中的种种事件的影响和改造。因此，有效的公民教学，不但要建构学校公共生活的参与实践，同时也要建构社区生活的参与实践，鼓励青少年学生参与社区的卫生、交通、基础设施改善、生态建设等公共活动，这不仅有助于社区环境、社区生活质量的提升，同时也可以在潜移默化中培养青少年学生的公共品质和公民行动能力。通过引导青少年学生积极参与社区的公共事务治理，可以更好地实现公民知识与公民实践、个体与社会的融合，从而使得青少年学生的公民品质获得更完善的发展。因此，青少年学生参与社区治理具有很强的必要性。

首先，青少年参与社区治理是对学校公民教育的必要补充。如果学校公民教育仅仅停留在学校教育层面上，而不与更为广阔的社区生活相接触，

那么它就无法为学生的公民品质的发展提供必要的生活基础。通过把青少年学生引到社区治理的活动当中，可以促使他们将学校和课堂中所学得的公民知识和公民价值观运用于实践，加深他们对公民价值观的理解，促进他们的公民理性向公民实践转化，从而培育他们的公民品质。正是社区治理为青少年学生的公民成长提供了学校生活所无法提供的实践平台，它是学校公民教育不可或缺的补充，失去了这个必要的补充，青少年学生的公民成长与社会生活将是割裂的。欧美国家的学校公民教育往往都非常重视社区生活，鼓励学生参与各种社区治理活动。美国从20世纪90年代以来就兴起了以引导青少年学生参与社区治理为核心内容的“服务学习”活动。“服务学习”指的是一种方法，通过学校与社区的合作，将社区服务与学校的公民课程联系起来，学生在参与社区服务行动的过程中发展公民知识与技能，提高与同伴以及其他社会成员合作分析、评价以及解决问题的能力。[①] 英国教育部门也在1998年颁布的《科瑞克报告》中提出要增强社区生活与公民教育的有效联结，主张通过联系课堂教学与社区生活，把学术知识引向现实问题，给学生提供课程与个人经验、知识体系与外在社会整合的机会，从而激活并延展课堂教学的意义。[②] 社区生活以及社区治理是学校公民教育的重要延伸，它对学校公民教育起到了重要的补充作用。学校公民教育如果缺乏与社区生活的有机联结，没有引导青少年学生参与社区治理，那么将在很大程度上阻碍青少年学生的公民素质的发展，使得他们难以通过社区以及社会生活的锻炼和实践成长为合格的社会公民。

其次，社区治理可以促进公民知识和公民实践的融合，培养青少年学生的理性能力和实践能力。社区治理活动可以在很大程度上提升青少年学生的公共参与能力，发展青少年学生的实践精神和参与精神。长期以来，公民教育体系存在着过度关注青少年学生的公民理性能力的发展，把公民知识和公民理论的教育视作公民教育最为重要的方面，从而使得公民教育和公民教学日益知识化、理论化的问题。这不仅没能促进学生的公民品质的发

---

① Susan Meyers. *Service Learning in Alternative Education Settings*[J].Clearing House,1999,73(2): 114-117.

② 牛国卫，郭卿.《科瑞克报告》与英国公民教育发展[J].外国中小学教育，2010(4).

展，反而可能阻碍学生公民品质的发展。事实上，真正的公民品质是公民理性能力和实践能力的结合，只有理性能力而无实践能力无法成为真正健全的公民。引导青少年学生参加社区公共事务的治理，其最重要的目的正是对青少年学生展开公民实践能力的教育，在实践中锻炼和培育他们健全的公民品质。显然，缺乏社区治理活动的公民教育，青少年学生失去了参与社区公共生活的机会，他们的公民理性能力虽然在学校教育中得到了培养，但是其公民实践能力难免有很大的欠缺。在这种情况下，青少年学生所学到的只是一些苍白的公民知识或者公民理论，由于这些知识和理论与社区生活实践的脱节，导致他们虽然习得了知识，但却无法真正学习"如何成为一个好公民""如何做一个好公民""如何展开公民行动"等等。这就造成了他们的公民品质的分裂，事实上也是公民知识与公民实践、公民理性与公民行动的分裂。由此可见，青少年学生参与社区治理，为公民教育提供了非常重要的实践途径，即通过让青少年学生参与社区的公共生活实践，比如社区的交通、环境、卫生等公共事业的治理活动，让社区生活这个"大熔炉"不断锻造他们的公民品质，磨炼他们的公民意志，发展他们的公民行动能力，最终实现公民知识与公民实践的有机融合。

最后，社区治理是联结公民的个体生活与社会生活的至关重要的纽带，社区治理可以促进个体生活融入社会生活。如果公民教育拒绝引导青少年学生参与更广阔的社区公共生活，而只是在狭小的范围之内（比如学校、班级、课堂）中展开活动，那么公民个体与社会生活的分裂将难以避免，而公民身份的认同也将走向分裂。公民身份事实上表明的正是个体在社会生活中所享有的权利以及所应承担的义务。正如凯思·福克斯（Keith Faulks）所说，"公民身份是一种成员地位，它包含了一系列的权利、义务和责任"[①]。公民作为一个社会成员，只有在参与社区公共生活的过程中才能明确自身的权利、义务和责任，最终也才能明确自身的公民身份。因此，在一个缺乏社区治理活动的公民教育体系当中，青少年学生作为公民个体与作为整体的社会生活是相隔离的，这种隔离将使得青少年学生失去成长为成熟的社会

---

① Keith Faulks. *Citizenship*[M]. London: Routledge, 2000: 13.

公民的机会。因为,在缺少社区生活参与的公民教育模式下,个体生活与社会生活将失去有效的联结,学校与社会“井水不犯河水”,处于相互隔离的状态;而学生的个体生活与社会生活也就在无形之中被隔离了,甚至最终导致青少年学生的集体的公共冷漠症。因此,从公民教育的角度而言,引导青少年学生参与社区生活已经变得愈来愈重要。公民教育必须关注社区生活,重建社区治理模式,“使冷漠的居民有跨越私人利益的交往,过一种微观的公共生活”①。通过引导青少年学生参与社区公共事务,可以让他们从公共的视角来看待个体与公共生活的关系,体验个人与社会之间的紧密纽带。通过社区治理,可以有意识地引导青少年学生积极地参与社区公共事务,有效地避免个体与社会的疏离,让他们真正体验到自己作为社会成员的权利和责任,最终从冷漠、消极的公民成长为积极、主动、负责任的公民。

三、社区治理与公民品质的培育

青少年学生参与社区治理,可以促进他们的公民知识与公民行动、公民理性与公民实践的有机融合,同时避免公民的个体生活与社会生活的隔离,重新建构个体与社会之间的紧密联系,培育优良的公民品质。正如沃尔特·帕克(Walter Parker)所言,对公民教育最大的考验事实上不在学校,而是在学校之外,公民教育必须要通过理性能力与实践能力的共同发展来促进学生的公民成长,而社区生活正是这样一种特殊的途径,它可以“在学校的公民学习与社区及世界的公民实践之间架构桥梁”②。由此可见,社区生活不仅可以促进公民行动能力的提升,它事实上还是沟通公民理性与公民实践的重要桥梁,没有这个桥梁,青少年学生无法联结自己的知识和实践。引导青少年学生参与社区治理,可以提升公民教育和公民教学的生活性、实践性与体验性,从而更好地促进公民理性、公民德性、公民行动品质以及公共精神等方面的综合发展,有利于通过理性与实践的双重教育来培育出他们更加健全的公民品格。

---

① 高德胜.公众及其培育[J].华中师范大学学报(人文社会科学版),2011(1).

② 沃尔特·帕克.美国小学社会与公民教育[M].谢竹艳,译.南京:江苏教育出版社,2006:79.

(一)培育青少年公共理性与公共德性的品质

社区治理可以培育青少年的公共理性能力。众所周知,公共理性是公民所应当具有的一种理性能力,它表明公民能够以普遍的公民伦理原则为基础对公共问题和公共事务进行理性的审视与反思,理性地承担自己的公共责任,同时理性地维护自己的公民权利。因此,公共理性能力事实上是公民的一项基本能力,公民不仅要学会运用公共理性去分析社会公共问题,思考如何才能建构合理的公共秩序,同时还要运用公共理性对违背公民德性和公共伦理的行为进行批判和反思,维护公共秩序的健康和稳定,维护自我和他者的公民权利。社区治理通过鼓励青少年学生积极参与社区的公共生活,可以促使他们运用自身的公共理性能力对公共问题展开分析和探索,同时对公共生活和公共秩序的建设做出自己的贡献。由此,公民的公共理性能力得到培养,公民可以在公共理性的基础上对公共生活进行独立自主的思考。因此,我们也可以说,社区治理事实上为青少年学生的公共理性能力的发展提供了必要的平台和空间,它一方面锻炼了青少年学生的理性思考能力,使他们在公共理性的思维能力方面得到较大的提高;另一方面,它通过引导青少年学生用公共理性来反思公共生活中的问题,可以培育他们的理性批判能力,有助于他们以理性的方式来批判社会问题,思考社会问题,最终解决社会问题。

社区治理还可以促进青少年学生的公共德性的发展。在公共理性得以发展的基础上,青少年学生的德性品质也将更好地形成。社区治理可以促使青少年学生参与社区的公共事务,而在参与的过程中,他们不仅需要理性的思考,同时还需要尊重社会的公共伦理,按照基本的公民道德规范来行事。因而,在社区治理过程中,青少年学生一方面对社区生活产生着影响,另一方面,也接受着来自社区生活的文化习俗以及公共伦理观念的影响。通过对公共伦理规范的理解和内化,青少年学生的公民品格和公共德性将得到提升。比如,青少年学生可以在社区治理中更好地学习和理解公正、仁慈、善良、诚信等公民美德,并且在社区生活中践履这些公民美德,将良好的公民德性付诸社会实践,从而发展更加完善的公民品质。社区治理为青少年学生提供了非常重要的公共理性和公共德性的实践基础和生活基础,通过社区治理，青少年学生的公民德性发展不仅停留于理论的层面，而且可以进入实践的领域，获得全面发展。

（二）培育青少年的公共精神与行动能力

社区治理还可以培育青少年学生的公共精神与公民行动能力，使得他们不仅在精神观念上获得重大的改变，同时还能把这种改变运用到实践行动中，增进公民的行动能力。众所周知，公共精神对于公民个体而言是十分重要的，一个人是否可以称之为合格的公民，就在于他是否具有公共精神，是否能够以公共精神来关照他人、关照社会。同时，公共精神对于社会整体而言也是非常重要的，一个充满公共精神、秩序良好的社会才可以称之为“公民的社会”，否则只是一个“私民的社会”“臣民的社会”而已。因此，在公民教学中引入社区治理，其重要目标就是培养青少年学生的公共精神和公共关怀意识，通过公民的公共精神来促进公共生活的完善，促进社会公共事务的合理化和民主化。但是，由于受到传统观念等的影响，不少国人缺乏个性和政治自主意识，在公共参与上表现出顺从、被动的倾向。[①] 生活中，不少人缺乏公共精神，对于公共生活、公共政治和公共秩序持比较冷漠的态度，认为自己作为“一介草民”并无力影响公共政治，只希望退缩到狭小的私己空间中默默生活劳作。而通过社区治理的广泛开展，青少年学生将认识到，个体与社会是紧密联结的，公民有权参与社区公共事务，同时也必须参与社区公共事务，成为主动的、积极的公民。如此，青少年学生将从公共精神匮乏的状态中解脱出来，从顺从的、被动的人，成长为积极的、主动的、富于公共精神的现代公民。通过参与社区治理，青少年学生还可以习得参与公共生活的技术和能力，知道如何展开并敢于展开公共治理行动，体现出公民的担当意识和行动能力。缺乏这种行动能力，公民品质也是不完善的，而这种行动能力的养成和深化，必须依靠社区治理中的实践和锻炼。青少年学生参与社区治理，不仅有助于改造社区的生活环境，更有助于改造自身的公共精神和公民行动能力，完善自身的公民品性，在精神层面与行动层面上提升自我的公民基本素养，成为真正的公民。

---

① 黄国满.当前我国公民政治参与问题分析[J].社会科学战线，2004(3).

(三) 增进公民的效能感与责任感

社区治理还可以提高青少年学生的公民效能感(civic efficacy)和公民责任感,让他们觉得自己有能力参与和解决社会现实中的公共问题,同时也让他们更深刻地意识到自己作为公民所肩负的社会责任。根据沃尔特·帕克的界定,“公民效能感是指乐意承担公民责任的意愿和认为个人能有所作为的信念”。公民效能感的高低,体现着公民对自身公民参与能力的信念。一个不具备公民效能感的公民,往往会试图回避公民责任,不愿意参与公共问题的讨论、商议、参与和行动,觉得自己不具备影响公共社会的能力。在以社区治理为基础的公民教育中,当青少年学生通过集体合作解决了社区生活中的某些公共问题,比如卫生问题、绿地保护问题、安全问题等,他们将更深刻地认识到自己是有能力解决社区公共问题的,同时自己也是有责任参与社区服务的。由此,青少年学生参与社区公共问题、公共生活的意愿将得到增强。按照心理学的正强化理论,他们的能量感和自信心也将因为解决了公共问题而逐步得到强化,他们将觉得自己有能力掌控自己的行为。国外一些学者(Williams,1993;Luchs,1981;Newmann & Rutter,1983;Miller & Others,1997)研究发现,在参与了社区活动之后,94%的学生认为自己学会了更好地与他人相处,对待他人更加友善,对学校、对社会也体现出了更高的责任感,并且乐于去帮助他人,也乐于参加公共活动。[①] 由此可见,通过社区治理这种独特的公民教育方式,公民的效能感以及责任感可以得到显著的提高,这是成为合格的社会公民所需具备的心理条件和观念条件。同时,社区治理还可以促使青少年学生从情感、态度和价值观上更深刻地认识和理解自身的公民责任,从而成长为更具社会责任感的公民。社区生活事实上为青少年学生提供了一个体验公民责任的重要机会,“青少年学生可以将自己的服务态度、生活态度、人生态度在实际的生活及小区情境中加以印证,使他们重新思考他们的态度在现实世界中的可行性与牢固性”[②]。如果公民教育不去引导青少年学生参与社区生活,那么青少年学生将失去对真实生活的情感体验,他们对自身的公民责任也将失去真实的认同;而以

① 单玉.“服务学习”(SL)与负责任公民的培养[J].外国教育研究,2004(11).

② 王世伟,黄葳.参与式公民学习[J].清华大学教育研究,2010(4).

社区治理的方式来展开公民教育，则可以更深入地推动青少年学生认识到自己所担负的公民责任，在情感、态度和价值观上更愿意参与社区治理，更愿意为社会的发展贡献自己的力量。

（四）培育公民的整全人格

通过社区治理，可以更好地引导青少年学生克服公民品格的分裂，使青少年学生成长为整全的公民。青少年学生的公民品格的分裂首先表现为公民知识与公民实践的分裂。知识与行动并不具有天然的统一性，公民知识也不具备完全指导和控制公民行动的能力。缺乏社区生活支撑的公民教育，往往仅仅是一种公民知识的教育，它将导致公民知识与公民实践的分裂，使青少年学生虽然具备了公民知识素养，却无法形成现实生活中的公民实践能力。第二种分裂则是内心世界与外部现实生活的分裂。如果缺乏与外部世界（尤其是社区生活以及社会生活）的接触，青少年学生的内心体验与外部现实之间将是割裂的，他们心中那些公民理论知识相对于广阔的社会生活实践来说也是苍白的，因而在现实面前他们总有一种无助感和无力感，不知该如何来承担自己的公民责任，同时也不知该如何保障自己的公民权利。因此，真正意义上的公民教育，显然应当是理性与行动、知识与生活相结合的公民教育，它引导青少年学生通过参加各种形式的社区治理活动，实现公民知识与公民实践的有效融合。这可以使得公民教育成为一种生活的、实践的教育，而不是知识的、灌输的教育。因此，社区治理事实上为公民教育提供了非常重要的实践基础，为公民认知与公民实践的融合提供了一条有效的途径，即通过让青少年学生参与社区生活实践，引导青少年学生将公民教学中的理论知识运用到社区的公民生活实践，从而避免了公民知识与公民实践、公民内心世界与外部现实生活之间的分裂和隔离，培养出整全的公民。显然，通过把社区治理活动引入公民教育体系，可以增进公民知识的具体性、生活性和实践性，而青少年在这种具体而鲜活的公民教育体系当中也将获得公民品质更全面的成长。

四、青少年学生参与社区治理的实践建构

如前所述，公民教育和公民教学不能仅仅依赖于公民课程和公民理论

的知识授受，更为重要的是要以公民的具体实践活动为基础来促进青少年学生的公民情感、公民价值观、公民意志和公民信念的发展，从而更好地陶冶和培育他们的公民品质。因此，为了更好地发展青少年学生的公民品质与公共精神，学校公民教育必须引导学生更多地参与社区治理，在社区治理活动中构筑学校生活的公民共同体，鼓励学生以团队合作的方式走出学校、走向社区，通过学校生活与社区生活的有效联结，引导学生在更广阔的公民实践中增进公共精神，发展德性品质与行动能力。

为了构筑学校生活与社区生活的有效联结，实现公民的共同体意识和公民品质的真实、具体的发展，教师应当引导学生积极参与社区的生活实践，从社区公民的视角出发去发现社区生活中的问题，同时让学生意识到自己有责任参与社区公共问题。因此，教师要引导学生去了解身边的社区生活，引导学生去挖掘社区生活中比较突出的公共问题，这些问题往往具有紧迫性，因为它们影响了社区生活，给社区的人们造成了很大的不便甚至危害。这可以让学生意识到参与社区公共生活的重要性，同时也可以在成功的参与行动中提高公民效能感和公民责任感，并积极投入解决社区公共问题的行动。社区公共问题的发现、确定、分析和解决，可以有教师的主动参与，由教师提供相关的问题假设，学生在其思路引导下去继续探索，找到解决问题的途径。当然，也可以由学生或者学生团队自觉地去发现和发掘社区公共生活中的问题，让学生们成为社区问题分析的主体，成为整个活动的主导者。

美国公民教育研究者沃尔特·帕克为我们提供了一个非常好的社区实践案例，在这个案例中学生自己去寻找社区公共问题，并且展开了相关的讨论与研究，最终提出了解决问题的治理方案：

> 在华盛顿的爱威雷特附近的一所小学，孩子们决定对一条名为鸽子溪的肮脏的小河流做点什么。他们对鸽子溪变得如此脏感到很震惊，因为连鲑鱼也不到那儿产卵了。……孩子们所做的第一件事是弄来一个鱼缸，在其中养了数千颗鲑鱼卵。同时，他们和社区的人们一起清理小溪。垃圾被移走了，孩子们还竖起一块"请勿倾倒垃圾"的标识。当鱼卵孵出以后，学生将它们投放进鸽子溪，并将小溪管理起来保证它

的清洁。[①]

在这个案例中,学生们发现了一个非常重要的并且亟待解决的社区公共问题:一条被化工品和生活废料污染了的肮脏的小溪。这条小溪既破坏了社区的卫生环境,也破坏了社区的生态平衡,影响到了社区居民的健康生活,因为“连鲑鱼都不再到那儿产卵了”。这条被污染的小溪使得社区居民生活于具有危害性的社区环境之中,为社区带来了生态和安全的隐患。这是一个由学生们经过自主发现和探究而挖掘出来的问题,孩子们从社区公民的角度出发来审视“被污染的河水”“垃圾倾倒”“工业废气”等问题。学生在不知不觉中已经把自己当作社区生活中的公民主体,并且投身于这些公共问题的解决。对社区生活中问题的发现和分析,潜在地培养起了学生的公民素质,发展了他们的理性思考能力和公共服务能力,同时也使他们更好地将自身与社区相联结,把自己看作社区的组成部分,让他们意识到保护社区公共生活是每一个社区公民的责任。

在发现了社区公共生活中的问题之后,教师要进一步鼓励学生或者学生团体去分析社区公共问题产生的原因,从而为解决社区公共问题提供前提性的条件。在分析公共问题的过程中,教师有责任引导学生去对这一问题展开研究,因为学生的分析和研究能力毕竟是有限的,他们需要教师适当的指导。教师和学生应共同投入对社区公共问题的分析,比如,肮脏的小溪、遍地的垃圾、拥堵的交通、混乱的环境等等。学生作为公民共同体的成员,必须在团队合作、个体实践中思考社区公共问题的产生原因主要是化工厂的高度污染、人口过于密集,还是社区居民不顾社会公德在生活区和溪流中随意倾倒垃圾。学生必须到社区中进行实地的调查、访问和分析。调查、访问可以面对面地接触社区中的居民,向他们了解社区各方面的实际情景和生活状况,从而去分析和探索社会公共问题的根源。在社区调查过程中,教师需要引导学生制订详细的调查计划,形成调查的整体思路。这些可以作为整个调查过程的指导方案,同时也可以作为备案以供反思和查询。在

---

① 沃尔特·帕克.美国小学社会与公民教育[M].谢竹艳,译.南京:江苏教育出版社,2006:80.

社区调查和访问中,教师可以陪同学生一起进入社区,参与问题分析。当然,在确保安全的情况下,教师也可以允许学生进行独立自主的调查活动,培养学生自主探究和自主行动的能力。

青少年学生应就社区公共问题提出可供选择的解决策略。社区服务理念不仅仅是提出问题和分析问题,更为重要的是要让学生去思考如何来解决这个问题。只有在解决问题的思考活动和实践活动中,学生才能真正体会到公民责任的意义,也才能真正体会到履行公民义务的困难。在提出问题和分析问题的基础上,学生已经充分地了解了社区的生活状况、居民情况,也掌握了社区公共问题的形成原因。在这个基础上,教师应鼓励学生提出解决社区问题的策略和方案,尤其是要鼓励学生依靠团队合作的方式来研究解决社区问题的策略和方案。因为学生个体的力量毕竟是有限的,团队合作不仅可以更有效地提出解决问题的策略,同时也可以更好地发展学生的公民共同体精神。提出解决问题的策略,可以促使学生更周详地研究问题,同时以谨慎的态度来进行解决方案的策划。教师和学生应共同思考和探索解决方案,要特别注意发挥出学生的公民共同体的合作精神,通过团体共同努力,在实际的社区公共问题和公共生活的基础上来研究解决方案。这不仅可以提高学生的公共精神和团体精神,还可以提高他们的理性思考能力、理性批判能力以及理性地解决公共问题的能力,从而更全面地提升青少年学生的公民素质。

最后,在条件许可的情况下,教师与学生可以将社区问题的解决方案运用于社区实践,促进社区的发展。社区问题的解决往往是错综复杂的,有些问题的解决涉及整个社区的各个方面和各个部门,比如卫生部门、执法部门、行政管理部门等等。所以,要完全依靠教师和学生的力量来解决社区公共问题,是有很大困难的。虽然如此,教师仍然应引导学生以及学生团队积极行动,即使无法彻底解决社区公共问题,但是至少可以为问题的解决提供可行的方案,同时努力去检验和反思方案的合理性和可操作性。在解决社区公共问题的实践中,青少年学生还可以了解社区的部门分工、行政关系和权力关系,这也是青少年学生理解现实社会的平台。并且,在解决社区公共问题的过程中,教师与学生之间、学生与学生之间、学生与社区居民之间所形成的是一种合作的公民关系，学生可以在这种合作关系中锻炼交往与沟通的能力，同时培养出一种乐于合作、善于合作的公民共同体意识。因此，社区服务活动的最为重要的公民教育功能，并不是其所带来的社区改造效果，而在于它是一个公民成长的过程，这个过程让青少年学生作为一个公民主体来思考、合作、实践和行动，让他们对公民生活和公民价值观有了更深刻、更真切的体验。这可以使他们形成更稳固的公民情感、公民态度和公民价值观。通过社区生活实践，青少年学生的团队意识和合作精神将得到显著的发展，而他们的公民品质也将得到有效的提升。

总之，通过社区治理活动，青少年学生可以在学校公共生活和社区公共生活的参与实践中不断锻炼自身的公民理性、公民品德和公民行动能力，最终实现公共精神和公民品格的完善与发展。公民教育的治理型建构，正是以学校和社区的公共治理为基础，通过引导青少年学生积极参与学校公共事务、社区公共事务等民主治理活动，实现公民知识与公民行动、公民个体与公民社会的有机融合，最终完成学校公民教育的目标与使命。以学校治理和社区治理为基础而展开的公民教育，可以更好地体现公民教育的生活性与实践性。它有利于促进公民教育向生活世界的回归，从而在更深层次上提升公民教育的效果，促进青少年学生的公民理性、公民德性和公共精神的全面发展。

主要参考文献

一、中文著作

1. 阿尔温·托夫勒,海蒂·托夫勒.创造一个新的文明：第三次浪潮的政治[M].陈峰,译.上海：上海三联书店,1996.

2. 阿普尔.意识形态与课程[M].黄忠敬,译.上海：华东师范大学出版社,2001.

3. 阿普尔.官方知识[M].曲囡囡,刘明堂,译.上海：华东师范大学出版社,2004.

4. 阿普尔.国家与知识政治[M].黄忠敬,等,译.上海：华东师范大学出版社,2006.

5. 阿普尔.教育的"正确"之路[M].黄忠敬,吴晋婷,译.上海：华东师范大学出版社,2008.

6. 阿普尔.被压迫者的声音[M].罗燕,等,译.上海：华东师范大学出版社,2008.

7. 阿普尔.教育与权力[M].曲囡囡,刘明堂,译.上海：华东师范大学出版社,2008.

8. 埃里希·弗罗姆.占有还是生存[M].关山,译.北京：生活·读书·新知三联书店,1988.

9. 埃里希·弗罗姆.健全的社会[M].蒋重跃,等,译.北京：国际文化出版公司,2003.

10. 巴特·范·斯廷博根.公民身份的条件[M].郭台辉,译.长春：吉林出版集团,2007.

11. 保罗·弗莱雷.被压迫者教育学[M].顾建新,等,译.上海:华东师范大学出版社,2001.

12. 鲍曼.个体化社会[M].范祥涛,译.上海:上海三联书店,2002.

13. 鲍曼.流动的现代性[M].欧阳景根,译.上海:上海三联书店,2002.

14. 鲍曼.生活在碎片之中——论后现代道德[M].郁建兴,等,译.上海:学林出版社,2002.

15. 鲍曼.共同体[M].欧阳景根,译.江苏:江苏人民出版社,2003.

16. 本杰明·巴伯.强势民主[M].彭斌,吴润洲,译.吉林:吉林人民出版社,2006.

17. 彼得·德鲁克.社会的管理[M].徐大建,译.上海:上海财经大学出版社,2003.

18. 查尔斯·泰勒.现代性之隐忧[M].程炼,译.北京:中央编译出版社,2001.

19. 丹尼尔·贝尔.后工业社会的来临[M].高铦,等,译.北京:新华出版社,1997.

20. 德里克·希特.何谓公民身份[M].郭忠华,译.长春:吉林出版集团,2007.

21. 杜威.民主主义与教育[M].王承绪,译.北京:人民教育出版社,1990.

22. 杜威.人的问题[M].傅统先,译.上海:上海人民出版社,2006.

23. 凡勃伦.有闲阶级论[M].蔡受百,译.北京:商务印书馆,1983.

24. 斐迪南·滕尼斯.共同体与社会[M].林荣远,译.北京:商务印书馆,1999.

25. 费孝通.费孝通自选集[M].天津:天津人民出版社,1988.

26. 高德胜.道德教育的20个细节[M].上海:华东师范大学出版社,2007.

27. 高德胜.知性德育及其超越——现代德育困境研究[M].北京:教育科学出版社,2003.

28. 哈贝马斯.公共领域的结构转型[M].曹卫东,译.上海:学林出版社，1999.

29. 哈贝马斯.合法化危机[M].刘北成，曹卫东，译.上海：上海人民出版社，2000.

30. 哈贝马斯.包容他者[M].曹卫东，译.上海：上海人民出版社，2002.

31. 哈贝马斯.交往行为理论[M].曹卫东，译.上海：上海人民出版社，2004.

32. 哈贝马斯.后形而上学思想[M].曹卫东，付德根，译.南京：译林出版社，2006.

33. 哈耶克.自由宪章[M].杨玉生等译.北京：中国社会科学出版社，2012.

34. 汉娜·阿伦特.人的条件[M].竺乾威，译.上海：上海人民出版社，1999.

35. 何怀宏.西方公民不服从的传统[M].长春：吉林人民出版社，2001.

36. 黑格尔.法哲学原理[M].范扬、张企泰，译.北京：商务印书馆，1982.

37. 黑格尔.精神现象学(上卷)[M].贺麟，王玖兴，译.北京：商务印书馆，1997.

38. 亨利·吉鲁.教师作为知识分子[M].朱红文，译.北京：教育科学出版社，2008.

39. 胡军良.哈贝马斯对话伦理学研究[M].北京：中国社会科学出版社，2010.

40. 何增科.公民社会与第三部门[M].北京：社会科学文献出版社，2000.

41. 黄志成，程晋宽.教育管理论[M].上海：上海教育出版社，2001.

42. 霍布斯.利维坦[M].黎思复，黎廷弼，译.北京：商务印书馆，1985.

43. 贾西津.中国公民参与：案例与模式[M].北京：社会科学文献出版社，2008.

44. 贾新奇.公民伦理教育的基础与方法[M].北京：北京师范大学出版社，2007.

45. 金生鈜.理解与教育[M].北京：教育科学出版社，1997.

46. 卡尔·波普尔.开放社会及其敌人[M].郑一明,译.北京:中国社会科学出版社,1999.

47. 康德.历史理性批判文集[M].何兆武,译.北京:商务印书馆,1991.

48. 康德.纯粹理性批判[M].韦卓民,译.上海:华东师范大学出版社,2000.

49. 康德.道德形而上学原理[M].苗力田,译.上海:上海人民出版社,2005.

50. 康德.论教育学[M].赵鹏,何兆武,译.上海:上海人民出版社,2005.

51. 康芒斯.制度经济学[M].于树生,译.北京:商务印书馆,1962.

52. 康永久.教育制度的生成与变革[M].北京:教育科学出版社,2003.

53. 科尔伯格.道德教育的哲学[M].魏贤超,译.杭州:浙江教育出版社,2000.

54. 孔繁斌.公共性的再生产[M].南京:江苏人民出版社,2012.

55. 蓝维等.公民教育:理论、历史与实践探索[M].北京:人民出版社,2007.

56. 劳凯声.变革社会中的教育权与受教育权[M].北京:教育科学出版社,2003.

57. 李佃来.公共领域与生活世界[M].北京:人民出版社,2006.

58. 理查德·C.博克斯.公民治理——引领21世纪的美国社区[M].孙柏瑛,等,译.北京:中国人民大学出版社,2012.

59. 理查德·桑内特.公共人的衰落[M].李继宏,译.上海:上海译文出版社,2014.

60. 理查德·桑内特.新资本主义文化[M].李继宏,译.上海:上海译文出版社,2010.

61. 李鹏.新公共管理及应用[M].北京:社会科学文献出版社,2004.

62. 梁启超.新民说[M].郑州:中州古籍出版社,1998.

63. 廖加林.现代视域下公共道德及其基础的研究[M].北京:中国社会科学出版社,2015.

64. 廖申白.交往生活的公共性转变[M].北京:北京师范大学出版

社,2001.

65. 刘雪松.公民文化与法治秩序[M].北京:中国社会科学出版社,2007.

66. 刘易斯·科塞.理念人[M].郭方,等,译.北京:中央编译出版社,2004.

67. 路易斯·拉思斯.价值与教学[M].谭松贤,译.杭州:浙江教育出版社,2003.

68. 罗尔斯.正义论[M].何怀宏,等,译.北京:中国社会科学出版社,1988.

69. 罗尔斯.政治自由主义[M].万俊人,译.南京:译林出版社,2000.

70. 罗洛·梅.人的自我寻求[M].郭本禹,方红,译.北京:中国人民大学出版社,2008.

71. 罗洛·梅.焦虑的意义[M].朱侃如,译.桂林:广西师范大学出版社,2010.

72. 洛克.政府论[M].瞿菊农,叶启芳,译.北京:商务印书馆,1997.

73. 卢梭.论人类不平等的起源和基础[M].李常山,译.北京:商务印书馆,1962.

74. 卢梭.社会契约论[M].何兆武,译.北京:商务印书馆,1980.

75. 麻宝斌.公共治理理论与实践[M].北京:社会科学文献出版社,2013.

76. 马丁·布伯.我与你[M].陈维纲,译.北京:生活·读书·新知三联书店,2002.

77. 马克斯·韦伯.新教伦理与资本主义精神[M].黄晓京,彭强,译.成都:四川人民出版社,1986.

78. 马克斯·韦伯.经济与社会[M].林荣远,译.上海:商务印书馆,1997.

79. 马尔库塞.单向度的人[M].刘继,译.上海:上海译文出版社,2006.

80. 麦克尔·桑德尔.自由主义与正义的局限[M].万俊人,等,译.南京:译林出版社,2001.

81. 毛里西奥・帕瑟林・登特里维斯.作为公共协商的民主：新的视角[M].王英津，等，译.北京：中央编译出版社，2006.

82. 米歇尔・W.拉莫特.学校法学：案例和观念[M].许庆豫，译.南京：江苏教育出版社，2006.

83. 尼克・史蒂文森.文化与公民身份[M].陈志杰，译.长春：吉林出版集团，2007.

84. 诺贝特・埃利亚斯.个体的社会[M].翟三江，陆兴华，译.译林出版社，2003.

85. 诺齐克.无政府、国家和乌托邦[M].姚大志，译.北京：中国社会科学出版社，2008.

86. 诺斯.经济史中的结构与变迁[M].陈郁，罗华平，译.上海：上海三联书店，1994.

87. 欧文・休斯.公共管理导论[M].北京：中国人民大学出版社，2002.

88. 帕特丽夏・怀特.公民品德与公共教育[M].朱红文，译.北京：教育科学出版社，1998.

89. 乔治・H.理查森，大卫・W.布莱兹.质疑公民教育的准则[M].郭洋生，邓海，译.北京：教育科学出版社，2009.

90. 乔治・H.米德.心灵、自我与社会[M].赵月瑟，译.上海：上海译文出版社，1992.

91. 秦树理.西方公民学[M].郑州：郑州大学出版社，2008.

92. 让-皮埃尔・戈丹.何谓治理[M].钟震宇，译.北京：社会科学文献出版社，2010.

93. 檀传宝.德育原理[M].北京：北京师范大学出版社，2007.

94. 施惠玲.制度伦理研究论纲[M].北京：北京师范大学出版社，2003.

95. 石中英.教育哲学导论[M].北京：北京师范大学出版社，2002.

96. 孙柏瑛.当代地方治理：面向21世纪的挑战[M].北京：中国人民大学出版社，2004.

97. 孙宽平，滕世华.全球化与全球治理[M].长沙：湖南人民出版社，2003.

98. 檀传宝.教师伦理学专题[M].北京：北京师范大学出版社，2010.

99. 檀传宝.公民教育引论[M].北京：人民出版社，2011.

100. 檀传宝.培育好公民——中外公民教育比较研究[M].杭州：浙江教育出版社，2016.

101. 唐克军.比较公民教育[M].北京：中国社会科学出版社，2008.

102. 滕田英典.走出教育改革的误区[M].张琼华，许敏，译.北京：人民教育出版社，1998.

103. 涂尔干.道德教育[M].陈光金，等，译.上海：上海人民出版社，2006.

104. 王建华.第三部门视野中的现代大学制度[M].广州：广东高等教育出版社，2008.

105. 王杰，张海滨，张志洲.全球治理中的国际非政府组织[M].北京：北京大学出版社，2004.

106. 伍俊斌.公民社会基础理论研究[M].北京：人民出版社，2010.

107. 万俊人.现代性的伦理话语[M].哈尔滨：黑龙江人民出版社，2002.

108. 汪荣有.公共伦理学[M].武汉：武汉大学出版社，2009.

109. 王名.中国社团改革——从政府选择到社会选择[M].北京：社会科学文献出版社，2001.

110. 王义.西方新公共管理概论[M].青岛：中国海洋大学出版社，2006.

111. 汪行福.通向话语民主之路：与哈贝马斯对话[M].成都：四川人民出版社，2002.

112. 沃尔特·C.帕克.美国中小学社会与公民教育[M].谢竹艳，译.南京：江苏教育出版社，2006.

113. 乌尔里希·贝克.风险社会[M].何博闻，译.南京：译林出版社，2004.

114. 夏勇.人权概念起源[M].北京：中国社会科学出版社，2007.

115. 辛世俊.公民权利意识研究[M].郑州：郑州大学出版社，2006.

116. 雅斯贝尔斯.什么是教育[M].邹进,译.北京:生活·读书·新知三联书店,1991.

117. 雅诺斯基.公民与文明社会[M].柯雄,译.沈阳:辽宁教育出版社,2000.

118. 阎云翔.中国社会的个体化[M].上海:上海译文出版社,2012.

119. 晏辉.公共生活与公民伦理[M].北京:北京师范大学出版社,2007.

120. 杨琼.治理与制衡:学校法人论[M].北京:教育科学出版社,2011.

121. 伊凡·伊利奇.非学校化社会[M].吴康宁,译.台北:桂冠图书股份有限公司,1994.

122. 以赛亚·伯林.自由论[M].胡传胜,译.南京:译林出版社,2003.

123. 亚里士多德.尼各马科伦理学[M].苗力田,译.北京:商务印书馆,2003.

124. 亚里士多德.政治学[M].颜一,秦典华,译.北京:中国人民大学出版社,2003.

125. 晏辉.公共生活与公民伦理[M].北京:北京师范大学出版社,2007.

126. 叶飞.现代性视域下的儒家德育[M].北京:北京师范大学出版社,2011.

127. 叶飞.公共交往与公民教育[M].北京:人民出版社,2014.

128. 俞可平.中国公民社会的兴起与治理的变迁[M].北京:社会科学文献出版社,2002.

129. 俞可平.社群主义[M].北京:中国社会科学出版社,2005.

130. 约翰·克莱顿·托马斯.公共决策中的公民参与[M].孙柏瑛等,译.北京:中国人民大学出版社,2010.

131. 詹姆斯·菲什金,彼得·拉斯莱特.协商民主论争[M].北京:中央编译出版社,2009.

132. 詹姆斯·博曼.公共协商:多元主义、复杂性与民主[M].黄相怀,译.北京:中央编译出版社,2006.

133. 郑富兴.现代性视角下的美国新品格教育运动[M].北京：人民出版社,2006.

134. 张康之.论伦理精神[M].南京：江苏人民出版社,2010.

135. 周国文.公民伦理观的历史源流[M].北京：中央编译出版社,2008.

136. 周俊.全球公民社会引论[M].杭州：浙江大学出版社,2010.

137. 朱利霞.国家观念、市场逻辑与公共教育[M].济南：山东教育出版社,2010.

138. 佐藤学.学习的快乐——走向对话[M].钟启泉,译.北京：教育科学出版社,2004.

139. 佐藤学.课程与教师[M].钟启泉,译.北京：教育科学出版社,2003.

二、中文期刊论文

1. 杜时忠.制度何以育德[J].华中师范大学学报(人文社会科学版),2012(4).

2. 杜时忠.制度德性与制度德育[J].教育研究与实验,2002(1).

3. 卜玉华.试析当代我国学校教育公共伦理资源的亏空[J].中国教育学刊,2006(12).

4. 陈志兴.道德学习共同体：当代德育的情境构建[J].南昌大学学报(人文社会科学版),2011(5).

5. 单玉."服务学习"(SL)与负责任公民的培养[J].外国教育研究,2004(11).

6. 邓淇.中小学学校组织权力变革的趋势[J].当代教育科学,2008(16).

7. 付轶男.现代化进程中公民教育与道德教育的关系[J].外国教育研究,2009(6).

8. 高德胜.超越群体的自私[J].教育研究与实验,2008(1).

9. 高德胜."解放"的剥夺——论教育如何面对个体人的膨胀与公共人的衰落[J].教育研究与实验,2011(1).

10. 胡伶.地方教育行政部门的职能转变——基于公共治理视角的分析

[J].教育发展研究,2010(12).

11. 黄国满.当前我国公民政治参与问题分析[J].社会科学战线,2004(3).

12. 何增科.市民社会概念的历史演变[J].中国社会科学,1994(5).

13. 季爱民.为公民社会培养人——公民社会与教育探析[J].华中师范大学学报(人文社会科学版),2005(4).

14. 姜哲.协商课程：走进民主课堂之路[J].教育理论与实践,2006(7).

15. 金生鈜.保卫教育的公共性[J].教育研究与实验,2007(3).

16. 金生鈜.公共价值教育何以必要[J].华中师范大学学报(人文社会科学版),2010(4).

17. 金生鈜.教育的多元价值取向与公民的培养[J].教育理论与实践,2000(8).

18. 旷剑敏,袁怀宇.自我与他者：教师的伦理责任与价值[J].道德与文明,2009(3).

19. 蓝维,刘智宏.公民教育的社会背景与实践要素分析[J].首都师范大学学报(社会科学版),2005(2).

20. 李宝庆,樊亚峤.协商课程理论评析[J].全球教育展望,2011(2).

21. 李朝阳.高校学生社团的第三部门特征及其潜在功能[J].苏州大学学报(哲学社会科学版),2009(6).

22. 李海英.课程权力：协商课程的一种追求[J].全球教育展望,2005(9).

23. 李萍,钟明华.公民教育——传统德育的历史性转型[J].教育研究,2002(10).

24. 李培林.处在社会转型时期的中国[J].国际社会科学杂志(中文版),1993(3).

25. 李瑞昌.共识生产：公共治理中的知识民主[J].学术月刊,2010(5).

26. 李艳霞.公民资格视域下的当代中国公民教育的历史与逻辑[J].浙江社会科学,2010(10).

27. 李艳霞.转型期中国公民治理的主体性因素分析[J].东南学术,2007

(3).

28. 李友梅,肖瑛,黄晓春.当代中国社会建设的公共性困境及其超越[J].中国社会科学,2012(4).

29. 刘丹.国际公民教育的视界:主动公民身份的再造[J].比较教育研究,2010(1).

30. 刘曙峰.教师专业发展:“从技术兴趣”到“解放兴趣”[J].教师教育研究,2005(6).

31. 龙静云.论我国公民教育中的“四个结合”[J].道德与文明,2010(1).

32. 鲁洁.边缘化、外在化、知识化——道德教育的现代综合症[J].教育研究,2005(12).

33. 罗燕萍,陈国庆.非正式交往与师生关系的构建[J].江西教育科研,2006(12).

34. 吕丽艳.现代社会、现代性与公民教育[J].高等教育研究,2007(12).

35. 梁莹,黄健荣.协商民主中的公共治理[J].江苏社会科学,2005(4).

36. 毛景焕.班级作为一个共同体:成员的相互平等和资源共享[J].教育研究与实验,2003(2).

37. 牛国卫,郭卿.《科瑞克报告》与英国公民教育发展[J].外国中小学教育,2010(4).

38. 潘希武.价值冲突中的教育公共治理结构调整[J].外国教育研究,2007(2).

39. 潘希武.教育公共治理的公共性是否衰退[J].外国教育研究,2006(7).

40. 彭泽平.培养公民还是培养人才——对我国基础教育培养目标定位的思考[J].教育理论与实践,2002(7).

41. 宋官东,吴访非.我国教育公共治理的路径探析[J].中国教育学刊,2010(12).

42. 饶从满.主动公民教育:国际公民教育发展的新走向[J].比较教育研究,2006(7).

43. 苏守波.社群主义公民教育思想在美国的兴起与实践[J].外国教育

研究,2010(4).

44. 孙联荣.非行政性组织的创建——学校组织变革的实践探索[J].教育发展研究,2009(8).

45. 谭爽,胡象明.论我国公共治理中公民角色的多元并存与转化[J].南京社会科学,2010(5).

46. 檀传宝.论“公民”概念的特殊性与普适性——兼论公民教育概念的基本内涵[J].教育研究,2010(5).

47. 檀传宝.论公民教育是全部教育的转型——公民教育意义的现代化视角分析[J].安徽师范大学学报(人文社会科学版),2010(5).

48. 唐克军.为民主生活做准备——西方公民教育探析[J].比较教育研究,2004(2).

49. 唐克军.社群主义的公民教育观[J].外国教育研究,2007(11).

50. 文军.个体化社会的来临与包容性社会政策的建构[J].社会科学,2012(1).

51. 王世伟,黄葳.参与式公民学习[J].清华大学教育研究,2010(4).

52. 王文岚.社会科课程中的公民教育新取向及其教学策略[J].教育研究,2007(7).

53. 王晓辉.关于教育治理的理论构思[J].北京师范大学学报(社会科学版),2007(4).

54. 王啸.公民教育:意义与取向[J].教育研究与实验,2010(1).

55. 王彦明.教师身份认同:危机、原因、诉求[J].教育导刊,2011(3).

56. 王颖.当代中国公民教育历史性复兴的现实反思[J].教育理论与实践,2003(2).

57. 魏峰.师生交往的语言研究:权力的视角[J].教育导刊,2007(11).

58. 魏开琼.论公民教育与公民道德教育[J].河北学刊,2004(3).

59. 吴康宁.学会选择:面向21世纪的我国学校道德教育的必由之路[J].华东师范大学学报(教育科学版),1999(3).

60. 吴康宁.教师:一种悖论性的社会角色[J].教育研究与实验,2003(4).

61. 肖龙海，郑锡灯.共享学习的权利——关于协商式学习的研究[J].教育发展研究，2003(1).

62. 徐明刚.从独角戏走向交往合作——关于课堂师生互动的思考[J].中学政治教学参考，2011(12).

63. 杨炳超.协商民主：内涵、背景及意义[J].东岳论丛，2010(2).

64. 严萍昌.责任教育：公民道德教育的新课题[J].学术论坛，2005(9).

65. 叶飞.参与式公民学习与公民教育的实践建构[J].中国教育学刊，2011(10).

66. 叶飞.公共交往与公民教育的实践建构[J].华东师范大学学报(教育科学版)，2012(3).

67. 叶飞.学校空间中公共权力与公民权利的冲突和制衡[J].教育发展研究，2014(12).

68. 叶飞."治理"视域下的学校公民教育[J].教育学报，2013(6).

69. 叶飞.公民教育：从"疏离"走向"参与"[J].全球教育展望，2011(8).

70. 叶飞.公民身份认同与公民教育理念的嬗变[J].高等教育研究，2011(3).

71. 叶飞.学校空间的"准公共领域"属性及其公民教育意蕴[J].教育科学，2013(2).

72. 余清臣.师生岂能止于平等——我们当代师生交往制度的价值分析[J].教育理论与实践，2010(2).

73. 张华.反思对话教学的技术主义倾向[J].教育发展研究，2011(20).

74. 张宁娟.当代中国公民教育的三大助推力[J].中国德育，2011(11).

75. 张青兰，李建生.论公民人格的价值内涵[J].南昌大学学报(人文社会科学版)，2004(2).

76. 张新平.关注学校组织管理"同构化"趋向[J].中小学管理，2008(12).

77. 赵明玉.自由主义公民教育思想探析[J.]外国教育研究，2007(3).

78. 赵亚夫.基础教育中公民教育的价值理念与行动研究[J].中国教育学刊，2006(12).

79. 郑富兴.学校公民道德教育的组织困境[J].教育研究与实验,2008(3).

80. 郑富兴.个体化社会的道德教育问题[J].华东师范大学学报(教育科学版),2011(4).

81. 周湘林.高校学生自治权的法理内涵[J].高等工程教育研究,2007(5).

82. 庄西真.从封闭到开放——学校组织变革的分析[J].教育理论与实践,2003(8).

三、英文文献

1. Anthony Giddens. *The Consequences of Modernity* [M]. UK: Polity Press, 1990.

2. Borner, G., Leater, N., Cook, J. (Eds.). *Negotiating the Curriculum: Educating for the 21st Century* [M]. London: The Falmer Press, 1992.

3. Chandra Mukerji, Michael Schudson. *Rethinking Popular Culture: Contemporary Perspectives in Cultural Studies* [M]. Berkeley: University of California Press, 1991.

4. David C. Bricker. *Classroom Life As Civic Education* [M]. New York: Columbia University Teachers College Press, 1989.

5. Falk, R. *On Humane Governance* [M]. Cambridge: Polity Press, 1995.

6. Giroux, H. *The Politics of Educational Theory* [J]. Social Text, 1982 (5).

7. Giroux, H. *Theory and Resistance in Education: Towards a Pedagogy for the Opposition* [M]. Westport: Bergin & Garvey, 2001.

8. Giroux, H. *Critical Theory and Rationality in Citizenship Education* [J]. *Curriculum Inquiry*, 1980 (10).

9. J. Mark Halstead and Mark A. Pike. *Citizenship and Moral Education* [M]. London and New York: Routledge, 2006.

10. James A. Banks. *Diversity and Citizenship Education* [M]. San

Francisco: Jessey-Bass, 2004.

11. John Dewey. *Democracy and Education* [M]. Carbondale: Southern Illinois University Press, 1980.

12. Jurgen Habermas. *Moral Consciousness and Communicative Action*[M]. Boston: The MIT Press, 2001.

13. Keith Faulks. *Citizenship*[M]. London: Routledge, 2000.

14. Kerry J. Kennedy. *Citizenship Education and the Modern State* [M]. London: Falmer Press, 1997.

15. J. Kooiman. *Modern Governance*[M]. London: Sage, 1993.

16. J. Rosenau. *Governance Without Government: Order and Change in World Politics* [M]. Cambridge: Cambridge University, 1992.

17. L. Stenhouse. *An Introduction to Curriculum Research and Development*[M]. London: Heineman, 1975.

18. Nel Noddings. *The Challenge to Care in Schools*[M]. Teachers College Press, 1992.

19. Richard Sennett. *The Fall of Public Man: On the Social Psychology of Capitalism*[M].New York: Vintage Books, 1978.

20. R. Rhodes.*The New Governance: Governing without Government* [J]. *Polity Studies*, 1996.(7)

21. Susan Meyers. *Service Learning in Alternative Education Settings*[J]. Clearing House, 1999(2).

22. Ulrich Beck & Elisabeth Beck-Gernsheim. *Individualization*[M]. London: Sage Publications, 2001.

23. Walter C. Parker. *Constructing Public Schooling Today* [J]. *Educational Theory*, 2011(4).

24. W. Miller, W. Dickson, M. Local *Governance and Citizenship* [M]. University of Stathclyde, 1996.

25. Zygmunt Bauman. *Life in Fragments: Essays in Postmodern Morality*[M]. UK: Blackwell Publishers Ltd., 1995.

后　记

本书的写作是在近两年的时间里完成的，之所以选择写作这本以“治理理念与公民教育”为主题的学术著作，不仅是因为受到 20 世纪 90 年代以来兴起于西方的治理理念的影响，更重要的是因为笔者认为当前我国公民教育之所以存在实效性低下的问题，一个很重要的原因就在于我们缺乏一个有效的公民治理的实践空间，从而难以为公民教育提供生活的、行动的、实践的基础。当前我们的公民教育及道德教育对于知识体系和理论概念的过度重视、对于民主生活空间和治理行动的一定程度的漠视，在一定程度上导致教育系统所传递的公民观念与受教育者的生活世界产生了分裂，这在无形中阻碍了学生的公民品质和道德品质的发展，同时也导致了公民教育的实效不明显。要想使公民教育从这种疏离和分裂的困境中摆脱出来，有必要通过引入治理理念来重新建构学校的公共生活空间，形成一种民主协商、权力共享、合作共治的学校治理机制。建构这样的治理机制，有助于使学校空间真正成为一个尊重和维护学生的公民主体权利和治理权利的公共生活空间。在这个公共生活空间当中，学生能够参与学校公共事务的协商、对话、管理和决策等治理活动，并且在此过程中逐渐成长为具有公共道德及公共精神的优良公民。总之，本书以中国特色社会理论为基础，批判性地借鉴西方公民教育的一些理论和方法，核心宗旨是聚焦中国公民教育的本土问题，展现中国特色，发出中国声音，以更好地促进中国公民教育与道德教育的变革与发展，更好地培育社会主义民主法制体系下的优良公民。这是本人撰写这本著作的初衷。

虽然两年的撰稿时间并不算长，但是作为“研究者”和“作者”，笔者在整个研究和写作的过程中难免有心力交瘁之感，时常拿起笔来，想要写点什么,但是等到提起笔之后,又不知从何写起,这种状态持续了相当长的时间。因而,全书的写作(包括书稿的后续修改)几乎是在断断续续的状态中完成的。从某种意义上来说,这也是本人所撰写的"最艰难的"一本著作。这种艰难,一方面是因为日常的事务性工作和家庭生活琐事占据了不少个人精力和思考的空间,使自己难以全身心地投入学术的阅读、深思和撰述当中,往往是刚静下心来,感觉想要写点东西的时候,一些事务性的工作或者家庭琐事又突然出现了,而内心的平静也就戛然而止,仿佛一颗石子投在水中,虽然没有发出太大的声响,但是却激起了一层又一层的涟漪,使得整个湖面久久不能恢复平静。另一方面,这种艰难也与本人在延续已有研究与开拓新的研究领域之间不断纠结、徘徊有关。本书是本人的第三本著作,它与本人的第二本著作《公共交往与公民教育》有着莫大的联系,甚至可以说是第二本著作的姊妹篇。从最初的研究设计来说,本人是期望在第二本著作的基础之上,从一个新的理论视角(20 世纪 90 年代以来所兴起的治理理论)来重新审视当前中国的公民教育问题,拓宽公民教育的理论和实践的研究视野。因此,本书虽然是以第二本著作为基础,但是又希望对第二本著作形成较大的突破和创新。但是,总的来说,在本书的思考和写作过程中,笔者依然自觉或者不自觉地受到上一本著作及其思维框架的束缚,因而,在接续自己的已有研究和寻求新的突破之间常常处于矛盾冲突的状态,格外艰辛。这种情况持续了很久,导致这本著作的思考和写作变得尤其艰难。

写作层面的转机发生在 2015 年的春天,那是笔者作为访问学者在美国威斯康星大学从事访学研究的第一个春天。那时,正是美国威斯康星州麦迪逊市一年当中最冷的时候,同时也是一年当中最安静的时候。麦迪逊的市政道路、房屋、草地、大学的教学楼等等都被皑皑的白雪所覆盖。在春日的清晨或者午后,社区的道路上几乎看不到行人,偶尔能看到几只灰黑色的松鼠在高大耸立的橡树上采食橡果,发出轻微的啃食声,为严寒的日子增添了一点生机,同时也烘托出异国他乡的稍许寂寞和萧索。在人声稀少的威斯康星大学校园里,我虽然体味到了不曾体味过的严寒,但是也感受到了一种独特的静谧和安宁。正是在这种安宁的氛围当中,我下定决心,一定要把书稿完成,以不辜负麦迪逊如此静谧的春天。同时,在访学过程中,整个大学的良好学术氛围，也为我这个来自异国他乡的年轻学者提供了很好的学习和思考的平台。逐渐地，在摆脱了日常的事务性工作的烦扰，离开“上有老、下有小”的家庭生活琐事之后，我真正感觉到时间是属于自己的了。因而，在短暂的休整之后，我重新投入书稿的写作，而这也是我在整个研究过程中最有效率、最快速的一段时间。书稿的最后章节就是在这种异国他乡的静谧气氛中完成的。这一段生活经历，无疑成了我的人生和学术生活中一段非常特殊的记忆，其中很多事件、体验至今依然记忆犹新。

当然，本书的写作和出版还得到了很多老师和前辈的支持。我的博士生导师、北京师范大学的檀传宝教授在本书写作过程中给予了很多的帮助。当檀老师得知我在美国已经完成本书的初稿时，随即发邮件跟我说可以把这本书纳入他所主编的“公民教育研究丛书”，由浙江教育出版社统一出版。这帮我解决了出版的大问题，令我喜出望外！如果没有檀老师的帮助，本书很难如此顺利地出版。同时，我还要感谢南京师范大学的冯建军教授，在这些年的生活和工作当中，冯老师给予我很多学术和生活上的指导，让我可以更顺利地从事学术研究工作。同时，作为院所的领导，冯老师也为我们这些青年教师搭建了很好的学术平台，这也是我所由衷地感谢的。同时，非常感谢浙江教育出版社的王凤珠、冯傲雪编辑，我们围绕着书名以及书稿内容进行了很多的联系和沟通，非常感谢她们的耐心以及敬业的精神。

此外，由衷地感谢威斯康星大学的托马斯·S.波普科维奇(Thomas S. Popkewitz)教授，他每周组织一次学术研讨课，轻松而自由的研讨课激发了我的很多思考，并且令我认识了不少新朋友，对我的书稿写作有很大的帮助。感谢迈克·W.阿普尔(Michael W. Apple)教授，当我提出想要参加他的“课程的理论与设计”(*Theory and Design of the Curriculum*)课程时，他没有表现出为难的神色，而是欣然地接受我成为他班级的“插班生”，跟着其他研究生一起学习和研讨。感谢 Li-Ching Ho 博士，她在“世界公民意识”(*Global Conceptions of Citizenship*)课程里，组织了很多有趣的讨论和活动，我阅读了不少西方公民教育的书籍和论文，这让我受益匪浅！在我回国以后，我们依然保持着学术上的合作和联系，非常感谢她的友善与付出。

在本书撰稿之初，我的儿子叶弘毅还刚出生不久，正在牙牙学语的阶段，但是，他没有过多地打扰我的思考和写作，而是饶有兴致地玩着自己的玩具。2016 年，当我从美国麦迪逊回到南京时，他已经从一个“小婴儿”成长为一个“小男孩”，他可以自如地说话，清楚地表达自己的所思所想，并且在妈妈的陪伴下读了不少于两百本的儿童绘本。他也有了自己的小小的书架，开始在知识的海洋里遨游。看着他天真的脸庞以及读书时认真的样子，我的内心也常常被他触动。因此，我要特别感谢我的父母以及我的妻子，是他们帮助我解决了生活中的诸多后顾之忧。没有他们的无私付出，我很难全身心地投入研究工作。所以，感谢他们自始至终的陪伴……

叶　飞
2018 年 9 月 25 日
于南京师范大学随园

图书在版编目（CIP）数据

治理理念与公民教育 ：学校公民教育的实践研究 / 叶飞著. -- 杭州 ：浙江教育出版社，2019.10
（公民教育研究）
ISBN 978-7-5536-9150-3

Ⅰ. ①治… Ⅱ. ①叶… Ⅲ. ①公民教育－研究－中国 Ⅳ. ①D648.3

中国版本图书馆CIP数据核字(2019)第133583号

责任编辑 冯傲雪　　**责任校对** 余理阳
封面设计 韩　波　　**责任印务** 陈　沁

公民教育研究

治理理念与公民教育——学校公民教育的实践研究

ZHILI LINIAN YU GONGMIN JIAOYU XUEXIAO GONGMIN JIAOYU DE SHIJIAN YANJIU

叶　飞　著

出版发行 浙江教育出版社
（杭州市天目山路 40 号　邮编：310013）
图文制作 杭州林智广告有限公司
印刷装订 浙江新华数码印务有限公司
开　　本 710mm×1000mm　1/16
印　　张 15.5
插　　页 1
字　　数 23800
版　　次 2019 年 10 月第 1 版
印　　次 2019 年 10 月第 1 次印刷
标准书号 ISBN 978-7-5536-9150-3
定　　价 36.00 元
网　　址 www.zjeph.com
如发现印、装质量问题，请与承印厂联系。
联系电话：0571－85155604